DANIELLE SPERA

100 x ÖSTERREICH

DANIELLE SPERA

100 X ÖSTERREICH

JUDENTUM

MIT 136 ABBILDUNGEN

Amalthea

1. Auflage Oktober 2020
2. Auflage Dezember 2020
3. Auflage Februar 2021

Besuchen Sie uns im Internet unter: amalthea.at

Umschlaggestaltung und Satz: Elisabeth Pirker/OFFBEAT
Lektorat: Martin Bruny
Gesetzt aus der Ostrich Sans und Museo Sans
Designed in Austria, printed in the EU
ISBN 978-3-99050-171-9

INHALT

Theodor Herzls Victoria Blitz, eines der ersten Fahrräder von Opel, im Jüdischen Museum Wien →

ALLES HAT SEINE STUNDE

Mitten in den letzten Vorbereitungen für die große Arik-Brauer-Ausstellung im Jüdischen Museum im April 2019 erreichte mich die Anfrage des Amalthea Verlags, ob ich nicht ein Buch zum Thema *100 x Judentum* verfassen möchte. Über dieses Angebot freute ich mich ganz besonders, waren doch wenige Wochen zuvor meine Eltern nur zehn Tage nacheinander für immer eingeschlafen, und ich kam auf andere Gedanken. 100 Themen zum österreichischen Judentum zu beschreiben, empfand ich als reizvolle Aufgabe. Wobei ich nicht verhehlen möchte, dass mich Listen, wie »Die 100 besten ...« oder »Die 100 wichtigsten ...« immer eher skeptisch hinterlassen. Wer erstellt solche Listen und nach welchen Kriterien? Meist sind es Listen, die nach Best-of klingen, tatsächlich aber die persönlichen Ansichten der Verfasserinnen und Verfasser widerspiegeln.

100 Themen zum Judentum zusammenzustellen, die für die Allgemeinheit interessant sind, sollte keine allzu schwierige Übung sein. Allerdings gibt es bereits zahlreiche Publikationen, die überblicksartig das Judentum beschreiben: Von *99 Fragen zum Judentum* bis hin zu *Die 101 wichtigsten Fragen – Judentum*. In unserem Fall geht es aber um 100 Themen, die das Judentum und Österreich umfassen. In diesem Sinn habe ich eine Liste erstellt, die wie Best-of-Listen auch sehr subjektiv ist. Österreichisch-jüdische Geschichte und Geschichten, die Bedeutung jüdischer Österreicherinnen für die Gesellschaft (zum Beispiel Fanny von Arnstein, Berta Zuckerkandl, Eugenie Schwarzwald oder Hilde Spiel), Kunst und Künstler, Sportklubs und Sportler, jüdischer Humor, Religion, wichtige Persönlichkeiten und vieles andere mehr habe ich in »meine« Liste aufgenommen. Meine Richtschnur war, auch zu zeigen, was österreichische Jüdinnen und Juden zur Entwicklung unseres Landes beigetragen haben, in vielen verschiedenen und ganz unterschiedlichen Bereichen: von der Wissenschaft, Medizin, Musik, Kunst, als Mäzene bis hin zur Infrastruktur – denken wir nur an den Bau der Ringstraße beziehungsweise die Errichtung der ersten Eisenbahnlinien in Österreich.

Was sich trotz aller Leichtigkeit durch dieses Buch zieht, ist, dass es in einem Teil der Kapitel dieses Buchs um tragische Entwicklungen in der österreichisch-jüdischen Geschichte geht. Die Geschichte des öster-

reichischen Judentums ist keine kontinuierliche, sondern eine Geschichte mit vielen Brüchen. Von der dramatischen Zerstörung der ersten jüdischen Gemeinde in Wien 1421 bis hin zur Shoah. Gegen jeden Widerstand ist es aber gelungen, nach der schlimmsten Zäsur in der Geschichte Österreichs wieder eine erfolgreiche jüdische Gemeinde aufzubauen.

Die Zahl 100 ist im Judentum ein positives Symbol. Abraham soll im Alter von 100 Jahren seinen Sohn gezeugt haben: »Gott sagte zu Abraham: Sieh doch zum Himmel hinauf und zähl die Sterne, wenn du sie zählen kannst. Und er sprach zu ihm: So zahlreich werden deine Nachkommen sein.« (Genesis 15, 5). Abrahams Frau, Sarah, wollte nicht glauben, dass sie im hohen Alter noch ein Kind bekommen sollte. Sie lachte. Daher nannten sie den Sohn, der ihnen geboren wurde, Yitzhak (Isaak), was so viel wie Gelächter bedeutet.

Humor und Lachen sind in der jüdischen Tradition fest verankert. Humor hat immer wieder geholfen, die schwierigsten Situationen leichter zu bewältigen. Einer meiner Lieblingswitze zum Thema Ausweglosigkeit lautet wie folgt:

In einem Reisebüro erkundigte sich nach dem »Anschluss« 1938 ein Wiener Jude nach Auswanderungsmöglichkeiten. Die Mitarbeiterin des Reisebüros hatte den Globus vor sich und fuhr mit dem Finger von Land zu Land und sagte: »Auswanderung nach Palästina ist gesperrt, die amerikanische Quote ist bereits vergriffen, Visum für England ist sehr schwer zu bekommen, für China, Paraguay und Brasilien braucht man finanzielle Garantien, Polen erlaubt selbst polnischen Juden keine Wiedereinreise.« Der Jude deutete resignierend mit dem Zeigefinger auf den Globus und fragte: »Und außer dem da haben Sie nichts?«

Dieser Witz steht repräsentativ für den jüdischen Humor, denn ein Witz wird nicht um der Pointe wegen erzählt, er bietet Anlass zum Nachdenken und endet meist in Weisheit.

Die Kunst, Humor mit religiösem Wissen, Philosophie und Erkenntnis zu vereinen und genauso auch weiterzugeben, beherrscht kaum jemand besser als Oberrabbiner Paul Chaim Eisenberg. Ich bin dankbar, dass ich seit vielen Jahren einmal in der Woche seine Schiurim (Lehreinheiten) besuchen darf und für die Einsichten, die ich daraus gewinne. Vieles davon fand in diesem Buch Niederschlag.

Bedanken möchte ich mich auch bei einigen Kolleginnen und Kollegen aus dem Jüdischen Museum Wien, die mich bei der Recherche, vor allem dem Auffinden von passenden

Illustrationen zu den verschiedenen Kapiteln, unterstützt haben: Theresa Absolon, Domagoj Akrap, Benno Hiti, Gabriele Kohlbauer-Fritz, Denise Landau, Marcus Patka, Jakob Sebök, Adina Seeger, Nikola Stupar und Julia Windegger; Astrid Peterle für den finalen Blick und ihre kontinuierliche Unterstützung. Auch Alfred Stalzer sei gedankt, Josef Polleross, Stefan Fuhrer, Ouriel Morgensztern und Alexander Wulz haben mir ihre wunderbaren Fotos zur Verfügung gestellt. Mein lieber Freund Harry Weber, der uns leider bereits für immer verlassen hat, fotografierte im Auftrag des Jüdischen Museums Wien in den 1990er-Jahren die jüdische Gemeinde. Auch ihm verdanken wir einige herausragende Fotos in diesem Buch. Arik Brauer danke ich, dass ich sein großartiges Bild zum Thema »Jiddisch im Wienerischen« verwenden darf, sowie Andrew Mezvinsky für seine Zeichnung der mittelalterlichen Synagoge. Katarzyna Lutecka und Madeleine Pichler vom Amalthea Verlag möchte ich für die hervorragende Idee und ihre Geduld danken. Meiner Tochter Debbie, die mir jeden Abend beim Schreiben aufmunternde Worte zurief, bevor sie schlafen ging, Racheli und Sammy, die mich per FaceTime immer wieder neu inspirierten, und meinem Mann, der oft bis spät in die Nacht auf mich wartete, wenn ich an diesem Buch schrieb.

Nun ist das Buch fertig, und wir befinden uns mitten in der Covid-19-Krise mit nur einer schwachen Perspektive auf Besserung. In schwierigen Zeiten so wie jetzt finde ich Kraft in den Ketuvim, den Schriften des Tanach, die viel Weisheit bieten und uns belehren, angesichts der Unbeständigkeit und Wechselhaftigkeit des Lebens Ruhe und Besonnenheit zu bewahren. Hier in verkürzter Form eines der für mich wichtigsten Zitate aus dem Buch Kohelet (Prediger), das im jüdischen Jahreskreis zum Laubhüttenfest (Sukkot) gelesen wird:

»Alles hat seine Stunde. Für jedes Geschehen unter dem Himmel gibt es eine bestimmte Zeit. Eine Zeit zum Gebären und eine Zeit zum Sterben. Eine Zeit zum Pflanzen, eine Zeit zum Ernten. Eine Zeit zum Weinen und eine Zeit zum Lachen. Eine Zeit für die Klage und eine Zeit für den Tanz. Eine Zeit zum Umarmen und eine Zeit, die Umarmung zu lösen. Eine Zeit zum Suchen und eine Zeit zum Verlieren. Eine Zeit zum Behalten und eine Zeit zum Wegwerfen. Eine Zeit zum Schweigen und eine Zeit zum Reden. Eine Zeit zum Lieben und eine Zeit zum Hassen. Eine Zeit für den Krieg und eine Zeit für den Frieden.«
Kohelet 3 (1–8)

DIE GESCHICHTE DER JÜDISCHEN GEMEINDE

In Wien trafen über die Jahrhunderte hinweg verschiedene Riten und Gebräuche aufeinander. Wien war Heimat für Orthodoxe und Neologen, für eine große aschkenasische und eine kleine sephardische Gemeinde. Von Wien aus ging Theodor Herzl seinen für das Judentum so bedeutenden Weg. Wien, die Residenz- und Hauptstadt der Donaumonarchie, wirkte auch durch die geopolitische Lage im Zentrum Europas als Anziehungsort für die Juden aus dem Osten des Habsburgerreiches. Durch den bedeutenden Anteil der Jüdinnen und Juden an der Entwicklung der Wissenschaft, Kunst, Kultur, Wirtschaft, Infrastruktur wurde Wien zum Zentrum kultureller Blüte, geistiger Entwicklung und Vielfalt, allerdings begleitet von Antisemitismus und Diskriminierung.

1938 stellte eine Zäsur dar mit der Verfolgung, Vertreibung und letztendlich der Ermordung der österreichischen Jüdinnen und Juden. 120 000 konnten aus ihrer Heimat flüchten. Nur einige Länder waren bereit, sie aufzunehmen, sonst hätten sicherlich mehr Menschen gerettet werden können. 65 000 wurden ermordet. Von der einst größten jüdischen Gemeinde im deutschsprachigen Raum blieb kaum etwas übrig. Wenige überlebten als »U-Boote« versteckt oder durch »Mischehen« geschützt. Jüdische Geschäfte, Firmen, Häuser, Wohnungen, Fahrzeuge, Kunstwerke, Sparkonten, alle materiellen Werte wurden enteignet und verteilt. Auch deshalb blieb nach dem Ende des Weltkrieges eine Einladung an die Vertriebenen zur Rückkehr aus.

Die Geschichte der jüdischen Gemeinde nach 1945 ist eine Geschichte des Neubeginns: Nur wenige der Überlebenden der Konzentrationslager und der vertriebenen Mitglieder der jüdischen Gemeinde wollten in ihre Heimatstadt zurückkehren. Der Weg zur heutigen Gemeinde war schwierig – eine Geschichte der Immigration: zunächst aus den östlichen Nachbarländern, dann aus der ehemaligen Sowjetunion, vor allem aus dem zentralasiatischen Raum. Gegen den Widerstand der österreichischen Nachkriegspolitik entwickelte sich im Laufe der Jahrzehnte wieder eine kleine, aber vielschichtige und lebendige Gemeinde mit aktuell etwa 8000 Mitgliedern.

Ein Rückblick:

906: In der Zollordnung von Raffelstetten (Oberösterreich) werden jüdische Kaufleute auf österreichischem Gebiet erwähnt.
1194: Herzog Leopold V. von Österreich setzt Schlom als Münzmeister ein. Er ist der erste Jude, der nachweislich mit seiner Familie in Wien lebt. Wenige Jahre später wird er von Kreuzrittern ermordet.
1204: Erwähnung einer Synagoge in Wien.
1238: Kaiser Friedrich II. nimmt die Juden Wiens als sogenannte »Kammerknechte« unter seinen Schutz.
1244: Herzog Friedrich II. (der Streitbare) erlässt das »Erste Judenprivileg«.
1267: Die Kirche verbietet gesellschaftlichen Umgang von Christen und Juden und schreibt Jüdinnen und Juden eine Kleiderordnung vor.
1338: Pogrome gegen die Jüdinnen und Juden ausgehend von Pulkau nach der Beschuldigung einer Hostienschändung.
1406: Großbrand in der Wiener Judenstadt, gefolgt von Plünderungen.
1420/21: Herzog Albrecht V. lässt die Jüdinnen und Juden aus Wien vertreiben, die Begüterten werden auf der Erdberger Lände verbrannt. Die Synagoge (am heutigen Judenplatz) wird zerstört.
1495/98: Vertreibung der Jüdinnen und Juden aus der Steiermark, Kärnten und Salzburg.
1551: Kennzeichnungspflicht für Juden in den österreichischen Ländern: Sie müssen einen gelben Ring auf ihrer Kleidung befestigen.
1571: Sieben privilegierte jüdische Familien werden von Maximilian II. in Wien angesiedelt.
Ab 1584: Einzelne »hofbefreite« (befreit von Mauten, Zöllen und kommunalen Abgaben) Juden lassen sich in Wien nieder, für sie gilt die Kennzeichnungspflicht nicht.
Um 1600: Es etabliert sich eine jüdische Gemeinde mit den verschiedenen Institutionen, Synagogen, Mikwe, Friedhof etc.
1624/25: Die Jüdinnen und Juden werden in ein aus 14 Häusern bestehendes Ghetto im Unteren Werd verwiesen. Die Wiener Judenstadt wächst in den folgenden Jahrzehnten auf 132 Häuser an.
1652: Die Wiener jüdische Gemeinde leistet jährlich 10 000 Gulden Steuer, um ihre Vertreibung zu verhindern.
Ab 1660: Die anhaltenden Proteste der Wiener Kaufleute gegen die Juden verstärken sich.
1668: Ein Brand in der Hofburg wird den Juden angelastet.
1669: Ausschreitungen gegen die Jüdinnen und Juden fordern einige Todesopfer.
1670: Kaiser Leopold I. veranlasst aus religiösen und wirtschaftlichen Motiven die zweite Vertreibung der Jüdinnen und Juden aus Stadt und Land. Die ehemalige »Judenstadt« wird zur Leopoldstadt (heute 2. Wiener Gemeindebezirk).
Um 1680: Samuel Oppenheimer und danach Samson Wertheimer erhalten das Privileg, als Hoffaktoren nach Wien zu kommen. Sie sind vor allem als Heereslieferanten und Vermittler internationaler Darlehensgeschäfte für das Kaiserhaus tätig.
1683: Zweite Wiener Türkenbelagerung: Samuel Oppenheimer finanziert und versorgt die Verteidigung und das Heer.
Um 1700: Etwa zehn privilegierte jüdische Familien leben in Wien.
1703: Der Tod Samuel Oppenheimers löst eine Finanzkrise aus. Über seinen Nachlass wird der Bankrott erklärt, die Schulden des Kaisers von fünf Millionen Gulden werden nicht zurückgezahlt.

1718–1736: Aufgrund der Friedensverträge mit dem Osmanischen Reich werden den sephardischen Jüdinnen und Juden, die Untertanen des Sultans sind, mehr Freiheiten im Habsburgerreich eingeräumt, was die Bildung einer rechtlich anerkannten Gemeinde möglich macht.
1763: Gründung der Wiener Chewra Kadischa (Beerdigungsbruderschaft). Zu diesem Zeitpunkt leben 600 Jüdinnen und Juden in Wien.
1764: Kaiserin Maria Theresia erlässt eine restriktive Judenordnung, die starke Einschränkungen mit sich bringt.
1781: Ein Hofdekret von Joseph II. verbietet die Einhebung der Leibmaut, einer seit dem Mittelalter gültigen Passiergebühr für Jüdinnen und Juden.
1782: Joseph II. erlässt das Toleranzpatent, das zwar zahlreiche diskriminierende Verordnungen aufhebt, den Zuzug aber weiterhin auf wohlhabende Juden beschränkt. Als Tolerierte gelten die männlichen Familienoberhäupter. Weiterhin dürfen die Wiener Juden keine Gemeinde gründen.
1788: Juden werden für den Militärdienst tauglich befunden und dürfen in der k. u. k. Armee dienen.
1789: Als erster Jude wird der Tabakverleger Israel Hönig (1724–1808) in den Adelsstand erhoben.
1812: Franz I. gestattet unter dem Eindruck der antinapoleonischen Loyalität und Spendenfreudigkeit der Wiener Jüdinnen und Juden die Eröffnung eines Bethauses und einer Schule im Dempfingerhof (Seitenstettengasse). Einzelne Jüdinnen und Juden werden in den Adelsstand erhoben, ihre Salons sind kulturelle Mittelpunkte (zum Beispiel jene von Fanny von Arnstein und Cäcilie von Eskeles).
1826: Einweihung des von Josef Kornhäusel gebauten Stadttempels.
1848: Zahlreiche Jüdinnen und Juden engagieren sich in der bürgerlichen Revolution. Der jüdische Student Heinrich Spitzer wird das erste Opfer der Märzrevolution.
1852: Gründung der »Israelitischen Cultus-Gemeinde« mit provisorischem Gemeindestatut. Zunehmende jüdische Einwanderung aus der Monarchie nach Wien.
1867: Das Staatsgrundgesetz sorgt für die bürgerliche Gleichstellung aller Österreicherinnen und Österreicher, auch der Jüdinnen und Juden. Gleichzeitig erstarkt der Antisemitismus.
1890: Einführung des Israelitengesetzes zur Regelung der »äußeren Rechtsverhältnisse der israelitischen Religionsgemeinschaft«.
1895: In Wien wird das erste jüdische Museum der Welt gegründet.
1896: Mit der Publikation *Der Judenstaat* begründet Theodor Herzl den politischen Zionismus.
Ab 1897: Der Wiener Bürgermeister Karl Lueger wendet Antisemitismus als politische Strategie an.
1909: Gründung des Sportvereins Hakoah.
1914: Ausbruch des Ersten Weltkrieges. Viele Juden melden sich aus Solidarität für Kaiser Franz Joseph freiwillig zur Armee. Jüdische Flüchtlinge aus den östlichen Kriegsgebieten gelangen in großer Zahl nach Wien.
1918: Ende des Ersten Weltkrieges, Gründung der Republik Deutschösterreich (ab 1919 Republik Österreich). 90 Prozent der jüdischen Bevölkerung Österreichs leben nun in Wien.
1919: Gründung des ersten jüdischen Privatrealgymnasiums durch Zwi Perez Chajes.
1923: Die jüdische Bevölkerung Wiens erreicht mit 201 513 Personen den Höchststand.

1924/25: Der jüdische Sportverein Hakoah wird österreichischer Fußballmeister.

1925: Der XIV. Zionistische Weltkongress findet in Wien statt. In der Stadt kommt es zu Demonstrationen und antisemitischen Ausschreitungen.

1933: Adolf Hitler wird Reichskanzler in Deutschland, zahlreiche Jüdinnen und Juden flüchten nach Wien. Errichtung des austrofaschistischen Regimes unter Engelbert Dollfuß in Österreich.

1934: Engelbert Dollfuß wird von Nationalsozialisten ermordet.

1936: Unterzeichnung des Juliabkommens mit NS-Deutschland, die Amnestie für die österreichischen Nationalsozialisten führt zu einem starken Anstieg antisemitischer Übergriffe.

12. März 1938: Einmarsch deutscher Truppen in Österreich. Unmittelbar darauf beginnt auch hier die massive Verfolgung und in der Folge die Vertreibung und Ermordung der jüdischen Bevölkerung.

März bis Juni 1938: Pogromartige Ausschreitungen, erste Deportationen in das Konzentrationslager Dachau, Einführung der »Nürnberger Rassegesetze«. Nach Wiederaufnahme der Amtstätigkeit der Kultusgemeinde unter der Kontrolle von Adolf Eichmann wird eine offizielle »Auswanderung« möglich.

Sommer/Herbst 1938: Zahlreiche diskriminierende Erlässe und Verordnungen, Enteignung (»Arisierung«) und Schließung vieler Geschäfte.

9./10. November 1938: Novemberpogrom – Devastierung oder Inbrandsetzung aller Wiener Synagogen und Bethäuser. Festnahme von mehr als 6500 Jüdinnen und Juden.

Bis Mai 1939: Rund 100 000 Jüdinnen und Juden haben das Gebiet des ehemaligen Österreich verlassen.

Oktober 1941: Beginn der Massendeportationen aus Wien.

November 1942: Die Israelitische Kultusgemeinde wird aufgelöst, ihr Besitz fällt an das Deutsche Reich. Die Aufgaben übernimmt der Ältestenrat der Juden in Wien. 65 459 österreichische Jüdinnen und Juden werden in Vernichtungs- und Konzentrationslagern ermordet. Nur wenige erleben die Befreiung in Österreich.

April 1945: Mit der Befreiung Wiens durch die Rote Armee am 13. April können die wenigen überlebenden Jüdinnen und Juden erstmals wieder in die Öffentlichkeit. Neugründung der Israelitischen Kultusgemeinde Wien (IKG).

September 1945: Provisorische Wiedereröffnung des Stadttempels, der als einziges jüdisches Gotteshaus Wiens im Novemberpogrom nicht vollständig zerstört wurde.

1945: Tausende Displaced Persons gelangen nach Wien und in die amerikanische und französische Zone in Westösterreich. Ein großer Teil sind Jüdinnen und Juden, ihre Ziele sind Palästina und die USA. Unter dem Druck der Alliierten beginnt die österreichische Regierung nur widerwillig mit der Restitution an die jüdischen Opfer des NS-Regimes.

1946: Im April finden die ersten Kultuswahlen statt, bei denen alle Mitglieder der IKG, die seit mindestens drei Monaten ihren Wohnsitz in Wien haben, wahlberechtigt sind.

1947: Simon Wiesenthal gründet das Jüdische Dokumentationszentrum in Linz, wo er es bis 1954 betreibt.

1948: Mit Akiba Eisenberg erhält die jüdische Gemeinde wieder einen Oberrabbiner. Durch die Staatsgründung Israels wird die Einwanderung legalisiert. Die Zahl der jüdischen Displaced Persons in Österreich nimmt dadurch ab. Die österreichische Regierung verweigert ein Ansuchen der IKG, eine Anleihe auf herrenloses Vermögen aufnehmen zu können. Die Regierung beschließt, »minderbelastete« Nationalsozialisten zu rehabilitieren.

1949: Überführung der Gebeine Theodor Herzls nach Israel.

1950: Mehr als 6500 Jüdinnen und Juden sind in Wien gemeldet.

1955: Unterzeichnung des österreichischen Staatsvertrags und Abzug der Alliierten.

1956: 17 000 Jüdinnen und Juden aus Ungarn flüchten im Zuge des sogenannten »Ungarnaufstands« nach Österreich.

1960: Die Bnai-Brith-Loge zur Förderung von Toleranz, Humanität und Wohlfahrt wird als Zwi-Perez-Chajes-Loge wiederbegründet.

1961: Adolf Eichmann wird in Jerusalem zum Tode verurteilt. Simon Wiesenthal eröffnet das Jüdische Dokumentationszentrum in Wien.

1960er-Jahre bis 1986: 300 000 sowjetische Jüdinnen und Juden emigrieren via Österreich nach Israel und in die USA. Einige bleiben in Wien oder kommen hierher zurück.

1970: Bruno Kreisky wird Bundeskanzler.

1972: Gründung des Österreichischen Jüdischen Museums in Eisenstadt. Eröffnung des jüdischen Elternheimes Sanatorium Maimonides-Zentrum in der Wiener Bauernfeldgasse. Die israelische Ministerpräsidentin Golda Meir besucht das Transitlager Schönau, in dem jüdische Migrantinnen und Migranten aus der Sowjetunion untergebracht sind.

1976: 150-Jahr-Jubiläum des Wiener Stadttempels. Im Juni wird das jüdische Mahnmal in Mauthausen enthüllt.

1980: Gründung des Sephardischen Klubs mit Bethaus in der Tempelgasse. Leon Zelman gründet den Jewish Welcome Service Vienna. Eröffnung des jüdischen Gemeindezentrums in der Seitenstettengasse. Beginn der Instandsetzung des Friedhofs in der Seegasse.

1981: Beim Anschlag eines palästinensischen Terrorkommandos auf das Gemeindezentrum in der Seitenstettengasse werden zwei Menschen getötet und mehrere verletzt.

1983: Oberrabbiner Akiba Eisenberg stirbt. Sein Sohn Paul Chaim Eisenberg wird sein Nachfolger.

1984: Wiedereröffnung der Zwi-Perez-Chajes-Schule.

1985: Palästinensischer Anschlag auf den Schalter der israelischen Fluglinie El Al am Flughafen Schwechat. Vier Menschen werden getötet, 40 verletzt.

1986: Durch die sogenannte Waldheim-Affäre kommt es erstmals zu Auseinandersetzungen um die Beteiligung und (Mit-)Schuld der Österreicherinnen und Österreicher am nationalsozialistischen Regime, an den Kriegsverbrechen und der Shoah.

1988: Auf Initiative von Bürgermeister Helmut Zilk wird ein neues Jüdisches Museum der Stadt Wien gegründet. Alfred Hrdlickas Mahnmal gegen Krieg und Faschismus vor der Albertina wird präsentiert. Wiedereröffnung des renovierten Stadttempels.

1991: Bundeskanzler Franz Vranitzky hält im Parlament eine Rede zur Mitverantwortung der Österreicher am Zweiten Weltkrieg, an den Kriegsverbrechen und der Shoah. Das Jüdische Museum Hohenems wird eröffnet.

1993: Am 18. November wird das Jüdische Museum Wien im Palais Eskeles eröffnet.

1994: ESRA, eine Initiative zur psychosozialen und soziokulturellen Integration, insbesondere der Opfer der Shoah, wird gegründet.

1995: Gründung des Nationalfonds der Republik Österreich für Opfer des Nationalsozialismus.

1996: Auf dem Judenplatz werden Reste einer mittelalterlichen Synagoge entdeckt.

1998: Das Jüdische Berufliche Bildungszentrum JBBZ beginnt seine Lehrtätigkeit. Der Nationalrat beschließt im Dezember das Bundesgesetz über die Rückgabe von Kunstgegenständen aus den österreichischen Bundesmuseen und Sammlungen (Kunstrückgabegesetz).

1999: Eröffnung des Lauder-Chabad-Campus im Augarten. Der Wiener Gemeinderat beschließt die Rückgabe von Kunst- und Kulturgegenständen, die während der NS-Zeit von Einrichtungen der Stadt Wien erworben worden waren.

2000: Enthüllung des von der britischen Künstlerin Rachel Whiteread gestalteten Mahnmals für die 65 000 österreichisch-jüdischen Opfer der Shoah. Eröffnung des Museums am Judenplatz. Der Österreichische Fonds für Versöhnung, Frieden und Zusammenarbeit wird ins Leben gerufen, um freiwillige Zahlungen aus Österreich an Opfer der NS-Zwangsarbeit zu leisten.

2001: Das Washingtoner Abkommen wird von Österreich und den USA unterzeichnet. Es beinhaltet die Einigung über die noch offenen Restitutionsfragen zwischen der Republik Österreich, den USA, den Opferorganisationen und den klagenden Anwälten.

2003: Die Lauder Business School wird in Wien eröffnet.

2004: Der Zukunftsfonds der Republik Österreich wird geschaffen. Er soll unter anderem Projekte fördern, die dem Gedenken an die Opfer des nationalsozialistischen Regimes dienen.

2005: Simon Wiesenthal stirbt am 20. September in Wien.

2008: Der neue IKG-Campus mit der Zwi-Perez-Chajes-Schule, dem Maimonides-Elternheim und dem Hakoah-Sport- und Freizeitzentrum wird eröffnet. Die österreichische Bundesregierung beschließt die Errichtung des Wiener Wiesenthal Instituts für Holocaust-Studien.

2011: Die European Maccabi Games finden erstmals nach 1945 in einem deutschsprachigen Land statt. Mehr als 2000 jüdische Sportlerinnen und Sportler ziehen im Rahmen der Eröffnungszeremonie auf dem Wiener Rathausplatz ein.

2013: Das Jüdische Museum Wien feiert den 25. Jahrestag seiner Gründung und sein 20-jähriges Bestehen im Palais Eskeles mit der Eröffnung der neuen permanenten Ausstellung *Unsere Stadt! Jüdisches Wien bis heute.*

2014: Grundsteinlegung für das Wiener Wiesenthal Institut für Holocaust-Studien. Es wird 2017 eröffnet.

2017: Am 7. September wird nach langen Diskussionen das Mahnmal Aspangbahnhof enthüllt. Es erinnert an die Jüdinnen und Juden, die in die Konzentrationslager und Vernichtungslager nach Osteuropa deportiert wurden. In Mattersburg wird eine Gedenkstätte für die ermordeten Jüdinnen und Juden eröffnet.

2018: Zum 80. Jahrestag des Novemberpogroms wird das Projekt OT der Öffentlichkeit übergeben. Einheitliche Lichtobjekte wurden an jenen Orten errichtet, an denen sich in Wien vor 1938 Synagogen befanden.

001

»UNSERE STADT« IM MITTELALTER

Bereits seit der Zeitenwende lebten Jüdinnen und Juden in Europa. Nach der Zerstörung des Zweiten Tempels in Jerusalem durch den römischen Kaiser Titus im Jahr 70 nach der Zeitenwende kam es zu einer Abwanderung aus der römischen Provinz Judäa bis nach Europa. Eine jüdische Ansiedlung auf heutigem österreichischen Boden in dieser Zeit ist nicht nachweisbar. Dass Jüdinnen und Juden hier lebten, scheint aber möglich. 2008 wurde in einem Gräberfeld in Halbturn im Burgenland in einem römischen Kindergrab aus dem 3. Jahrhundert ein Amulett gefunden, beschriftet mit Worten aus dem wichtigsten jüdischen Gebet, dem Schma Israel (Höre Israel). Dieser Fund der Archäologinnen und Archäologen des Instituts für Ur- und Frühgeschichte der Universität Wien ist das bisher älteste Zeugnis jüdischen Lebens in Österreich.

In der Zollordnung von Raffelstetten in Oberösterreich, die zwischen 903 und 906 zur Regelung der Zolleinnahmen erlassen wurde, werden Juden und andere Kaufleute genannt. Ab dem 13. Jahrhundert siedelten sich Jüdinnen und Juden um den heutigen Judenplatz an. In dieser Zeit gewann Wien als Herzogstadt der Babenberger an Bedeutung.

Das jüdische Viertel Wiens im Mittelalter (Computersimulation)
↓

Plan des Judenviertels in Wien, Innere Stadt, 1421
→

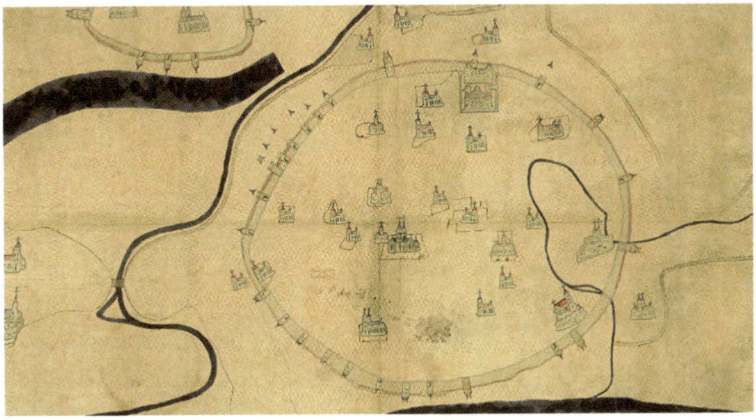

Das jüdische Viertel entstand entlang der heutigen Wipplingerstraße, damals eine wichtige Handels- und Durchzugsstraße.

Um die Synagoge auf dem heutigen Judenplatz wurde das jüdische Viertel gebildet, das aber kein Ghetto war. Niemand war gezwungen, dort zu wohnen. Viele religiöse Feste wurden im Freien abgehalten, sodass Juden die christlichen Feste und Christen die jüdischen Feste miterleben konnten. Ein fruchtbares Miteinander entstand, Juden und Christen lebten größtenteils ohne Konflikte friedlich zusammen.

Die Städte stellten im Mittelalter Zentren von Handel, Verkehr und Handwerk dar. Für die wirtschaftliche Entwicklung waren Kredite wichtig. Da es Christen verboten war, Geld gegen Zinsen zu verleihen, siedelten die Landesherren Juden als Geldleiher an. Für die Wiener Juden wurden 1238 von Kaiser Friedrich II. und 1244 vom Babenberger Herzog Friedrich dem Streitbaren Privilegien ausgestellt, die ihnen freie Religionsausübung, eine unabhängige Gerichtsbarkeit und faire Behandlung zusicherten. Im Gegenzug sollten sie die Pfand- und Geldleihe betreiben. Das jüdische Viertel entstand daher in unmittelbarer Nähe der Residenz der Babenberger, Am Hof. Es umfasste Privathäuser sowie die Synagoge, und es entwickelte sich eine Gemeinde-Infrastruktur mit einem Fleischhof, einer Bäckerei, einer Schule, einem Krankenhaus, Badehaus, wahrscheinlich einer Mikwe (einem rituellen Bad) und einem Friedhof außerhalb der Stadt, vermutlich vor dem Kärntnertor.

Die Gemeinde zählte in ihrer Blütezeit etwa 800 Mitglieder, das waren fünf Prozent der Stadtbevölkerung. Die mittelalterliche Stadt Wien umfasste nur den heutigen 1. Bezirk. Aufgrund der Zerstörung der deutschen jüdischen Gemeinden im Zusammenhang mit den Pestpogromen entwickelte sich Wien zu einem Zentrum jüdischer Gelehrsamkeit. Isaak ben Mose, der nach seinem Hauptwerk *Or Sarua* benannt ist, war eine große rabbinische Autorität weit über Wien hinaus. Er sprach von »unserer Stadt Wien«. Auch einige andere Rabbiner wie Israel von Krems, Abraham Klausner und Israel Isserlein verfassten auf dem Gebiet des heutigen Niederösterreich Werke und erstellten Rechtsgutachten, die bis heute Gültigkeit haben. Abgesehen von den religiösen Autoritäten gab es im jüdischen Viertel Schneider, Schuster, Fleischhauer, Hebammen und Ärzte. 1420/21 wurden die Gemeinde und ihre Infrastruktur brutal zerstört. Diese erste organisierte Vertreibung und Ermordung der Wiener Jüdinnen und Juden ging als Wiener Gesera (Verhängnis) in die Geschichte ein. Eine in Judendeutsch verfasste Chronik schildert die Ereignisse vom Aussetzen der ärmeren Gemeindemitglieder auf der Donau bis zur Verbrennung von mehr als 200 wohlhabenden Jüdinnen und Juden auf dem Scheiterhaufen auf der Erdberger Lände am 12. März 1421.

002

SCHLOM, DER MÜNZMEISTER

Rekonstruktion der mittelalterlichen Synagoge am heutigen Judenplatz von Andrew Mezvinsky
←

Die Ursprünge des heutigen Österreich gehen auf das 10. Jahrhundert zurück. Die Babenberger, die hier regierten, machten zunächst Pöchlarn, später Melk und schließlich durch Heinrich II. Jasomirgott (1107–1177) Wien zur Residenzstadt. Wenig später lassen sich fixe jüdische Niederlassungen auf dem heutigen Gebiet von Österreich nachweisen, vor allem an den Handelswegen und in dem neu geförderten Städtewesen.

Der erste Jude, der in Wien urkundlich erwähnt wird, war Ende des 12. Jahrhunderts Schlom. Er wurde vom Babenbergerherzog Leopold V. (1157–1194) nach Wien geholt. Man könnte ihn heute als den ersten Banker im Land bezeichnen. Woher Schlom kam, ist nicht bekannt, genannt wird Regensburg, aber auch Böhmen. Leopold V. ernannte ihn zum Münzmeister. Schlom wurde somit zu einem Amtsträger des Herzogs. Zu diesem Zeitpunkt erhielt Leopold V. das englische Lösegeld für die Freilassung von König Richard Löwenherz in Form von Silberbarren. Münzmeister Schlom wurde beauftragt, das Silber in Münzen zu gießen und zu prägen. Er besaß in Wien vier Grundstücke auf dem Gebiet der heutigen Seitenstettengasse, wo sich nun das Gemeindezentrum der Israelitischen Kultusgemeinde und der Stadttempel befinden. Außerhalb der Stadt stand auch ein Weingarten in seinem Besitz, was durch eine Quelle aus dem Jahr 1194 belegbar ist, wonach Schlom mit dem Kloster Formbach (heute Vornbach in Bayern) um dieses Grundstück stritt. Beide Seiten behaupteten, die Besitzer zu sein. Der Weingarten ging schließlich nach einer Entscheidung von Herzog Friedrich I. an das Kloster, das allerdings eine Abfindung an Schlom zahlen musste.

Mit Schlom müssen weitere Jüdinnen und Juden nach Wien gekommen sein, um mit ihm zu arbeiten. Vermutlich waren viele davon Familienmitglieder. Sie bildeten eine kleine jüdische Gemeinde, die über eine Synagoge verfügte. Schlom beschäftigte jüdische, aber ebenso christliche Mitarbeiter, Dienstboten, Knechte und Mägde.

1196 bestahl ihn einer seiner christlichen Mitarbeiter, der sich den Kreuzfahrern angeschlossen hatte, woraufhin Schlom die Verhaftung des Mannes veranlasste. Die Frau des Diebes meldete dies den Kreuzrittern. Eine Gruppe von Kreuzrittern ermordete hierauf Schlom und 15 andere Juden aus seinem Umfeld. Herzog Friedrich I. (1175–1198), der Sohn von Leopold V., verurteilte in der Folge die Anführer zum Tode. Zwei der Rädelsführer wurden enthauptet, die restlichen Täter begnadigt.

Nach dem Mord an Schlom wurde 1207 Dietrich der Reiche Münzmeister. Er war kein Jude.

Mit Teka wurde wenig später ein weiterer Jude am Hof der Babenberger tätig. Er bürgte im Jahr 1225 für eine Schuld von Leopold VI., wodurch ein Konflikt mit dem ungarischen König Andreas II. beendet werden konnte.

Wien wurde Heimat einer blühenden jüdischen Gemeinde, die im folgenden Jahrhundert zu den bedeutendsten und größten in Europa zählte. Hier lehrten und wirkten berühmte Rabbiner und machten Wien zu einem Zentrum des Wissens. Auf dem Judenplatz in Wien, der in jener Zeit Schulhof hieß, stand eine der damals größten Synagogen.

Das alles fand mit der Herrschaft von Albrecht V. ein tragisches Ende, als er die gesamte jüdische Gemeinde 1420/21 auslöschen ließ.

003

SCHULHOF/JUDENPLATZ – EIN ORT DER ERINNERUNG

Der Judenplatz in Wien bildete das Zentrum jüdischen Lebens im Mittelalter. Damals wurde er Schulhof (jiddisch Schul: Synagoge, Lernort) genannt. Der heutige Platz war damals dicht besiedelt. In der Mitte des jüdischen Viertels, das kein Ghetto war, stand die eindrucksvolle Synagoge aus dem Spätmittelalter. Sie wurde Mitte des 13. Jahrhunderts vermutlich von den Dombauherren errichtet und in den folgenden 150 Jahren zu einer der größten Synagogen ihrer Zeit erweitert. Sie umfasste circa 465 Quadratmeter. Die Bima, das in diesem Fall sechseckige Lesepult, von dem aus die Tora gelesen wird, stand in der Mitte der Synagoge. Der Bereich für Frauen war durch eine mit Sehschlitzen versehene Mauer abgetrennt. An der Ostwand der Synagoge, in Richtung Jerusalem, befand sich der Aron Hakodesch (hebräisch: Heiliger Schrein). Hier wurden die Tora-Rollen aufbewahrt. In dieser Synagoge wirkten fast 200 Jahre lang wichtige jüdische Gelehrte und machten Wien zu einem Zentrum religiösen Wirkens und Wissens.

Diese religiöse, kulturelle und wirtschaftliche Blütezeit fand ihr traumatisches Ende durch die Vertreibung und Ermordung der Wiener Jüdinnen und Juden im Jahre 1420/21. Behauptungen, die Wiener Juden hätten die Bewegung der Hussiten unterstützt, sowie Geldbedarf von Herzog Albrecht V., der um die Hand der Tochter des deutsch-römischen Kaisers Sigismund angehalten hatte, gelten als Auslöser für die blutige Gewaltaktion, der die gesamte Gemeinde zum Opfer fiel. 200 wohlhabende Jüdinnen und Juden wurden in Erdberg auf dem Scheiterhaufen verbrannt, alle anderen in Booten auf der Donau ausgesetzt. Das Vermögen und die Gebäude der jüdischen Gemeinde gingen in den Besitz von Albrecht V. über. Die Synagoge wurde abgerissen, die Steine zum Weiterbau der Universität Wien verwendet. Die wertvollen Handschriften wurden der Bibliothek des Collegium ducale, der Vorläuferin der Universitätsbibliothek, einverleibt. Nachdem die jüdische Gemeinde ausgelöscht war, benannte man den Platz von Schulhof in Judenplatz um.

In den 1990er-Jahren forderte Simon Wiesenthal die Stadt Wien auf, endlich ein Mahnmal für die im Holocaust ermordeten Jüdinnen und Juden errichten zu lassen. Er konnte den Wiener Bürgermeister Michael Häupl davon überzeugen und schlug als Standort den Judenplatz vor. Aus einem internationalen Wettbewerb ging die britische Künstlerin Rachel Whiteread als Siegerin hervor. Während der Vorbereitungen zur Errichtung des Mahnmals stieß man 1995 unerwartet auf die Fundamente der mittelalterlichen Synagoge.

↑
Der Judenplatz in Wien, 2020

Dieser aufsehenerregende Fund führte zu Diskussionen über die weitere Vorgangsweise und schließlich zum Entschluss, das Mahnmal über der Ausgrabung zu errichten und die Reste der mittelalterlichen Synagoge über ein Museum – das Museum Judenplatz – zugänglich zu machen.

Der Judenplatz ist in vielerlei Hinsicht ein außergewöhnlicher Ort. Bis heute ist an einem der Häuser eine Inschrift angebracht, die den Mord an den Wiener Jüdinnen und Juden im Mittelalter bejubelt. An einem weiteren Haus, das der katholischen Kirche gehört, wird die Mitschuld vieler Geistlicher am mittelalterlichen Antisemitismus betont. Auf dem Platz befindet sich auch die Lessing-Statue, die an den großen deutschen Dichter der Aufklärung erinnert, der sich mit seinem Stück *Nathan der Weise* in die Literaturgeschichte einschrieb. Und das Misrachi-Haus beherbergt nicht nur das Jüdische Museum, sondern auch eine aktive Synagoge sowie einen Kinder- und Jugendclub.

Durch die Verwirklichung der Idee von Simon Wiesenthal wurde ein Ort der Erinnerung geschaffen, der einzigartig in Europa ist. Er verbindet Rachel Whitereads Mahnmal für die Opfer des Holocaust mit der Ausgrabung der mittelalterlichen Synagoge und dem Museum Judenplatz, in dem das Leben der Wiener Juden im Mittelalter gezeigt wird – ein außerordentliches Ensemble.

004

DAS GHETTO IM UNTEREN WERD

Nach dem furchtbaren Ende der mittelalterlichen jüdischen Gemeinde mieden Jüdinnen und Juden die Stadt für Jahrzehnte. Ab 1536 regelte eine »Judenordnung« ihren Aufenthalt in Wien, der meist auf einige Tage beschränkt war. Die Regenten nahmen sich dennoch das Recht, Einzelne zu privilegieren, da sie durch die vermehrten kriegerischen Auseinandersetzungen finanzielle Mittel benötigten. Die Juden hatten eine hohe Abgabe zu entrichten, um eine Aufenthaltsgenehmigung zu erhalten. Es kam zur Ansiedlung von sogenannten befreiten oder hofbefreiten Juden. Sie hatten ein Wohnrecht, durften Geschäfte ausüben und waren von Zöllen und kommunalen Abgaben sowie von der Gerichtsbarkeit entbunden. Auch die seit Mitte des 16. Jahrhunderts vorgeschriebene Kennzeichnung, ein gelber Stofffleck, war für manche nicht vorgeschrieben. Die Hofbefreiten waren wohlhabende Männer, die ihre Familien und Mitarbeiter mit sich bringen durften. Auch wenn die Privilegien nach dem Tod meist nicht auf die Witwe oder Kinder übertragbar waren, entstand wieder eine jüdische Gemeinde mit einer eigenen Infrastruktur, wie einer Synagoge, einem rituellen Bad und einem neuen Friedhof.

Durch den Ausbruch des Dreißigjährigen Krieges stieg der Geldbedarf. Ferdinand II. war finanziell nicht in der Lage, den Krieg zu führen, und so war er auf die Unterstützung wohlhabender Juden angewiesen. Diese waren als Geldgeber und Lieferanten für die Armee mehr als genehm. Ihnen wurde die Münzproduktion übertragen, und neben all dem waren sie als Händler sehr erfolgreich. Die Bürger aber empfanden in dieser Situation die Juden als lästige Konkurrenz.

1624 mussten die Juden ihre Häuser am Kienmarkt (heute: Judengasse und Ruprechtsplatz) räumen und in ein Ghetto ziehen – aus der Stadt in die unwirtliche Gegend, genannt »Unterer Werd«, jenseits des heutigen Donaukanals, die oft überschwemmt war. Mit dem Unteren Werd entstand der erste Stadtteil Wiens außerhalb der bisherigen Stadtmauern. Das Ghetto war mit einer Mauer umgeben. Darin entwickelte sich eine eigene Infrastruktur mit zwei Synagogen, Gemeindehäusern, Studierräumen, Mikwaot (rituellen Bädern zur Einhaltung des Reinheitsgebotes) und einem Krankenhaus, wobei hervorzuheben ist, dass die jüdischen Ärzte auch außerhalb des Ghettos sehr gefragt waren.

Ihren Geschäften konnten die Wiener Juden nach wie vor in der Stadt nachgehen. Das Ghetto war ein Wohnviertel, mit dem sie anfänglich auch zufrieden waren. Es wurde am Abend gesperrt und schützte daher vor Übergriffen. Dennoch wurde der Widerstand der

Wiener Kaufleute gegen die jüdische Gemeinde größer. Auch großzügige finanzielle Beiträge an die Stadt änderten die Situation nicht. Als es 1668 zu einem Großbrand der Hofburg kam, wurde die jüdische Gemeinde dafür verantwortlich gemacht. Es kam zu Angriffen auf die Wiener Jüdinnen und Juden. Letztendlich verfügte Kaiser Leopold I. ihre Vertreibung aus Wien, getrieben von den Protesten gegen die jüdische Gemeinde, aber auch beeinflusst von seiner streng katholischen Frau, Margarita Theresa von Spanien. Was ihn allerdings nicht daran hinderte, zum Kampf gegen die Türkenbelagerung finanzkräftige Juden aus dem Ausland nach Wien einzuladen, die ihn engagiert unterstützten.

Das Ghetto im Unteren Werd wurde in Leopoldstadt umbenannt, die Synagogen in Kirchen umfunktioniert (zum Beispiel die bis heute erhaltene Leopoldskirche), die jüdischen Häuser wurden unter Günstlingen des Regenten verteilt.

Zum zweiten Mal waren Jüdinnen und Juden gewaltsam aus Wien vertrieben worden. Viele fanden in Westungarn, im heutigen Burgenland, Schutz bei der Fürstenfamilie Esterházy. Dort bildeten sich wichtige und prosperierende jüdische Gemeinden, die bis 1938 existierten. Die Ausweisung brachte den Wiener Bürgern keine Vorteile, im Gegenteil: Sie mussten hohe finanzielle Verluste hinnehmen. Kaiser Leopold erkannte bald, dass seine Entscheidung auch für ihn nur negative Folgen zeitigte, und begann, wieder Juden nach Wien zu holen.

Grenzstein des Wiener Ghettos aus dem Jahr 1656
↓

005

SAMUEL OPPENHEIMER, SAMSON WERTHEIMER & CO – DIE HOFFAKTOREN

1670 ließ Kaiser Leopold I. die Wiener Jüdinnen und Juden vertreiben. An die 3000 Menschen mussten ihre Heimat Wien verlassen. Doch schon vier Jahre später wurde Samuel Oppenheimer (1630–1703) aus Heidelberg zur Finanzierung des Kaiserhofes nach Wien geholt. Er durfte sich im Stadtzentrum (am Bauernmarkt) ansiedeln und wurde zum Oberhoffaktor ernannt. Das Hofjudentum, die Financiers der Herrscher, hatte in ihm in dieser Zeit seinen wichtigsten Vertreter. Als Gegenleistung für die Finanzierung der Kaiserhäuser erhielt es Privilegien und Schutzbriefe.

Samuel Oppenheimer spielte bei der Belagerung Wiens 1683 und bei den Türkenkriegen eine zentrale Rolle. Aufgrund seiner Verbindungen quer durch Europa wurde er zum wesentlichen Lieferanten für die Armee: vom Hafer für die Pferde bis zur medizinischen Versorgung der Truppen. Wohltätig in vielen Bereichen, gründete Oppenheimer in Wien unter anderem ein Spital. Als die österreichische Staatskasse aufgrund der vielen Kriege vor dem Bankrott stand, stellte Oppenheimer die erforderlichen Mittel zur Verfügung und wurde zum größten Kreditgeber Österreichs. Nach seinem Tod entledigte man sich rasch dieser Schulden. Über Oppenheimers Nach-

Samuel Oppenheimer. Kopie eines Porträts aus dem 19. Jahrhundert
↓

Samson Wertheimer.
Porträt aus dem 18. Jahrhundert
→

lass wurde der Konkurs verfügt, was eine massive Finanzkrise auslöste. Seine Frau Sandela und seine Kinder standen vor der Ausweisung. Die für wohlhabende Männer geltenden Privilegien und Schutzverordnungen waren im Fall ihres Ablebens oft nur begrenzt für deren Frauen und Kinder gültig. Oppenheimer wurde auf dem Friedhof Rossau (Seegasse) beerdigt.

Neben Oppenheimer war sein aus Worms stammender Neffe Samson Wertheimer (1658–1724) ein wichtiger Finanzberater des Kaisers. Nach dem Tod Oppenheimers wurde er der alleinige Kreditgeber Österreichs und zum kaiserlichen Hoffaktor ernannt. Samson Wertheimer stammte aus einer frommen und gelehrten Familie, verfügte über ein großes religiöses Wissen, hatte eine Rabbinerausbildung und übte die Funktion eines Landesrabbiners in Eisenstadt aus. Wertheimers Haus in Eisenstadt beherbergt seit 1972 das Österreichische Jüdische Museum. Er war ein großer Förderer des Judentums und finanzierte den Druck des *Babylonischen Talmud*, einer grundlegenden Schrift des Judentums. Samson Wertheimers Grab befindet sich auf dem Friedhof Rossau (Seegasse).

Nicht nur die fast ununterbrochenen Kriege dieser Zeit, das aufwendige Leben der Kaiserhäuser, sondern auch wichtige Bauwerke wurden von jüdischen Geldgebern finanziert. Der streng katholische Kaiser Karl VI. war zwar ein Feind der Juden, als er die Karlskirche bauen ließ, fehlte ihm allerdings die Hälfte der Baukosten. Diese wurde von den jüdischen Hoffaktoren Marcus und Hirschl Mayr finanziert, die sich auch substanziell am Bau der Wiener Hofbibliothek (der heutigen Nationalbibliothek) beteiligten. Sie hofften, dass durch ihren finanziellen Einsatz ihre Aufenthaltsprivilegien verlängert würden.

Auch die Tochter Karls VI., Maria Theresia, praktizierte eine judenfeindliche Politik, ein Faktor, der in der Geschichtsschreibung meist ausgeblendet bleibt. Sie bezeichnete die Juden als »Pest« und verfügte zahlreiche diskriminierende Maßnahmen bis hin zur Ausweisung der Juden aus Böhmen. Der Erzählung nach empfing Maria Theresia Juden nur dann, wenn ein Paravent aufgestellt war, der jeglichen Blickkontakt verhindern sollte. Sie duldete ausschließlich Konvertiten. Für den Ausbau ihrer Sommerresidenz Schloss Schönbrunn fehlte ihr allerdings Geld, und in diesem Fall gestattete sich Maria Theresia trotz ihrer Judenfeindschaft eine Ausnahme. Sie nahm 300 000 Gulden von Diego d'Aguilar (Moses Lopes Pereira 1699–1759) an. Der aus Portugal stammende Jude (seine Vorfahren waren der Zwangstaufe unterlegen, doch die Familie kehrte zum Judentum zurück) war bereits von Karl VI. aus Amsterdam nach Wien geholt worden. Hier erhielt er für seine Unterstützung des Kaiserhauses das Tabakmonopol. Er setzte sich für den Schutz verfolgter Juden ein und gilt als Gründer der sephardischen Gemeinde, jener türkisch-jüdischen Gemeinde, die bis 1938 bestand.

006

DAS JÜDISCHE BURGENLAND – DIE SIEBENGEMEINDEN

Ansicht des mit der Schabbat-Kette abgesperrten Judenviertels in Eisenstadt mit dem Wertheimer'schen Haus aus dem ersten Viertel des 20. Jahrhunderts
↓

Im Burgenland gab es bereits im 13. und 14. Jahrhundert jüdisches Leben, doch das Entstehen von jüdischen Gemeinden geht auf das 17. Jahrhundert zurück, auf die Zeit vor allem nach der Vertreibung der Jüdinnen und Juden durch Leopold I. 1670 aus Wien. Ungarische Adelige gewährten den vertriebenen Juden Schutz. Gegen Bezahlung erhielten sie die Möglichkeit, sich in dieser Region in Frieden anzusiedeln. Fürst Paul I. Esterházy ermöglichte die Gründung der sogenannten Siebengemeinden (»Schewa Kehillot«). Dazu zählten Eisenstadt, Mattersdorf (heute Mattersburg), Kobersdorf, Lackenbach, Frauenkirchen, Kittsee und Deutschkreutz. Anfangs war auch Neufeld darunter. Im Südburgenland entwickelten sich auf den Ländern der Batthyánys jüdische Gemeinden in Rechnitz, Stadtschlaining und Güssing, später auch in Oberwart. In den Siebengemeinden lebten anfangs etwa 3000 Jüdinnen und Juden. Es waren durchwegs sehr fromme Familien, die den orthodoxen Ritus streng befolgten und deren Gemeindevertreter sich regelmäßig trafen. Für viele war der Handel mit Textilien, Fellen, Honig und Getreide die Lebensgrundlage.

In Eisenstadt trug das jüdische Viertel eine eigene Bezeichnung: »Asch«, gebildet aus den Buchstaben Alef und Schin – eine Abkürzung für Aisenstadt. In der Folge eines Aufstands ungarischer Adeliger und Bauern gegen die Habsburger flüchteten die Jüdinnen und Juden 1708 aus Eisenstadt. Samson Wertheimer engagierte sich für den Wiederaufbau der Gemeinde, er unterstützte die Wiederherstellung einer Synagoge und errichtete auch für sich selbst ein Haus mit einem rituellen Bad (Mikwe) und einer eigenen Synagoge. Heute befindet sich dort das Österreichische Jüdische Museum. Während Wertheimer sein Haus angeblich nur ein Mal aufsuchte, lehrten in Eisenstadt wichtige Gelehrte wie der Rabbiner Meir ben Isak, genannt MaHaRaM ASCH, der Kabbalist Benjamin Wolf oder Lemel Levy.

In Mattersdorf unterrichteten ebenfalls wichtige Rabbiner wie etwa Moses Sofer. Dort bestand auch eine kleine Jeschiwa, eine Religionsschule, die weit über die Grenzen angesehen war. Aus Kittsee ist aus dieser Zeit eine Haggada (Pessach-Geschichte) erhalten. In Kobersdorf und in Rechnitz war bereits im 15. und 16. Jahrhundert eine Gemeinde aktiv. In Frauenkirchen entstand die Synagoge 1740, mehrere Brandkatastrophen überschatteten das Gemeindeleben. In Lackenbach entwickelte sich ebenfalls eine Synagoge. Deutschkreutz trug den hebräischen Namen Tselem (Ebenbild), damit man nicht das Kreuz als christliches Symbol nennen musste. Auch dort vernichtete ein Brand die Gemeinde und einige jüdische Häuser, die mithilfe des Fürstenhauses Esterházy neu gebaut werden konnten. In Rechnitz gab es bereits 1649 eine Synagoge, die 1718 vergrößert werden musste.

In Deutschkreutz entstand eine Jeschiwa, in Mattersdorf wirkte kurz auch der bedeutende Rabbiner Chatam Sofer. Dort entstand eine öffentliche jüdische Religionsschule samt Schulverein, in der Hebräisch, Deutsch und Ungarisch unterrichtet wurde. Durch den Zu-

↑
Außenansicht der Synagoge in Lackenbach im Burgenland aus dem ersten Viertel des 20. Jahrhunderts

wachs in den Gemeinden dieser Region in der ersten Hälfte des 19. Jahrhunderts wurden Synagogen erweitert oder neu gebaut. In manchen Orten betrug der Anteil der jüdischen Bevölkerung mehr als 50 Prozent. Der Großteil der Gemeinden blieb orthodox, auch wenn es zu Diskussionen um die jüdische Aufklärung, die Haskala, und die reformorientierten Neologen kam, die einen Gottesdienst auf Deutsch statt auf Hebräisch und Orgelmusik in der Synagoge zuließen. Durch die Migration in die Städte schrumpften die Gemeinden im Burgenland. Bei der Volkszählung 1934 wurden nur noch knapp 3700 Jüdinnen und Juden gezählt. Auf den sogenannten »Anschluss« Österreichs an Nazideutschland folgten auch im Burgenland unmittelbar Verhaftungen, Demütigungen, Vertreibung und schließlich Deportation. Die jahrhundertelang existierenden Gemeinden wurden ausgelöscht. Heute erinnern nur noch die jüdischen Friedhöfe an die sieben wichtigen Gemeinden. Bis auf die Synagoge Kobersdorf und die kleine Synagoge im Wertheimer'schen Haus in Eisenstadt sind keine jüdischen Gotteshäuser mehr erhalten.

007

TOLERIERT IN WIEN – DAS ZEITALTER VON KAISER JOSEPH II.

Die Impulse der Aufklärung zeitigten auch in Österreich Wirkung. Die alleinige Regentschaft Kaiser Josephs II. (1741–1790) von 1780 bis 1790 brachte eine leichte Abwendung von der absolutistischen Politik seiner Mutter Maria Theresia mit fortschrittlicheren Tendenzen. So sahen die Toleranzpatente von Joseph II. eine freiere Religionsausübung für Minderheiten vor, allerdings behielt die katholische Kirche ihre eindeutige Vorrangstellung. Die neuen Gesetze brachten Protestanten und orthodoxen Kirchen Glaubensfreiheit und für die Juden eine Aufhebung zahlreicher Beschränkungen. Sie bedeuteten zwar Erleichterungen, allerdings erwies sich die Toleranzpolitik für die Jüdinnen und Juden als gar nicht so tolerant. Die Toleranz beschränkte sich auf wohlhabende Juden, die durch das Zahlen der Toleranzsteuer zu »Tolerierten« im Staat wurden, während die vielen besitzlosen Juden sich keinen fixen Wohnsitz schaffen durften, ihnen wurden 14 Tage Aufenthalt gewährt. Juden, die Handel betrieben, konnten gegen eine Gebühr drei Monate in der Stadt bleiben. Die Toleranz galt wie bisher bei Hoffaktoren nur für das männliche Familienoberhaupt, was zur Folge hatte, dass Witwen und Nachkommen die Gefahr drohte, nach dessen Tod ausgewiesen zu werden. Dies war vom jeweiligen Herrscher abhängig.

Die Beurteilung der Toleranzgesetzgebung fällt daher durchaus differenziert aus. Die Tolerierten standen unter dem Schutz des Herrschers, mussten in keinem Ghetto leben, konnten sich überall in der Stadt ansiedeln, durften verschiedene Berufe ausüben, wurden zum Militärdienst herangezogen und an Universitäten zugelassen. Die Verpflichtung einer diskriminierenden Kennzeichnung wurde abgeschafft, ebenso das Ausgangsverbot am Sonntagvormittag oder bei katholischen Prozessionen. Allerdings war die Bildung einer Gemeinde weiterhin verboten. Ein öffentlicher Gottesdienst und allgemein zugängliche Synagogen waren nicht gestattet. Die autonome jüdische Gerichtsbarkeit wurde aufgehoben, der Gebrauch der hebräischen Sprache eingeschränkt. An jüdischen Schulen musste auf Deutsch statt Jiddisch oder Hebräisch unterrichtet werden, und auch weltliche Fächer hatte man in den Lehrplan aufzunehmen. Jüdische Kinder durften nun auch allgemeine staatliche Schulen besuchen. Die (Allgemein-) Bildung der jüdischen Kinder stieg enorm, viele strömten an die Universitäten, bereits 1798 promovierte der erste jüdische Student

↑
Gedenk- und Porträtmedaille,
bezugnehmend auf das Toleranzpatent von Kaiser Joseph II.
aus dem Jahr 1782

zum Doktor der Medizin. Jüdische Familiennamen wurden geregelt. Unter den Anhängern der Aufklärung wurden diese Schritte äußerst positiv angenommen, für sie bedeutete Bildung Emanzipation und Integration. Die religiös-orthodoxen Juden sahen die Schritte als Bedrohung der Tradition, eine Einschränkung der Identität und des Zusammenhalts.

Die Toleranzpatente hatten aber vor allem einen pragmatischen Hintergrund: Wer nützlich war für den Staat, erhielt Privilegien, aus denen Vorteile für die Prosperität gezogen werden konnten. Finanzkräftige Juden wurden toleriert, wie man es bereits seit Jahrzehnten handhabte. Ihnen kamen die Vorteile durch das Toleranzpatent zugute, sie entfernten sich dadurch aber vielfach von der Religion, was zu einer Disharmonie innerhalb der jüdischen Gemeinschaft führte. Weiterhin waren im öffentlichen Leben nur wohlhabende Juden sichtbar, was unter der Mehrheitsbevölkerung Neid und Missgunst schürte. Zwar heißt es im Toleranzedikt vom 1. Jänner 1782 wörtlich: »Wir [Kaiser Joseph II.] haben [...] es einen Unserer vorzüglichsten Augenmerke sein lassen, daß alle Unsere Untertanen ohne Unterschied der Nation und Religion [...] eine gesetzmäßige Freiheit genießen [...] sollten.« Doch eine rechtliche Gleichstellung der Jüdinnen und Juden lag auch unter Joseph II. noch in weiter Ferne.

008

DIE SALONNIÈRE FANNY VON ARNSTEIN

Fanny von Arnstein (1758–1818) war keine gebürtige Wienerin, sondern stammte aus Berlin und siedelte sich der Ehe wegen in Wien an. Aus der prominenten Berliner Familie Itzig stammend, wurde die 17-jährige Feigele mit dem zehn Jahre älteren Wiener Bankier Nathan von Arnstein verheiratet, der mit seinem Kompagnon Bernhard von Eskeles das Bankwesen in Wien entscheidend mitprägte. Ihnen gehörte unter anderem das Palais Eskeles, in dem sich heute das Jüdische Museum Wien befindet. Gemeinsam mit Bernhard von Eskeles war Nathan von Arnstein an der Gründung der Oesterreichischen Nationalbank und der Ersten oesterreichischen Spar-Casse beteiligt. Beide waren Berater von Joseph II. sowie Franz I. Bernhard von Eskeles war mit Fannys Schwester Cäcilie »Zippora« Itzig verheiratet.

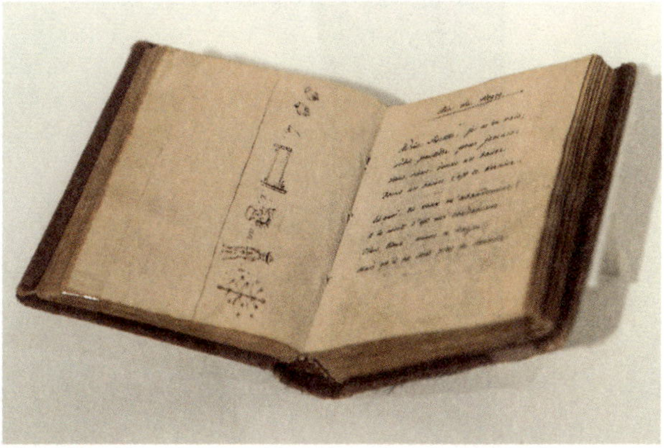

↑
Poesiealbum
von Fanny von Arnstein

Aus der Weltstadt Berlin brachte die hochgebildete, von den Ideen der Aufklärung geprägte Fanny von Arnstein nicht nur internationales Flair in die zu jener Zeit provinzielle kaiserliche Residenzstadt, sondern schuf mit ihrem Salon eine Institution, die zum wesentlichen Treffpunkt der Intellektuellen, Künstler, Gelehrten und vor allem der Anhänger eines politischen Liberalismus wurde. Fanny und Nathan von Arnstein waren politisch sehr engagiert, sie unterstützten den Tiroler Volksaufstand gegen Napoleon, sie selbst organisierte die Pflege verwundeter Soldaten und war an der Gründung der Gesellschaft der Musikfreunde beteiligt.

Die Salonnière schaffte es, in der geistigen Öde Wiens eine Tür in die Welt zu öffnen. Und das noch dazu in einer Zeit der politischen und gesellschaftlichen Repression und angesichts eines reaktionären und fortschrittsfeindlichen Klimas. Das hatte zur Folge, dass Fanny von Arnsteins Salon zum Haupteinsatz-

Baronin Vögele von Arnstein, geborene Itzig

Wiener Portraitsammlung

← Fanny von Arnstein, um 1800

gebiet der Spitzel von Staatskanzler Metternich wurde, was der Geschichtsschreibung unter anderem einen spannenden Einblick in die Weihnachtstradition ermöglichte. Die Geheimpolizei machte in Arnsteins Salon nämlich eine erstaunliche Entdeckung: Fanny hatte den bis zu diesem Zeitpunkt in Wien völlig unbekannten Brauch des Weihnachtsbaumes nach Wien gebracht. Der erste Weihnachtsbaum in Wien stand also am Hohen Markt 1 im Salon der jüdischen Familie Arnstein.

Heute befindet sich an dieser Stelle ein karger Wohnbau aus den 1950er-Jahren. An die Tatsache, dass dieses Haus am Beginn des 19. Jahrhunderts das Zentrum des europäischen Geistes und der europäischen Kultur bildete, erinnert heute nichts mehr. Im Jüdischen Museum Wien lebt diese herausragende Frau weiter. Im Besitz des Museums befinden sich zahlreiche Objekte, anhand derer die Geschichte der großartigen Netzwerkerin erzählt werden kann. Ihr Merkbüchlein, das auch eine Zeichnung des Weihnachtsbaumes beinhaltet, ein Tora-Vorhang, gestiftet von ihrem Ehemann Nathan als »Herzensgabe« (so die Inschrift), sowie Zeichnungen aus dem Salon bilden den Nukleus jener Gegenstände, die dazu dienen, Fanny nicht in Vergessenheit geraten zu lassen. Neben dem Palais in der Stadt verfügte die Familie auch über ein großes Sommerpalais in Braunhirschen (heute ein Teil des 15. Bezirks) mit beträchtlichen Ländereien.

Fanny von Arnstein wurde wie die anderen Mitglieder ihrer Familie auf dem Jüdischen Friedhof in Währing begraben. Von den Nazis wurden zahlreiche Gebeine ausgegraben und unter dem Vorwand wissenschaftlicher Untersuchungen in das Naturhistorische Museum gebracht, darunter auch die Überreste von Fanny von Arnstein. Nach dem Zweiten Weltkrieg wurden die Gebeine wiederbestattet, ob auch jene Fannys darunter waren, ließ sich nicht mit Sicherheit feststellen.

Von Fanny von Arnstein sind nur wenige Zeugnisse geblieben. Die 1962 von der großen österreichischen Schriftstellerin Hilde Spiel veröffentlichte Biografie ist eines der raren Atteste für das Leben dieser ganz speziellen Frau.

009

HILDE SPIEL

Die österreichische Schriftstellerin Hilde Spiel (1911–1990) gilt zu Recht als Grande Dame der österreichischen Literatur. Aufgewachsen in einer assimilierten bürgerlichen Wiener Familie, entdeckte sie erst spät ihre jüdischen Wurzeln. Sie besuchte die Reformschule von Eugenie Schwarzwald, begann bereits als junges Mädchen zu schreiben, veröffentlichte anfangs unter einem Pseudonym und fand so rasch Eingang in die (männlich dominierte) Szene der Kaffeehausliteraten. Nach der Matura an der Schwarzwald-Schule begann Hilde Spiel ihr Philosophiestudium an der Universität Wien, wo sie Vorlesungen der Kinder- und Entwicklungspsychologen Charlotte und Karl Bühler, aber auch bei Moritz Schlick besuchte. Der Philosoph Moritz Schlick war Begründer des Wiener Kreises, der sich aus Philosophen, Naturwissenschaftlern, Mathematikern und Sozialwissenschaftlern zusammensetzte. Hilde Spiel arbeitete während ihres Studiums an der wirtschaftspsychologischen Forschungsstelle, an der Marktanalysen durchgeführt wurden. Dort konnte sie mit den Sozialwissenschaftlern Marie Jahoda und Paul Lazarsfeld tätig sein und kam dadurch zur Sozialdemokratischen Arbeiterpartei, deren Mitglied sie 1933 wurde.

Sie lernte den deutsch-britischen Schriftsteller und Historiker Peter de Mendelssohn kennen und verfasste in dieser Zeit ihre ersten beiden Romane. 1936 heirateten Hilde Spiel und Peter de Mendelssohn. Im selben Jahr promovierte sie zum Doktor der Philosophie, ihr Dissertationsthema lautete *Versuch einer Darstellungstheorie des Films.* Im Umfeld der mittlerweile verbotenen Sozialdemokratischen Arbeiterpartei erlebte sie die politische Radikalisierung, den anwachsenden Antisemitismus an der Universität und innerhalb der Gesellschaft. Die Ermordung ihres Lehrers Moritz Schlick bestätigte sie endgültig darin, das von Rassismus vergiftete Klima in Wien hinter sich zu lassen. Sie emigrierte gemeinsam mit ihrem Mann nach England und wurde britische Staatsbürgerin. Hilde Spiel konnte ihre Eltern aus Wien nach England holen und sie somit vor der Deportation retten. Ihre Großmutter wurde in Theresienstadt getötet.

In London veröffentlichte Hilde Spiel Erzählungen und Essays im *Daily Express* und im *New Statesman.* Während anfangs Peter de Mendelssohn die Texte seiner Frau übersetzte, perfektionierte Hilde Spiel bald schon ihre Englischkenntnisse und verfasste Texte in der Sprache ihres Emigrationslandes.

Nach Kriegsende reiste sie als Korrespondentin nach Wien und schrieb darüber später in *Rückkehr nach Wien. Ein Tagebuch.* Die Familie (mittlerweile gab es zwei Kinder) über-

Hilde Spiel.
Porträt mit der Widmung:
»Für Hilde Spiel von Georg Eisler,
Wien Juni 1967«
→

siedelte für zwei Jahre nach Berlin, dann wieder nach Großbritannien, wo Spiel für wichtige deutsche Medien arbeitete. 1963 kehrte sie nach Wien zurück und wurde Korrespondentin für das Kulturressort der *FAZ*. Abgesehen davon publizierte sie Essays, Romane und Erzählungen. Ihre autobiografischen Erinnerungen *Die hellen und die finsteren Zeiten* sowie *Welche Welt ist meine Welt?* zeichnen die jüngere österreichische Geschichte hervorragend nach.

Ihre Biografie über die große und zu Unrecht in Vergessenheit geratene Wiener Salonnière Fanny von Arnstein porträtiert diese ganz besondere Persönlichkeit sowie die Gesellschaft des beginnenden 19. Jahrhunderts in vollendeter Weise. Zu Recht wird dieses Buch ein Meisterwerk für die Erforschung der weiblichen Wiener jüdischen Geschichte genannt. Es schildert die spannungsgeladene Entwicklung einer Berliner Jüdin aus frommer, wohlhabender und einflussreicher Familie zu einer der bedeutendsten Frauen in der Wiener Gesellschaft, die ihrem Judentum treu blieb und auch gegen den Übertritt ihrer Tochter Henriette zum katholischen Glauben nicht opponierte. Für Hilde Spiel wurde Fanny von Arnstein zum Symbol für die weiblich-jüdische Emanzipation und zu einem Vorbild für ihr eigenes Leben.

010

SALONKULTUR

Die Salonkultur entstand im 18. Jahrhundert von Frankreich ausgehend als gesellschaftlicher Treffpunkt in privatem Rahmen und etablierte sich bald auch in Wien. Vor allem gebildete, wohlhabende jüdische Frauen eroberten sich ihren Platz in der Gesellschaft. Sie waren Gastgeberinnen, aber nicht im Sinn einer Repräsentantin, die bei Soireen nur als Aufputz dient, während sich die Männer zu den essenziellen Gesprächen in das Zigarrenzimmer zurückziehen. Hier traten sie als Organisatorinnen und Akteurinnen regelmäßiger privater Zusammenkünfte aktiv in Erscheinung, bei denen sich Gäste aus verschiedenen Gesellschaftsschichten, unterschiedlichen Konfessionen und Berufsgruppen zum intellektuellen Gedankenaustausch einfanden. In Wien prägten die jüdischen Gastgeberinnen den Diskursraum Salon und schufen als starke Persönlichkeiten in ihren Häusern Ermächtigungsräume, die ihnen im öffentlichen Leben verwehrt blieben. Die Salons wurden zu kultivierten Orten der Politik und gleichzeitig politischen Orten der Kultur.

Diese elitären sowie demokratischen Räume beförderten die Emanzipation der Frauen, des Judentums, aber auch ganz allgemein einer kritischen Zivilgesellschaft. Um 1900 wurden die Wiener Cafés zu den neuen Stätten des gesellschaftlichen und künstlerischen Diskurses der anbrechenden Moderne. Frauen durften diese lange Zeit nur in Begleitung von Männern betreten beziehungsweise wurden sie bewusst ausgeschlossen, wie etwa in Adolf Loos' 1908 als Männerclub erbauter American Bar. Die sogenannten Reformsalons von Berta Zuckerkandl und Eugenie Schwarzwald können als Gegenentwürfe zu diesen patriarchalen Ausschlussakten verstanden werden.

Das Leben der Salonnièren muss heute in all seiner Widersprüchlichkeit dargestellt werden, denn diese Gastgeberinnen vollführten einen Drahtseilakt: Ihr Wirken war einerseits beeinflusst von gesellschaftlichen Konventionen, die ihre Rolle als Frauen maßgeblich beschränkten, gleichzeitig erfuhren sie aber Anerkennung für ihre Leistungen als Förderinnen des künstlerischen und politischen Diskurses. Ermöglicht wurde ihnen diese Tätigkeit durch die Infrastruktur ihrer Ehen und Häuser. Pionierin und Wegbereiterin für zahlreiche Wiener Jüdinnen war Fanny von Arnstein (1758–1818).

Der Weg in der vorbestimmten Rolle mündete oft trotz der Fülle des Gesellschaftslebens in Einsamkeit und Depression, was dann häufig (von männlichen Ärzten beziehungsweise Psychoanalytikern) in der klinischen Diagnose »Hysterie« endete. So vergleicht eine der wichtigsten Salonnièren des

Die Villa Wertheimstein in Wien, 2018
↓

Franziska von Wertheimstein. Porträt vom Ende des 19. Jahrhunderts aus dem Fotoalbum der Familie Todesco
→

ausklingenden 19. Jahrhunderts, Josephine von Wertheimstein (1820–1894), ihr Leben illusionslos mit dem Vegetationsdasein einer Pflanze oder eines Seesterns. Ihr Salon, zunächst in der Singerstraße in der Inneren Stadt, dann in der Villa Wertheimstein in Döbling, war im Unterschied zu jenem Fanny von Arnsteins nicht politisch ausgerichtet, sondern künstlerisch. Unter ihren Gästen befanden sich Hugo von Hofmannsthal oder Ferdinand von Saar, ein Verehrer ihrer Tochter Franziska von Wertheimstein (1844–1907), die ebenfalls einen Salon führte und schließlich an ihren Depressionen zugrunde ging. Sie vermachte die Villa der Stadt Wien, heute ist das Bezirksmuseum Döbling dort untergebracht. Der Garten wurden zum öffentlich zugänglichen Wertheimsteinpark.

Die große Ära der Wiener Salons ging mit einer weiteren herausragenden Frau zu Ende: Berta Zuckerkandl, die über Jahrzehnte mit ihrem Salon das geistige Leben in Wien anregte, bis zu ihrer Vertreibung im Jahr 1938. Der sogenannte »Anschluss« an Nazi-Deutschland setzte auch der Salonkultur ein Ende. Die Salonnièren wurden vertrieben. Manche setzten diese Kultur im Exil fort, immer verbunden mit einer Sehnsucht nach Wien.

011

DIE REVOLUTION VON 1848

Die Aufklärung, die Regentschaft von Joseph II. und die emanzipatorische Bewegung brachten Schwung in die Wiener Judenschaft. Höhere Bildung sowie Bestrebungen, die Religion zu modernisieren, führten zu Assimilation und zu lauter werdenden Forderungen nach Liberalisierung und Gleichstellung. Die Zeit des Vormärz zwischen dem Wiener Kongress 1814/15 und der Revolution von 1848 war gekennzeichnet von den wirtschaftlichen und politischen Folgen der Napoleonischen Kriege, der zunehmenden Industrialisierung sowie dem rigorosen Polizeistaat unter Staatskanzler Metternich.

Diese Gegebenheiten machten alle Hoffnung auf eine Verbesserung der politischen und gesellschaftlichen Situation zunichte. Im Gegenteil, es wurden zahlreiche restriktive Maßnahmen gesetzt.

Dem autoritären Führungsstil des Kaiserhauses und einer strengen Zensur, gepaart mit einer wirtschaftlichen Krise, stand immer größeres Misstrauen und schließlich eine wachsende generelle Unzufriedenheit gegenüber, die zur Revolution von 1848 führte. An dem Aufstand in den Märztagen dieses Jahres beteiligten sich viele akademisch gebildete Wiener Juden und jüdische Studenten. Den Auftakt machte der Arzt und liberale Politiker Adolf Fischhof mit einer Rede, in der er Pressefreiheit, Religionsfreiheit und Lehrfreiheit sowie einen Anschluss an Deutschland forderte. Er war auch am Entwurf einer Verfassung beteiligt und wurde dann wegen Hochverrats angeklagt, jedoch aus Mangel an Beweisen freigesprochen. Fischhof engagierte sich zeit seines Lebens für ein allgemeines Wahlrecht und praktizierte als Arzt.

Am 13. März 1848 stürmten Arbeiter die Fabriken in der Vorstadt, Studenten und aufgebrachte Bürger wollten dem Kaiser eine Petition überbringen. Beim Versuch, das Landhaus zu stürmen, schoss das Militär in die Menge, die erste Kugel traf den 18-jährigen jüdischen Studenten Karl Heinrich Spitzer, eine weitere den jüdischen Webergesellen Bernhard Herschmann.

In der Folge kam es für die Opfer des 13. März zum ersten ökumenischen Begräbnis. Gemeinsam mit christlichen Geistlichen ehrte der reformorientierte und für die Geschichte der Wiener jüdischen Gemeinde wesentliche Rabbiner Isaak Noah Mannheimer die getöteten Revolutionäre, die in einem Gemeinschaftsgrab am Schmelzer Friedhof, dem heutigen Märzpark, beerdigt wurden. Mannheimer hielt eine flammende Rede und rief zu einer Anerkennung der Juden auf.

Begleitet wurden die Revolutionstage von einem Gedicht, das der Arzt, Journalist und

↑
Heinrich Spitzer aus Bisenz in Mähren:
»Techniker ermuntert seine Collegen für Recht
und Freiheit (zu kämpfen, in Wien) den 13. März 1848«

↑
Ludwig August Frankl, 1850

Schriftsteller Ludwig August Frankl (1810–1894) zu Beginn der Ereignisse verfasst hatte. Es trug den Titel *Die Universität,* wurde als erstes zensurfreies Schriftstück eine Million Mal verteilt und von mehreren Komponisten vertont. Frankl reiste später nach Jerusalem, von wo er zwei Steine mitbrachte, die in den Leopoldstädter Tempel wie auch in die Votivkirche eingesetzt wurden. Frankl engagierte sich in Wien auch für die Gründung der wichtigen Blindenanstalt und für die Errichtung des Schillerdenkmals. Er wurde dafür geadelt und zum Ehrenbürger ernannt.

Die Märztage sorgten für eine Flucht von Reichskanzler Metternich und einige Zugeständnisse durch Kaiser Ferdinand I. Nach der Niederschlagung der Revolution setzten sich die konservativen Kräfte durch. Letztendlich dankte der schwache Kaiser Ferdinand ab und übergab den Thron seinem erst 18-jährigen Neffen Franz Joseph I., der absolutistisch regierte und erst unter dem Druck verlorener Kriege die Monarchie umformen musste, dem Parlament mehr Rechte zusprach und schließlich 1867 das Staatsgrundgesetz verabschiedete, das allen Bürgern gleiche Rechte einräumte, auch den Juden.

012

DIE »ISRAELITISCHE GEMEINDE VON WIEN«

Die missglückte Revolution von 1848 sowie die darauffolgende Verfassung ohne demokratische Beteiligung bedeuteten für die reformorientierten, liberalen Wiener Juden eine Enttäuschung. Umso größer war die Freude, als der junge Kaiser Franz Joseph I. bei einer Audienz am 3. April 1849 in Olmütz hochgestellte jüdische Persönlichkeiten als »israelitische Gemeinde von Wien« ansprach. Darauf folgte am 14. Jänner 1852 die lang erhoffte Anerkennung der Gemeinde. Sie ermöglichte, dass die Wiener Juden ihre inneren Angelegenheiten und Kultusfragen selbstständig und unabhängig regeln konnten.

Erster Präsident wurde Leopold von Wertheimstein, Prokurist des Bankhauses Rothschild und Ehemann von Josephine (geborene Gomperz), die in der gemeinsamen Villa einen großen Salon führte. Neben ihm gab es Vorstände für Finanzen, Schule, Wohltätigkeit und Religion. Mit dem Staatsgrundgesetz von 1867 erfolgte die vollständige Gleichstellung und Emanzipation der Juden vor dem Gesetz. Im März 1890 wurde das Israelitengesetz erlassen. Es regelte die äußeren Rechtsverhältnisse der jüdischen Gemeinde. In dieser Zeit wurden die Wiener Vororte in die Stadt Wien integriert, daher kamen auch die Gemeinden in Ottakring, Währing, Fünfhaus sowie die sogenannte türkische Gemeinde unter die Verwaltung der Kultusgemeinde. In der Folge wurde Wien zum Ziel Tausender Jüdinnen und Juden aus dem Osten der Monarchie. 1880 waren bereits zehn Prozent der Gesamtbevölkerung jüdisch. Mit 72 000 Mitgliedern war Wien nach Warschau und Budapest auf dem Weg zur drittgrößten jüdischen Gemeinde Europas.

Zweiter Präsident wurde der Kaufmann Josef Wertheimer, der aus einer aufgeklärten jüdischen Familie stammte und einige Vereine zur Unterstützung hilfsbedürftiger Jüdinnen und Juden oder Bildungseinrichtungen gründete und förderte, wie überhaupt Wohltätigkeitsvereine für die verschiedensten Bereiche entstanden.

Auch in den Jahren nach seiner Amtszeit überwogen Präsidenten, die aus dem assimilierten Wiener Judentum stammten. Nach dem Ersten Weltkrieg waren überwiegend zionistisch oder jüdisch-nationale Persönlichkeiten im Vorstand vertreten. Präsident wurde Desider Friedmann, der Vorsitzende des zionistischen Landesverbandes. Er wurde gemeinsam mit seiner Frau Ella 1944 in Auschwitz ermordet. 1938 wurde die Israelitische Kultusgemeinde von den Nationalsozialisten aufgelöst. Als jüdische Gemeinde musste sie unter Josef Löwenherz die Emigration der Mitglieder koordinieren und später als Ältestenrat die

Oberrabbiner
Akiba Eisenberg im
Wiener Stadttempel, 1963
←

ersten Deportationen vorbereiten. Von den knapp 200 000 Jüdinnen und Juden wurden 65 000 ermordet.

Nach der Shoah musste sich die Israelitische Kultusgemeinde von Grund auf neu organisieren. Sie kämpfte für den Wiederaufbau der Infrastruktur und die Rückgabe von beschlagnahmtem Eigentum und Vermögen. 1972 entstand das Jüdische Elternheim, 1984 die Zwi-Perez-Chajes-Schule. Beide Institutionen wurden 2008 mit dem nach jahrzehntelangem Einsatz an die Kultusgemeinde zurückgestellten Hakoah-Sportplatz zusammengelegt, es entstand auch das psychosoziale Zentrum ESRA. Viele der Nachkriegs-Präsidenten setzten sich für den Wiederaufbau der Gemeinde ein, in den vergangenen Jahrzehnten vor allem Ivan Hacker, Paul Grosz, Ariel Muzicant und Oskar Deutsch. 2020 zählte die Gemeinde etwa 8000 Mitglieder, neben dem Präsidenten und dem Rabbinat gibt es ein Generalsekretariat und einen Kultusvorstand mit 24 Vertretern. 2012 wurde das Israelitengesetz nach 122 Jahren erstmals überarbeitet, um die Rechte der Juden stärker zu verankern und veraltete und verfassungswidrige Regeln aufzuheben.

013

DER WIENER STADTTEMPEL

Das Toleranzpatent von Joseph II. erlaubte zunächst keine öffentliche Synagoge in Wien. Gebetet wurde in privaten Räumen. 1811 erwarben Michael Lazar Biedermann und Isaak Löw Hofmann den sogenannten Pempflingerhof (auch Dempfingerhof genannt) in der heutigen Seitenstettengasse. Der Hofjuwelier und spätere Wollfabrikant Biedermann setzte sich als Sohn eines Rabbiners für die Gründung einer jüdischen Schule sowie einer repräsentativen Synagoge ein. Gemeinsam mit dem Kaufmann Issak Löw Hofmann (dem Urgroßvater von Hugo von Hofmannsthal) kaufte er das Gebäude um 90 000 Gulden. Die Regierung, der es nicht gelungen war, den Kauf zu verhindern, ließ das Gebäude für baufällig erklären. Es musste abgerissen werden.

Auflage für einen Neubau war, dass die zu errichtende Synagoge von außen nicht als solche erkennbar sein dürfe. Als Architekt wurde Josef Kornhäusel ausgewählt, der kurz vorher das Theater in der Josefstadt gebaut hatte. Ihm gelang es vortrefflich, die Synagoge in das von ihm entworfene klassizistische Ensemble des Gebäudes in der Seitenstettengasse einzubauen. Im Dezember 1825 wurde der Grundstein gelegt, schon im April des folgenden Jahres die Synagoge eingeweiht. Neben der Synagoge wurden Amtsräume sowie die bereits zuvor bestandene jüdische Schule, ein Altersheim und eine Mikwe eingerichtet. Das Gebäude wurde so zum geistigen und religiösen Zentrum der Wiener Judenschaft. Der einzige Hinweis darauf, dass sich eine Synagoge im Inneren befindet, ist die straßenseitig über dem Eingang angebrachte hebräische Inschrift aus dem Psalm 100: »Kommt in Dankbarkeit durch die Tempeltore, betretet die Vorhöfe mit Lobgesang!« Dieser Lobgesang der Völker beim Einzug in das Heiligtum beinhaltet ein Wort, das in größeren Lettern geschrieben ist als die anderen. Da im Hebräischen alle Buchstaben einen Zahlenwert darstellen, ergibt dieses Wort 1825/26, also das Baujahr der Synagoge.

Der ovale Raum des Wiener Stadttempels bietet 700 Sitzplätze, wobei die Damen auf der Galerie Platz nehmen, die Männer sich im Parterre zum Gebet versammeln. Eine große Renovierung fand 1923 statt. Einige Jahre später wurde eine Tafel zum Gedenken an die im Ersten Weltkrieg gefallenen jüdischen Soldaten angebracht. 1938 wurde der Innenraum der Synagoge im Novemberpogrom zerstört, wegen der dichten Verbauung der Tempel allerdings nicht wie die übrigen Wiener Synagogen in Brand gesteckt. Der Raum wurde als Sammellager vor den Deportationen benutzt, daran erinnert heute eine Gedenk-

↑
Morgengebet im Stadttempel, Seitenstettengasse, 1. Bezirk, 2010

tafel, eine weitere erschließt alle Namen der österreichisch-jüdischen Opfer der Shoah.

Kurz nach dem Ende des Zweiten Weltkrieges wurde die Synagoge provisorisch renoviert. Ab Herbst 1945 fanden wieder Gottesdienste statt. Vier Jahre später wurden die sterblichen Überreste von Theodor Herzl im Stadttempel verabschiedet und anschließend nach Israel überführt. 1963 sanierte man den Stadttempel aufwendig. 1976 feierte man in Anwesenheit vieler österreichischer Politiker, allen voran Bundeskanzler Bruno Kreisky, das 150-jährige Jubiläum des Stadttempels.

1984 wurde unter Oberrabbiner Paul Chaim Eisenberg die Bima – das Lesepult, von dem aus die Tora gelesen wird – um einige Meter in die Mitte des Raumes versetzt, was den Vorstellungen der orthodoxen Tradition entspricht. Demnach hat eine Bima in der Mitte der Synagoge zu stehen.

Im August 1981 verübten zwei Terroristen der palästinensischen Fatah-Bewegung an einem Samstagvormittag während des Gottesdienstes und einer Bar-Mizwa-Zeremonie ein Attentat auf den Stadttempel, bei dem zwei Menschen getötet und 21 schwer verletzt wurden. Seit diesem Tag muss die wichtigste Wiener Synagoge wie alle anderen jüdischen Einrichtungen von Sicherheitsbeamten geschützt werden.

014

DER LEOPOLDSTÄDTER TEMPEL

Mit der Möglichkeit, eine Gemeinde zu gründen, sowie aufgrund des Zuzugs von Jüdinnen und Juden aus dem Osten der Monarchie nach Wien waren Gründungen von Synagogen ein Gebot der Stunde. Es galt, Tausende neu zugewanderte Gläubige zu versorgen. Nach dem Bau des Stadttempels war eines der ersten und gleichzeitig größten Gotteshäuser der Leopoldstädter Tempel. Erstmals war es wieder gestattet, nach außen sichtbare Bethäuser zu bauen. Der Bayreuther Architekt Ludwig Förster wurde damit beauftragt, diese Synagoge mit einem angrenzenden Gebäudekomplex in der heutigen Tempelgasse zu errichten. Obwohl es nicht an der Ringstraße lag, wurde das Gebäude als »Ringstraßentempel« tituliert, denn es fällt in die Zeit des immensen Infrastrukturprojekts nach der Idee von Kaiser Franz Joseph I., die Befestigungsanlagen rund um die Stadt (das war der heutige 1. Bezirk, die Innere Stadt) niederzureißen und einen eleganten Boulevard zu gestalten. Ludwig Förster zeichnete für den stadtplanerischen Entwurf dieses Boulevards, der Ringstraße, verantwortlich. Das erste große private Palais, jenes der Familie Todesco, trägt seine Handschrift.

Mit dem Bau des Leopoldstädter Tempels wurde 1854 begonnen. Flankiert war das Bauwerk von zwei Verwaltungsgebäuden, in denen sich später auch die Israelitisch-theologische Lehranstalt befand. Die Synagoge selbst wurde zum Symbol für die wachsende Gemeinde und deren neues starkes Selbstbewusstsein. Sie verfügte über 2240 Sitzplätze und 1500 Stehplätze. Frauen und Männer hatten gleich viele Sitzplätze, die Frauen mussten allerdings auf der Empore Platz nehmen. Der Arzt und Schriftsteller Ludwig August Frankl brachte vom Ölberg in Jerusalem Steine nach Wien. Einer davon wurde im Leopoldstädter Tempel eingebaut, ein weiterer soll in der damals ebenfalls in Bau befindlichen Votivkirche Eingang gefunden haben. Zum Abschluss der Bauarbeiten für den Leopoldstädter Tempel wurde der Stein aus Jerusalem am 15. Mai 1858 feierlich eingesetzt.

Ludwig Förster nahm sich den salomonischen Tempel in Jerusalem als Vorbild für die klassizistische, mit maurischen Elementen ausgeführte Architektur der Leopoldstädter Synagoge. Im Innenraum war diese mit Mosaikelementen und Stuckatur versehen. Förster baute gleichzeitig mit dem Leopoldstädter Tempel auch die Große Synagoge in Budapest. Das Gebäude in der Dohány utca (Tabakgasse) ist bis heute erhalten. Nach dem Vorbild des Leopoldstädter Tempels wurden einige andere Synagogen im orientalischen Stil gebaut: die Synagoge in Zagreb, die Tempel-

↑
Ansichtskarte des Leopoldstädter Tempels, circa 1865

Synagoge in Krakau, der Koraltempel in Bukarest sowie die Große Synagoge von Edirne.

40 Jahre nach seiner Eröffnung wurde der Leopoldstädter Tempel 1898 generalsaniert, zunächst durch den wichtigen jüdischen Architekten Wilhelm Stiassny, einige Jahre später durch Oskar Marmorek. Im August 1917 verwüstete ein Brand den Leopoldstädter Tempel, der in den folgenden Jahren aufwendig wiederhergestellt wurde. Im Novemberpogrom von 1938 wurde der Tempel von einem aufgehetzten Mob in Brand gesetzt. Die Feuerwehr kam stundenlang nicht zu Hilfe und sorgte nur dafür, dass die Nachbarhäuser nicht in Brand gerieten. Nur eines der beiden Verwaltungsgebäude blieb bestehen. 1951 wurde die Ruine des Leopoldstädter Tempels beseitigt. Heute befindet sich in dem Bereich des Leopoldstädter Tempels das psychosoziale Zentrum ESRA. Es wurde in den 1990er-Jahren als Unterstützung für Nachkommen des Holocaust gegründet. Hier finden sie soziale, medizinische und psychotherapeutische Unterstützung.

015

DIE TÜRKISCHE GEMEINDE IN WIEN

Dass es in Wien über Jahrhunderte eine türkisch-jüdische Gemeinde gab, ist weitgehend unbekannt. Ende des 15. Jahrhunderts kam es zur großen Vertreibung der Jüdinnen und Juden von der Iberischen Halbinsel, 1492 aus Spanien, 1498 aus Portugal. Diese sogenannten Sepharden ließen sich in Italien, Frankreich, Hamburg und Amsterdam nieder, die meisten aber im Osmanischen Reich, durch dessen Expansion sich sephardisch-türkische Juden auch in Budapest, Belgrad, Bosnien und Bulgarien ansiedelten.

In Wien führten türkische Juden im 16. Jahrhundert Handelsgeschäfte durch. Sie waren als Kaufleute und Händler von Stoffen, Seide, Baumwolle, aber auch Zucker, Gewürzen und Tabak tätig. Durch den Friedensvertrag von Passarowitz 1718 zwischen den Habsburgern und dem Osmanischen Reich erhielten die türkischen Juden, die unter dem Schutz des Sultans standen, mehr Rechte. Ihnen wurde im Gegensatz zu den in Wien ansässigen Juden Religionsfreiheit gewährt. Und sie konnten 1735 auch eine eigene Gemeinde gründen, was den Wiener Juden zu dieser Zeit verwehrt war.

Der wichtigste Protagonist der sephardischen Juden war Diego d'Aguilar (Moses Lopes Pereira), der von Karl VI. nach Wien geholt wurde, um hier das Tabakmonopol aufzubauen. Der vermögende Geschäftsmann wurde zum Baron ernannt und unterstützte das Kaiserhaus mit großen Summen. So erhielt Maria Theresia für den Bau des Schlosses Schönbrunn 300 000 Gulden von ihm. D'Aguilar machte seinen Einfluss bei Hof geltend, um Jüdinnen und Juden vor Verfolgung zu schützen, fast immer mit Erfolg. Aus Dankbarkeit verrichtete die Wiener türkisch-jüdische Gemeinde bis zu ihrer Zerstörung durch die Nationalsozialisten 1938 regelmäßig ein eigenes Gebet für ihren Gründer, der sich auch durch von ihm gewidmeten Tora-Schmuck in die Geschichte der Gemeinde einschrieb. Seine Eltern, zwei seiner 14 Kinder und andere Familienmitglieder wurden in Wien auf dem jüdischen Friedhof in der Seegasse begraben. Diego d'Aguilar starb 1763 in London.

In den folgenden Jahrzehnten wuchs die türkisch-jüdische Gemeinde Wiens stetig an. Sie umfasste in dieser Zeit zwischen 5000 und 6000 Mitglieder. Die Räumlichkeiten, in denen Gottesdienste stattfanden, wurden bald zu klein und mussten mehrmals gewechselt werden.

In der heutigen Zirkusgasse wurde 1868 eine Synagoge errichtet, die allerdings wegen eines Konstruktionsfehlers wieder abgerissen werden musste. 1887 errichtete man an dieser

Türkischer Israelitischer Tempel in der Zirkusgasse, um 1920
←

Stelle den Türkischen Tempel, eine prachtvolle Synagoge in orientalischem Stil nach dem Vorbild der Alhambra, geplant und umgesetzt von dem Architekten Hugo von Wiedenfeld. In der Eingangshalle hingen Porträts von Kaiser Franz Joseph I. und Sultan Abdülhamid II., dessen Geburtstag in der Synagoge gefeiert wurde. Gebete für beide Herrscher wurden verrichtet, die Nationalhymnen gesungen.

Die Gemeinde betrieb viele verschiedene Sozialeinrichtungen und eine Schule. Hier wurden wichtige Publikationen türkisch-jüdischer Gelehrter gedruckt. Wien entwickelte sich zu einem Zentrum der sephardischen Kultur.

Nachdem Kaiser Franz Joseph I. die Bildung einer Israelitischen Kultusgemeinde ermöglicht hatte, entbrannten Auseinandersetzungen zwischen den beiden Gemeinden, da sich die Kultusgemeinde die türkische Gemeinde einverleiben wollte. Es kam schließlich zeitweise zu einer Eingliederung mit Sonderprivilegien. 1938 wurde die türkische Synagoge, wie fast alle anderen Wiener Synagogen, zerstört. Das Archiv der türkisch-jüdischen Gemeinde wurde dabei verbrannt, wodurch wertvolle Informationen aus deren Chronik nicht mehr nachvollziehbar sind. Viele der zu diesem Zeitpunkt etwa 1000 Mitglieder umfassenden Gemeinde wurden deportiert und ermordet. Die Erinnerung an die Wiener türkisch-jüdische Gemeinde und deren Protagonisten bleibt heute nur noch durch die erhaltenen Gräber aufrecht.

Der Türkische Tempel in Wien.
Holzstich nach einer Zeichnung von Johann Nepomuk Geller
(*Illustrierte Zeitung*, 8. Dezember 1888)
↓

016

TORA UND TORA-SCHMUCK

Die Tora (hebräisch: Gebot, Weisung, Lehre) ist der heiligste Text der jüdischen Religion. Sie enthält die biblische Geschichte des Volkes Israel von der Erschaffung der Welt bis zum Tod des Moses sowie alle Regeln, Verbote und Gebote. Die fünf Bücher Mose finden sich in der christlichen Bibel als sogenanntes Altes Testament. Jede Woche wird ein Abschnitt (Parascha) gelesen, nach einem Jahr beginnt man von vorn.

Die Tora, wie sie zum Lesen in der Synagoge verwendet wird, ist kein Buch, sondern eine handgeschriebene Rolle aus Pergament. Sie wird in der Synagoge im Tora-Schrein (Aron Hakodesch) aufbewahrt, der immer in Richtung Jerusalem ausgerichtet ist. Dieser Schrein wird mit einem Vorhang (Parochet) verdeckt, der aufgezogen wird, wenn man die Tora herausnimmt. Das wertvolle handbeschriebene Pergament ist auf zwei Rollenstäbe aufgerollt, an denen die Tora getragen oder gehalten wird. Für Gemeindemitglieder ist es eine große Ehre, während des Gottesdienstes den Tora-Schrein öffnen zu dürfen und die Tora herauszuheben. Als Zeichen tiefer Verehrung wird die Tora in der Synagoge sehr sorgfältig aufbewahrt und besonders geschmückt, mit einem Tora-Mantel (Meil), über den ein Schild und ein Tora-Zeiger gehängt werden.

Der Tora-Zeiger (Jad) ist ein Stab mit einer Hand mit ausgestrecktem Zeigefinger. Er dient zum Vorlesen beim Gottesdienst, da die Heilige Schrift nicht mit der bloßen Hand berührt werden soll. Wenn die Tora im Schrein aufbewahrt ist, bekommt sie eine Krone beziehungsweise Aufsätze, hebräisch Rimonim, was Granatapfel bedeutet, dessen Geschmack so angenehm ist wie der Inhalt der Tora.

In den Wiener Synagogen gab es traditionell besonders schönen und wertvollen Tora-Schmuck, gespendet von Wiener Jüdinnen und Juden meist aus einem persönlichen Beweggrund, anlässlich einer Hochzeit oder in Dankbarkeit. Die Tora-Kronen, Tora-Schilde, auch die Tora-Zeiger tragen oft Gravuren, die Tora-Mäntel oder Tora-Vorhänge sind mit Inschriften bestickt, die Rückschlüsse auf die Stifter und oft auch auf den Anlass zulassen. Ein Tora-Mantel aus dem Jahr 1919 trägt zum Beispiel die Inschrift: »In dankbarem Andenken an die Errettung ihres geliebten Mannes aus dem Krieg, des Kohen Gebriel Zwi von seiner Frau Miriam Wesel. Im Jahre 679 der kleinen Zeitrechnung.«

Ein weiterer Tora-Mantel aus dem Jahr 1700 aus weinrotem Seidensamt ist mit folgender Widmungsinschrift bestickt: »Eine wohltätige Spende des edlen und berühmten Mannes, des ehrwürdigen Lehrers Rabbiner

↑
Torazeiger, vermutlich aus dem Bethaus im Dempfingerhof, mit der Inschrift: „Dies ist eine Gabe von R. Itzak Frankl und seiner Gattin Gittel, sie mögen leben", 1813

↑
Parochet, 1833 von Hermann Todesco an den Wiener Stadttempel gestiftet

Jakob, sein Schöpfer möge ihn beschützen, Sohn des großen Ravs Rabbi Löw seligen Angedenkens, Sohn des berühmten hervorragenden Mannes, unseres Lehrers Rav Rabbiner Elijahu Eger, das Andenken des Gerechten zum Segen, zur Beendigung des Schreibens der Tora. 460 der kleinen Zeitrechnung.«

Ein Tora-Mantel aus cremefarbenem Samt von 1931 trägt die Inschrift: »Zur Ehre des Herrn und zur Ehre der Tora gespendet von Jair Grebel, seiner Frau Riwka und ihren Söhnen Josua, Salomon, Isaak und Gedalja im Jahr 691 der kleinen Zeitrechnung.«

Auf einem Tora-Zeiger ist eine Punze von 1813 aus Pressburg zu finden. Auf dem Griff heißt es, er sei »eine Gabe von Rav Itzak Frankl und seiner Gattin Gittel«. Vermutlich hat das Ehepaar Frankl diesen Tora-Zeiger von Pressburg nach Wien mitgebracht. Jüdinnen und Juden strömten aus vielen Teilen der Monarchie in die Residenzstadt Wien, um hier zu reüssieren.

Zu Simchat Tora, dem Feiertag zur Freude der Tora im Herbst, wird die Tora-Lesung beendet, und sie beginnt wieder von vorn mit der Schöpfung. Seit dem 16. Jahrhundert ist es üblich, am Abend des Festes alle Tora-Rollen aus dem Tora-Schrein zu nehmen und in einer Prozession durch die Synagoge zu tragen. Dazu wird getanzt und gesungen.

017

MIKWAOT – ORTE DER SPIRITUELLEN REINIGUNG

Wasser stellt neben seiner Lebensnotwendigkeit ein wichtiges Element für rituelle und spirituelle Handlungen dar. Im Judentum kommt dem Element Wasser eine starke religiöse Bedeutung zu. Schon in der Tora beschreibt die Schöpfungsgeschichte die Kraft und Wirkung des Wassers. Ohne Wasser wäre das Paradies nicht vorstellbar. Wasser ist unentbehrlich, gleichzeitig kann es aber lebensgefährlich sein.

Im Buch Bereschit (1. Buch Mose: Genesis) bricht die Sintflut über die Erde herein und überflutet ein Jahr lang die Welt. Nur Noah, seine Familie und viele Tiere überleben. Die Taube mit dem Olivenzweig symbolisiert neues Leben. In Schemot (2. Buch Mose: Exodus) wird Moses im Wasser gefunden, wenig später wird auch die Bedeutung der rituellen Waschungen zur Reinigung vor dem Gottesdienst hervorgehoben.

Reinigung spielt im Judentum eine besondere Rolle. Nicht nur das Übergießen der Hände mit Wasser vor religiösen Handlungen und vor jeder Mahlzeit inklusive des Rezitierens des dazugehörigen Segensspruchs, sondern auch das rituelle Bad nimmt einen zentralen Stellenwert im Leben religiöser Juden, vor allem religiöser Jüdinnen, ein. Das Tauchbad in reinem Wasser (Mikwe), das in jeder jüdischen Gemeinde vorhanden sein muss, dient dazu, den Menschen insbesondere spirituell zu reinigen – vor einer Hochzeit, nach einer Geburt, der Menstruation oder nach dem Kontakt mit einem Toten. Vor dem Betreten der Mikwe muss der Körper tadellos sauber sein, nichts darf sich darauf befinden (kein Make-up, Nagellack etc.). Beim vollkommenen Untertauchen in das reine Wasser spricht man Gebete und soll vor allem im Wasser schweben. Dieser sehr konzentrierte Augenblick lässt einen innehalten, in sich gehen und die heilige Stimmung einfangen. Im Christentum wurde die Taufe anfangs auch als vollkommenes Untertauchen vollzogen.

Seit dem Entstehen der jüdischen Gemeinden in Wien und den Bundesländern ist die Existenz ritueller Tauchbäder an mehreren Orten bekannt. Die älteste bekannte Mikwe befindet sich in Hohenems. Sie wurde 1829 nach modernsten Standards errichtet. Das Gebäude, das nach der »Arisierung« und späteren Rückstellung an die Israelitische Kultusgemeinde verkauft wurde, ist später als Werkstatt verwendet worden. Das Tauchbecken wurde zugeschüttet und 1996 wieder freigelegt. 2009 restaurierte man das Gebäude,

Mikwe am Fleischmarkt, 2017 →

heute gehört es zum Jüdischen Museum Hohenems. Es ist davon auszugehen, dass sich bereits weit früher eine Mikwe in Hohenems befunden hat, die allerdings nicht erhalten geblieben ist.

In Wiener Neustadt wurde 2014 ein Brunnen entdeckt, der vermutlich die mittelalterliche Mikwe mit Wasser versorgt hatte. In Wien ist der Ort der rituellen Bäder der jüdischen Gemeinde des Mittelalters bis heute nicht genau bekannt, vermutlich lagen sie direkt auf dem heutigen Judenplatz beziehungsweise in der nahen Umgebung. Ebenso gibt es über die Lage der rituellen Bäder in der Judenstadt im Unteren Werd, wo den Juden die Errichtung eines eigenen Bads zugestanden wurde, keine exakten Informationen. Durch den starken Zuzug von Jüdinnen und Juden in die Residenzstadt Wien im ausgehenden 19. Jahrhundert stieg auch der Bedarf an rituellen Bädern. So wurde zum Beispiel in der Floßgasse im 2. Wiener Gemeindebezirk 1909 eine Mikwe errichtet, die der angesagte Architekt Oskar Marmorek geplant hatte. Diese Mikwe wurde auch nach dem Zweiten Weltkrieg noch genutzt. Trotz heftiger Proteste ließ sie der Hausbesitzer 2019 abreißen. Heute gibt es in Wien mehrere Mikwaot, eine davon befindet sich neben dem früheren Standort des Leopoldstädter Tempels, der wie fast alle anderen Wiener Synagogen im November 1938 zerstört wurde. Im Gegensatz zu den finsteren höhlenartigen Zisternen früherer Jahrhunderte, in die man über viele dunkle Stiegen hinabsteigen musste, sind die heutigen Mikwaot gleichsam Wellnessoasen oft mit luxuriöser Ausstattung und höchstem Komfort, sodass der Aufenthalt nicht nur der spirituellen Reinigung, sondern auch der Entspannung dient.

018

WIENER SYNAGOGEN

Leopoldstädter Tempel, Polnische Schul, Türkischer Tempel, Kaiser-Franz-Joseph-Regierungsjubiläumstempel, Schiffschul. Dies sind nur fünf der vielen jüdischen Wiener Gottes- und Bethäuser, die einst in der Donaumetropole von Gläubigen besucht wurden. Vor 1938 gab es in Wien fast 100 Synagogen und Bethäuser. In nahezu jedem Wiener Bezirk stand eine große Synagoge – in der Leopoldstadt sogar fünf – und mehrere Bethäuser. Sie alle wurden – mit Ausnahme des Stadttempels – im Novemberpogrom, den von den Nazis zynisch »Reichskristallnacht« genannten Gewaltausbrüchen gegen die Wiener Jüdinnen und Juden, zerstört.

Postkarte zum neuen Jahr aus dem Alten Jüdischen Museum, um 1910. Auf der Karte, die einen Neujahrswunsch enthält, sind folgende Tempel abgebildet (von oben links im Uhrzeigersinn): 1. Turnergasse, Wien 15, erbaut 1871/72 von Carl König; 2. Kluckygasse, Wien 20, erbaut 1900 von Jakob Gartner; 3. Leopoldstädter Tempel, Tempelgasse, Wien 2, erbaut 1858 von Ludwig Förster; 4. Die »polnische Schul«, Leopoldsgasse 29, Wien 2, erbaut 1892/93 von Wilhelm Stiassny; 5. Hubergasse, Wien 16, erbaut 1885/86 von Ludwig Tischler; 6. Pforte des Stadttempels, Seitenstettengasse 4, Wien 1, erbaut 1825/26 von Josef Kornhäusel; 7. Humboldtplatz, Wien 10, erbaut 1895/96 von Jakob Gartner; 8. Müllnergasse, Wien 9, erbaut 1888/89 von Max Fleischer; 9. Türkischer Tempel, Zirkusgasse 22, Wien 2, erbaut 1885/87 von Hugo von Weidenfeld; 10. Schmalzhofgasse, Wien 6, erbaut 1883/84 von Max Fleischer

← Religionsdisputation, 1900

In Wien existierten ab dem Mittelalter Synagogen, die allerdings den verschiedenen Vertreibungen entweder völlig zum Opfer fielen oder in Kirchen umgewandelt wurden. Über lange Zeit konnten zwar Synagogen errichtet werden, allerdings durften diese nicht als solche ersichtlich sein, mussten in Hinterhöfen versteckt oder hinter einer unauffälligen Fassade verschwunden bleiben, wie der Stadttempel. Diesen Sakralbau konnte Architekt Josef Kornhäusel 1824 nur ausführen, indem er ihn hinter eine klassizistische Fassade in der Seitenstettengasse einbaute. In diesem Viertel stehen die Häuser dicht aneinander, dieses Faktum hat den Stadttempel vermutlich vor der völligen Zerstörung im November 1938 geschützt, des Weiteren befanden sich im selben Gebäude alle Unterlagen der jüdischen Gemeinde, die die Nationalsozialisten zur Vertreibung und Ermordung der Wiener Jüdinnen und Juden brauchten.

Sichtbare Synagogen entstanden erst wieder ab Mitte des 19. Jahrhunderts, nachdem Kaiser Franz Joseph I. den Wiener Juden die Gründung einer Gemeinde gewährt und damit den Bau von im Stadtbild erkennbaren Gotteshäusern gestattet hatte. Die großen Wiener Synagogen bestachen mit ihrer beeindruckenden stilistischen Vielfalt. Erbaut wurden sie von den Stararchitekten der damaligen Zeit, wie Ludwig Förster, Max Fleischer oder Wilhelm Stiassny, die neben den Synagogen auch für wesentliche Profanbauten in vielen Teilen der Donaumonarchie verantwortlich zeichneten. Die im letzten Drittel des 19. Jahrhunderts stark anwachsende jüdische Wiener Gemeinde, die vor 1938 200 000 Mitglieder umfasste, hatte rasch Bedarf an Gotteshäusern. So entstanden quer durch Wien viele Synagogen und Bethäuser, die durch ihre einprägsame Architektur bestachen.

In nur einer Nacht waren die Wiener Synagogen Geschichte. Vom 9. auf 10. November 1938 entlud sich rasende Gewalt gegen die Wiener Jüdinnen und Juden. Das Attentat auf einen deutschen Gesandten in Paris durch einen jüdischen Burschen bot einen willkommenen Anlass zu Ausschreitungen gegen die jüdischen Gemeinden. In Wien wurden 27 Jüdinnen und Juden ermordet, Tausende verhaftet, Geschäfte zerstört.

Während die Nazis Synagogen in Brand setzten und dem Erdboden gleichmachten, bewahrten sie die Pläne, mit denen die Architekten einst die Synagogen eingereicht hatten, akribisch auf. Diese wertvollen Unterlagen dienten dem Architektenteam Bob Martens und Herbert Peter von der Technischen Universität Wien als Basis für ihre Forschungen. Seit Jahren verfolgen sie das Ziel, gemeinsam mit ihren Studentinnen und Studenten die zerstörten Synagogen der k. u. k. Monarchie virtuell wiederaufleben zu lassen.

019

DAS PROJEKT OT

Lichtstele in der Tempelgasse in Wien, Teil des Projekts OT, 2018
←

Nach der Zerstörung der Wiener Synagogen im November 1938 und der Errichtung von Wohnhäusern an deren Stelle, gab es über Jahrzehnte hinweg keine Spur zu den früheren Gotteshäusern beziehungsweise keine einheitliche Kennzeichnung. 2018 gelang es dem Jüdischen Museum in Kooperation mit der TU Wien und der Klasse für Transmediale Kunst an der Universität für angewandte Kunst, das Projekt OT umzusetzen.

Inspiration war die Ausstellung *Wiener Synagogen. Ein Memory,* die 2016 im Museum Judenplatz gezeigt worden war. Eine Ausstellung, die durch ein langjähriges Forschungsprojekt an der TU Wien ermöglicht wurde, in dem Prof. Bob Martens gemeinsam mit dem Architekten Herbert Peter sowie zahlreichen Diplomanden die zerstörten Wiener Synagogen virtuell rekonstruierten. Diese Arbeit und eine Initiative von Maria Graff inspirierten wiederum die Künstlerin Brigitte Kowanz und ihre Klasse für Transmediale Kunst an der Universität für angewandte Kunst, in Zusammenarbeit mit dem Jüdischen Museum Wien ein nachhaltiges Gedenkprojekt zur Erinnerung an die zerstörten Wiener Synagogen ins Leben zu rufen. Eine Jury wählte unter den Beiträgen das Projekt OT von Lukas Maria Kaufmann aus. Das Jüdische Museum Wien konnte dieses Projekt mit Unterstützung des Beirats für das Gedenk- und Erinnerungsjahr 2018 (Vorsitz: Bundespräsident a. D. Heinz Fischer), des Nationalfonds, der Wien Holding, der KÖR – Kunst im öffentlichen Raum und der Wien Energie umsetzen.

An den 25 ehemaligen Standorten der zerstörten Synagogen wurden in 16 Wiener Bezirken Lichtzeichen in Erinnerung an diese Orte sowie deren Geschichte errichtet. Im Rahmen des Gedenkens an das Novemberpogrom wurde das Projekt am 8. November 2018, 80 Jahre nach den gewaltsamen Übergriffen gegen die Wiener Jüdinnen und Juden, unter großer Anteilnahme der Bevölkerung, der Politik und Gästen aus dem Ausland in Betrieb genommen. Eine in den Masten eingravierte Inschrift verweist auf den Namen der jeweiligen Synagoge und die brutale Zerstörung durch die Nationalsozialisten. Ein QR-Code ermöglicht einen virtuellen Blick in den Innenraum der jeweiligen Synagoge.

Die Skulpturen beleuchten nicht nur den Stadtraum, sie beleuchten auch ein ausgeblendetes barbarisches Kapitel Wiens, jener Stadt, in der bis 1938 die drittgrößte jüdische Gemeinde Europas zu Hause war. Vor 1938 gab es in Wien fast 100 Synagogen und Bethäuser. In nahezu jedem Wiener Bezirk standen eine große Synagoge und mehrere Bethäuser. Jede Spur davon ist heute verwischt. Mit der Leuchtskulptur, die sich durch die Bewegung der Passanten enträtselt, wird Gedenken zu einer aktiven Handlung.

Die heutige knapp 8000 Jüdinnen und Juden umfassende Wiener jüdische Gemeinde verfügt über 15 Synagogen und Bethäuser, allerdings meist an anderen Orten als vor 1938.

020

SYNAGOGEN IN DEN BUNDESLÄNDERN I

Jüdische Gotteshäuser sind in Österreich ab der Mitte des 13. Jahrhunderts nachgewiesen: in Wien, Wiener Neustadt oder Krems. Keines dieser mittelalterlichen Gebäude ist erhalten geblieben. Die Wiener mittelalterliche Synagoge wurde im Zuge der Wiener Gesera, des Pogroms von 1420/21, abgerissen. Zerstörungen von Synagogen fanden auch nach dem Zweiten Weltkrieg statt, ebenso von anderen jüdischen Einrichtungen wie der Mikwe in der Floßgasse in Wien, die 2019 allen Protesten zum Trotz demoliert wurde. Über den Erhalt der Synagoge von Gänserndorf wird aktuell diskutiert.

Die prachtvolle Synagoge von Wiener Neustadt, erbaut vom angesehenen Architekten Wilhelm Stiassny, war im Novemberpogrom 1938 verwüstet worden, blieb aber bestehen und fungierte als Sammellager für die Wiener Neustädter Jüdinnen und Juden vor ihrer Deportation. Nach 1945 wurde sie als Holzlager benützt und im Jahr 1952 abgerissen.

Die Kremser Synagoge, die vom bekannten Architekten Max Fleischer 1894 im neogotischen Stil neu gebaut worden war, wurde 1978 abgerissen.

← Innenansicht der Synagoge in Krems an der Donau, 1894

Neue Synagoge in St. Pölten, 1900 bis 1930
→

Die Synagogen von Bruck an der Leitha und Korneuburg blieben erhalten. Die Korneuburger Synagoge wurde um 1325 errichtet, lange zweckentfremdet verwendet und steht seit 1980 unter Denkmalschutz. Die Synagoge von Bruck an der Leitha stammt ebenfalls aus dem Mittelalter, wurde für ein christliches Bauwerk (Nikolauskapelle) gehalten und 1938 unter Denkmalschutz gestellt. Zahlreiche Hinweise lassen darauf schließen, dass das Bauwerk als Synagoge errichtet worden war.

In ihrem Stil waren die Synagogen christlichen Bauwerken ähnlich und wurden oft von denselben Architekten gebaut, die auch Kirchen entwarfen. Für die Bauweise einer Synagoge gibt es keine Vorschriften, so wurden sie oft in der Kunstrichtung der Epoche und des Ortes gestaltet. Allerdings muss der Tora-Schrein, in dem die Tora aufbewahrt wird, nach Osten ausgerichtet sein, in Richtung Jerusalem. Darüber befinden sich das ewige Licht sowie die Zehn Gebote. Nach den Vertreibungen wurden Synagogen zerstört, zweckentfremdet oder in Kirchen umgewandelt.

Die Synagoge von St. Pölten, 1913 im Jugendstil errichtet, bot fast 400 Gläubigen Platz. 1938 wurde sie verwüstet, 1952 an die IKG rückgestellt. Das Gebäude verfiel, da es nach dem Zweiten Weltkrieg keine Gemeindemitglieder mehr gab. Seit den 1980er-Jahren steht die Synagoge unter Denkmalschutz, wurde renoviert, ist heute Sitz des Instituts für jüdische Geschichte Österreichs und wird für Veranstaltungen und Ausstellungen genützt.

In Baden wurde 1873 eine große Synagoge errichtet, sie diente der drittgrößten jüdischen Gemeinde Österreichs zum Gebet. Die Synagoge wurde 1938 verwüstet und beschädigt, blieb aber erhalten. Sie wurde auf Betreiben des Künstlers Georg Chaimowicz und des späteren Präsidenten der Grazer Kultusgemeinde Elie Rosen renoviert und wieder ihrem Zweck zugeführt. Heute finden im Rahmen des Zentrums für interkulturelle Begegnung regelmäßig Veranstaltungen statt.

Die Linzer Synagoge wurde 1877 im historistischen Stil neu errichtet und im Novemberpogrom 1938 zerstört. Die Ruine war bis Mitte der 1960er-Jahre in der Bethlehemstraße zu sehen. 1965 beschloss die oberösterreichische Landesregierung, nach großem Einsatz durch den langjährigen IKG-Linz Präsidenten Georg Wozasek, den Neubau an derselben Stelle, 1968 fand die Einweihung statt, seitdem werden regelmäßig Gottesdienste abgehalten.

021

SYNAGOGEN IN DEN BUNDESLÄNDERN II

Nach der Vertreibung im Mittelalter gab es für Jüdinnen und Juden über Jahrhunderte hinweg keine Möglichkeit, sich in Graz anzusiedeln. Ab 1848 entwickelte sich eine Gemeinde, die 1892 eine Synagoge von Maximilian Katscher nach dem Vorbild der von Gottfried Semper erbauten Dresdner Synagoge errichten ließ. 1938 half der Grazer Bürgermeister persönlich bei der Zerstörung der Synagoge im Novemberpogrom mit. Über Jahrzehnte blieb das Areal unbebaut, bis die Stadt 1998 nach großem Einsatz durch Kurt David Brühl, den damaligen Präsidenten der IKG-Graz, einen Neubau beschloss, bei dem auch Ziegel aus der zerstörten Synagoge verwendet wurden. Das im Jahr 2000 eröffnete Gebäude steht unter Denkmalschutz.

Nach mehrfacher Vertreibung aus der Stadt Salzburg seit dem Mittelalter siedelten sich nach dem Staatsgrundgesetz von 1867 wieder Jüdinnen und Juden in Salzburg an. Der Bau der Synagoge geht auf die Stiftung eines jüdischen Glasfabrikanten zurück, behördliche Schikanen zögerten die Umsetzung allerdings über Jahre hinaus, bis die Einweihung 1901 erfolgen konnte. Im Novemberpogrom wurde die Synagoge beschädigt. Nach dem Zweiten Weltkrieg befanden sich Tausende jüdische Flüchtlinge in Salzburg, die sich bemühten, die Synagoge wiederaufzubauen. Die Wiedererrichtung und Einweihung konnten allerdings erst 1968 umgesetzt werden. Die Entwicklung der Salzburger Gemeinde nach dem Zweiten Weltkrieg geht wesentlich auf den Holocaust-Überlebenden und langjährigen Präsidenten Marko Feingold zurück, der 2019 im Alter von 106 Jahren starb.

Ähnlich wie in anderen Städten Österreichs war auch in Innsbruck eine Ansiedelung für Jüdinnen und Juden nur in unregelmäßigen Abständen und durch hohe finanzielle Abgaben möglich. Ab 1867 konnten Jüdinnen und Juden durch das Staatsgrundgesetz ihren Wohnsitz innerhalb der Monarchie frei wählen. Die neu geschaffene jüdische Gemeinde von Innsbruck mietete in der Sillgasse Räume für eine provisorische Synagoge an, 1912 wurde ein Grundstück angekauft, später ein Architekt beauftragt, doch zu einer Umsetzung kam es nie. Das Novemberpogrom verlief in Innsbruck besonders brutal. Mitglieder des Vorstands der Kultusgemeinde wurden ermordet, die Synagogenräumlichkeiten zerstört. Das Gebäude in der Sillgasse wurde bei einem Angriff der Alliierten bombardiert und 1962 abgerissen. Über viele Jahre hinweg wurde der Ort als Parkplatz benützt, bis durch die Präsidentin der IKG-Innsbruck Dr. Esther Fritsch die Initiative entstand, eine Synagoge zu errichten. Feierlich eröffnet wurde sie 1993

Alte Synagoge in
Graz am Grieskai, 1920
→

unter Einbringung eines Tora-Vorhangs, den Innsbrucker Frauen 1899 der provisorischen Synagoge gewidmet hatten. Der Tiroler Bischof Reinhold Stecher hatte anlässlich der Einweihung einen Chanukka-Leuchter gewidmet.

Eine Synagoge in Hohenems wird schon 1642 genannt, vermutlich in einem Privathaus befindlich. 1772 wurde nach einigem Widerstand durch die Bevölkerung eine Synagoge erbaut. Diese bedeutende Barocksynagoge enthielt überraschenderweise figurative Darstellungen. In jüdischen Gotteshäusern sind aufgrund des Bilderverbots äußerst selten bildliche Darstellungen angebracht. Der bedeutende Kantor Salomon Sulzer stiftete das Harmonium. Die Synagoge verfügte über einen Uhrturm, auf dessen Spitze ein Davidstern prangte. Im Novemberpogrom wurde diese Synagoge nicht zerstört, doch wurden Kultgegenstände beschlagnahmt. Sie sind seither verschwunden. Nach Ende des Zweiten Weltkrieges wurden hier jüdische Displaced Persons untergebracht. 1955 erfolgte der Umbau der Synagoge in ein Feuerwehrhaus, wobei deren zentrale Elemente zerstört wurden. Der Bereich um den Tora-Schrein wurde durch den Bau von Garagentoren demoliert, der Glockenturm zum Schlauchturm umfunktioniert. 2001 erfolgte eine Teilrekonstruktion der Synagoge. Seit 2004 ist sie Sitz der tonart Musikschule. Der Salomon-Sulzer-Saal dient für Veranstaltungen, als Ort der Erinnerung und interkultureller Begegnung.

022

Paul Chaim Eisenberg beim Jüdischen Neujahrskonzert 2019 →

ÖSTERREICHISCHE RABBINER. EINE AUSWAHL

Im Mittelalter entwickelte sich Wien zu einem Zentrum jüdischer Gelehrsamkeit – vor allem durch die Tätigkeit des Rabbiners Isaak ben Mosche, der hier nach 1220 einige Jahrzehnte bis zu seinem Tod wirkte. In Böhmen geboren, erhielt er seine Ausbildung in Deutschland und Frankreich. Mit Wien identifizierte er sich vollends, sodass man von ihm auch als Issak von Wien sprach. Er wurde nach seinem Hauptwerk *Or Sarua* (Saat des Lichts) Isaak Or Sarua genannt. Seine Schrift enthält Kommentare zur jüdischen Rechtsprechung, wird bis heute verlegt und stellt auch eine Quelle für die Geschichte der Juden in Deutschland, Böhmen und Frankreich dar. Or Sarua und weitere Rabbiner, die hier unterrichteten, wurden als »Chachame Austraich«, als die Weisen von Österreich, bezeichnet. Die Wiener Gesera setzte dem regen Geistesleben ein Ende.

Der bedeutende Gelehrte Jomtow Lipmann Heller (1579–1654) wirkte als Oberrabbiner ab 1625 zwar nur einige Jahre in Wien, doch gelang es ihm, die Gemeinde zu organisieren.

Der Gelehrte und Oberrabbiner Samson Wertheimer (1658–1724) unterstützte das Kaiserhaus als einer der großen Kreditgeber bei der Türkenbelagerung und im Spanischen Erbfolgekrieg. Sein Amt als Oberrabbiner musste er von Eisenstadt aus erfüllen, da ab 1670 eine jüdische Gemeinde in Wien nicht mehr zugelassen war.

Mit der Errichtung des Stadttempels wurde auch der in Kopenhagen geborene reformfreundliche Prediger Isaak Noah Mannheimer (1793–1865) nach Wien geholt, ursprünglich als Leiter der israelitischen Religionsschule, da in Wien offiziell keine jüdische Gemeinde mit Rabbinern existierte. Bis 1852 trug er den Titel Prediger, ab 1852 Rabbiner. Seine erste Predigt hielt Mannheimer bei der Grundsteinlegung des Stadttempels 1825. 1848 hielt er eine ökumenische Gedenkveranstaltung für die Gefallenen der Revolution ab. Gemeinsam mit dem Vorbeter und Kantor Salomon Sulzer entwarf Mannheimer den bis heute gültigen Wiener Ritus, einen Kompromiss aus orthodoxen und liberalen Elementen. So wurde zwar der Gottesdienst nicht mehr ausschließlich in Hebräisch gehalten (die Predigt konnte auf Deutsch gesprochen werden), das Orgelspiel aber abgelehnt. Diese gemäßigt moderne Form verhinderte eine Spaltung der Wiener Gemeinde. Als Mannheimer 1865 im Stadttempel starb, wurde Adolf Jellinek (1820–1893) sein Nachfolger. Er begeisterte die Gläubigen mit seinen Predigten, vertrat das liberale Judentum, das sich zur deutschen Kulturnation bekannte, wandte sich gegen den Zionismus und trat vehement gegen den

Isaak Noah Mannheimer,
um 1860
←

anschwellenden Antisemitismus auf. Nach Jellineks Tod folgte der konservativere Moritz Güdemann (1835–1918) als Rabbiner. Auch er war ein Gegner des Zionismus und Kämpfer gegen den Antisemitismus. Sein Nachfolger, der Gelehrte Zwi Perez Chajes (1876–1927), dagegen war ein überzeugter Zionist. Ihm war die Bildung der Jugend ein wesentliches Anliegen, so schuf er das hebräische Gymnasium sowie ein Seminar für jüdische Religionslehrer. Auch Chajes' Nachfolger David Feuchtwang (1864–1936) war Zionist und ein Bekannter Theodor Herzls. Dem Gelehrten und Wissenschaftler David Taglicht (1862–1943), Oberrabbiner nach Feuchtwangs Tod, gelang 1938 die Flucht nach England.

Das Amt des ersten Oberrabbiners nach dem Zweiten Weltkrieg übernahm 1948 der aus Ungarn stammende Akiba Eisenberg (1908–1983). Nach seinem Tod folgte sein Sohn Paul Chaim Eisenberg (geboren 1950) als Oberrabbiner. Er setzte sich für den Dialog mit Vertretern des Christentums und des Islam ein und tritt als Autor und Sänger religiöser Musik auf. Paul Chaim Eisenberg wurde 2016 pensioniert und ist weiterhin als Oberrabbiner von Österreich tätig. Sein Nachfolger Arie Folger (geboren 1974) übte die Funktion des Oberrabbiners des Stadttempels von 2016 bis 2019 aus. Im Februar 2020 wurde der Rabbiner Jaron Engelmayer zum neuen Oberrabbiner der Israelitischen Kultusgemeinde bestellt.

»Seine Ehrwürden Dr. Adolf Abraham Schmiedl,
Rabbiner [in] Wien«
←

023

KANTOREN

Eine wesentliche Funktion im jüdischen Gottesdienst kommt dem Chasan, dem Kantor, zu. Er ist Vorbeter, Sänger, muss über eine fundierte Kenntnis der jüdischen Liturgie verfügen und sollte streng nach den Vorschriften der jüdischen Religion leben. Der Kantor soll, wie ein Rabbiner, ein Vorbild für die Gemeinde sein.

In Österreich wurde Salomon Sulzer (1804–1890) nicht nur zu einem Pionier der Chasanut, der synagogalen Musik, sondern sorgte gemeinsam mit Oberrabbiner Isaak Noah Mannheimer für die Etablierung des Wiener Ritus, einem Kompromiss aus gemäßigt-modernen und orthodox-liberalen Strömungen. Er wurde so zu einer Leitfigur der jüdischen Gemeinde.

Ursprünglich stammte die Familie aus Sulz in Vorarlberg und trug den Namen Levi. Nach der Vertreibung aus Sulz änderte sie den Namen in Sulzer. Salomon wurde in Hohenems geboren und sollte in die Fußstapfen seines Vaters im familieneigenen Handelshaus treten. Als Siebenjähriger wäre er allerdings beinahe ertrunken. Aus Dankbarkeit über die Rettung des Kindes gelobten die Eltern, Salomon zum Rabbiner oder Kantor zu erziehen. Wenige Jahre später wurde in Hohenems ein Kantor gesucht. Obwohl Salomon Sulzer erst 13 Jahre alt war, versuchte die Familie, ihren Sohn dort einzusetzen. Als 13-Jähriger war er bereits Bar Mizwa und galt nach jüdischem Gesetz als Erwachsener. Allerdings musste Kaiser Franz I. dies bestätigen. Der Kaiser verfügte eine dreijährige Ausbildungspflicht. Eine Zeit, in der sich Salomon auf sein Amt als Kantor vorzubereiten hatte. In Frankreich und Deutschland wurde er in Musik und Religion unterwiesen und trat im Alter von 16 Jahren tatsächlich die Kantorenstelle an. Er gründete einen eigenen Chor und ein Orchester, das er – vermutlich mithilfe seiner Familie – finanziell unterstützte.

1825 ereilte ihn der Ruf nach Wien. Der neu bestellte Rabbiner Isaak Noah Mannheimer holte den aufstrebenden Kantor in den Stadttempel, wo Salomon Sulzer neben seiner Tätigkeit sein Musikstudium fortsetzte. Er trat in Kontakt mit Franz Schubert, der eigens für ihn einen Psalm vertonte. Daraus entstand eine Freundschaft, wie auch mit anderen Musikern und Komponisten, so etwa Liszt, Meyerbeer, Schumann oder Paganini. Seine musikalische Ausrichtung sowie seine Kompositionen für den Gottesdienst dienten als Vorbild für viele andere Synagogen in Europa. Er entwickelte sich mit seinen Interpretationen zum Vorreiter für die synagogale Musik, die bis heute im Wiener Stadttempel praktiziert wird.

»Gallerie berühmter und bekannter Cantoren & Componisten«.
Schautafel aus dem Jahr 1891
↓

Oberkantor Shmuel Barzilai bei einem Konzert im Jüdischen Museum, 2019
↓

Salomon Sulzer und seine ebenfalls aus Hohenems stammende Frau Fanni Hirschfeld hatten 16 Kinder. Neben seiner Tätigkeit im Stadttempel unterrichtete er Gesang am Konservatorium der Gesellschaft der Musikfreunde. Mit seinen Kompositionen, in denen er den Gesang des Kantors mit dem Chor verband, veränderte Sulzer die Tradition des Gottesdienstes nachhaltig und sorgte so für eine aktivere Beteiligung der Gemeinde. Seine Werke reformierten den traditionell-orthodoxen Synagogengesang bis heute.

In den frühen 1970er-Jahren prägte der aus Siebenbürgen stammende und später in Australien wirkende Abraham Adler (1916–2003) als Kantor den Gottesdienst im Wiener Stadttempel und führte die von Salomon Sulzer geschaffene Tradition fort. Er hatte wesentlichen Anteil an einem Revival jüdischer Musikkultur in Wien. Nach seiner Pensionierung übernahm Shmuel Barzilai den Posten als Oberkantor im Stadttempel. Der 1957 in Jerusalem geborene Barzilai wurde als Kantor ausgebildet und studierte Judaistik. Als Tenor tritt er nicht nur bei Kantorenkonzerten, sondern auch bei Veranstaltungen an wesentlichen Opern- und Konzerthäusern weltweit auf und engagierte sich bei der Schaffung eines neuen Chors und eines Kinderchors, die mittlerweile aus dem Ritus des Gottesdienstes im Stadttempel nicht mehr wegzudenken sind. Barzilai hat dadurch maßgeblich zu einer Beteiligung zahlreicher Gemeindemitglieder am synagogalen Gesang beigetragen.

Salomon Sulzer, um 1860
→

024

DIE GEMEINDE HOHENEMS – 400 JAHRE JÜDISCHE GESCHICHTE

Israelitengasse in Hohenems mit
Salomon Sulzers Geburtshaus (rechts), um 1900
↓

Ein besonders spannendes Kapitel jüdischer österreichischer Geschichte lässt sich in der Stadt Hohenems in Vorarlberg aufschlagen. Hier kann man auf eine 400-jährige jüdische Geschichte zurückblicken, die 1617 mit der Ansiedlung der ersten Jüdinnen und Juden begann. Damals bildete der Schutzbrief des Reichsgrafen Kaspar von Hohenems die rechtliche Grundlage für eine Einladung an zwölf jüdische Familien, sich in Hohenems niederzulassen. Damit war die rechtliche Grundlage für die Schaffung einer Gemeinde mit ihren verschiedenen Institutionen gelegt, die den Raum durch ihre Handelstätigkeit auch wirtschaftlich belebte. Nach Vertreibungen im 17. Jahrhundert durften die Jüdinnen und Juden wieder zurückkehren. Sie wuchsen zu einer prosperierenden Gemeinde, die über eine Synagoge (eine der bedeutendsten Barocksynagogen in diesem Raum), eine Mikwe, eine Schule und ein Altersheim verfügte. Sie bestand nicht nur aus wohlhabenden Mitgliedern, Kaufleuten oder Fabrikanten, sondern auch aus Hausierern und kleinen Handwerkern, wie die Schaffung eines Armenheims zeigt.

Anfang des 19. Jahrhunderts gründete Herz Jakob Kitzinger das erste Kaffeehaus Vorarlbergs. Das Kaffeehaus Kitzinger wurde zum Treffpunkt verschiedener jüdischer Vereine, zum Beispiel der Lesegesellschaft. Ihren demografischen Höhepunkt erreichte die jüdische Gemeinde Hohenems 1862 als 564 Jüdinnen und Juden hier lebten.

Die Hohenemser Gemeinde wurde zu dieser Zeit durch mehrere Persönlichkeiten, die hier wirkten, bekannt. Salomon Sulzer, der berühmte Kantor und Reformator des Synagogengesangs, hatte seine Tätigkeit als 16-Jähriger in Hohenems begonnen, die er später in Wien zu einer Hochblüte führte und die in vielen Ländern ihren Niederschlag erfuhr. Der Hohenemser Rabbiner Abraham Kohn war für seine Reformen der Liturgie und die Förderung der Bildung bekannt geworden. Der Historiker und Rabbiner Aron Tänzer veröffentlichte viele Publikationen zur Geschichte Vorarlbergs und jüdischen Ethik, seine liberalen Ideen setzte er im Bereich der Erwachsenenbildung um. Familiäre Wurzeln in Hohenems sind bei den Schriftstellern Stefan Zweig und Jean Améry sowie dem Buchhändler August Brentano nachzuweisen.

Mit dem Staatsgrundgesetz von 1867 konnten Jüdinnen und Juden ihren Wohnsitz frei wählen. So wanderten viele Hohenemser Gemeindemitglieder in größere Städte beziehungsweise in wirtschaftliche Zentren in der Schweiz, in den USA und in der Monarchie aus. 1935 hatte die jüdische Gemeinde Hohenems nur noch 16 Mitglieder. Nach dem »Anschluss« 1938 wurden das Gemeindevermögen und die Ritualgegenstände der Synagoge beschlagnahmt, die Gemeinde wurde 1940 aufgelöst. 1942 wurde die letzte verbliebene Hohenemser Jüdin, Frieda Nagelberg, nach Theresienstadt deportiert. Somit war die angesehene und wichtige Gemeinde komplett vernichtet. Von ihr legen heute noch die Synagoge, die nach dem Krieg als Feuerwehrhaus zweckentfremdet verwendet wurde, die Mikwe, der Friedhof, die Schule, Wohnhäuser und Fabrikantenvillen Zeugnis ab. Von den Hohenemser Jüdinnen und Juden kehrte niemand zurück. Das jüdische Viertel blieb beinahe lückenlos erhalten, wurde inzwischen renoviert und ist kultureller Treffpunkt und Anziehungspunkt für Touristen, aber auch für Angehörige der früheren Gemeindemitglieder. In der Villa der Fabrikantenfamilie Rosenthal ist das Jüdische Museum Hohenems untergebracht.

025

DER WIENER JÜDISCHE CHOR

Wie lebendig und vielfältig das jüdische Wien heute wieder ist, zeigt der Erfolg des Wiener Jüdischen Chors. Die Gründung im Jahr 1989 ging auf eine Privatinitiative von Prof. Timothy Smolka zurück, der gemeinsam mit seiner Familie die jüdischen Volkslieder wiederaufleben lassen wollte. Brücken schlagen mit Musik aus dem gesamten Repertoire der jüdischen Musik ist bis heute das zentrale Anliegen des Chors, der seit Jahren umsichtig und liebevoll vom Musiker, Komponisten und Sänger Roman Grinberg geleitet wird.

Der Wiener Jüdische Chor ist eigentlich ein Volksliedchor und widmet sich den von Generation zu Generation weitergegebenen Liedern, die mit dem osteuropäischen Judentum beinahe untergegangen wären. Veranstaltungsorte sind die verschiedensten Bühnen in Wien vom Konzerthaus über das Wiener Rathaus bis zum Austria Center und weit über Wien hinaus. Bei den Konzertreisen trägt der Chor seine Botschaft auch ins Ausland – unter anderem nach Czernowitz in der Ukraine, nach Kischinau, Belz in Moldau, nach Bukarest, London, Barcelona, Rom, Tel Aviv oder nach Florida. Damit wird international gezeigt, wie reichhaltig und vielfältig die jüdische Musik heute noch ist. Im Mai 2013 wurde vom Jüdischen Chor das European Jewish Choir Festival in Wien initiiert und organisiert, an dem jüdische Chöre aus Amsterdam, Belgrad, Berlin, Brüssel, Dijon, Lemberg, Marseille, Nantes, Nizza, Paris, Rom, St. Petersburg, Toulouse, Utrecht, Wuppertal und Wien mit insgesamt 400 Sängerinnen und Sängern teilnahmen.

Der Wiener Jüdische Chor bei der »Grundsteinlegung zum Siechenhausbaue«, Wien, 2. Dezember 1898
←

Der Wiener Jüdische Chor beim jüdischen Neujahrskonzert im Jüdischen Museum Wien, 2019 →

Im Wiener Jüdischen Chor singen jüdische und nichtjüdische Männer und Frauen miteinander. Die Verbindung von unterschiedlichen Kulturen steht im Vordergrund, um zu zeigen, dass jüdische Musik in der vielfältigen Wiener Kulturszene von heute wieder ihren festen Platz hat.

Interkulturelle Verständigung ist Ziel des Wiener Jüdischen Chors. Das wird sowohl durch ein abwechslungsreiches Programm erreicht als auch durch die Zusammensetzung der Sängerinnen und Sänger. Der Chor verfügt heute über 60 jüdische wie nichtjüdische Mitglieder, die aus 14 verschiedenen Nationen stammen. Neben gebürtigen Österreicherinnen und Österreichern singen Mitglieder, die aus der Ukraine, Moldau, Großbritannien, Belgien und sogar Japan kommen.

Neben jiddischen gehören auch sephardische und hebräische Lieder zum Repertoire. Die Spannweite der Lieder bietet Heiteres, Besinnliches, oft auch für das Publikum Überraschendes. Als Chorleiter waren zunächst Lev Vernik, Oleg Berkovitch und Abraham Breuer eingesetzt. Seit 2002 wird der Wiener Jüdische Chor von Roman Grinberg geleitet. Grinberg ist dabei als Vocal Coach, Pianist, Arrangeur, Komponist, Korrepetitor und Dirigent tätig.

Seit 2012 tritt der Jüdische Chor alljährlich im Frühherbst im Jüdischen Museum Wien beim Jüdischen Neujahrskonzert auf, oft mit Oberrabbiner Paul Chaim Eisenberg. Die Lieder, die vorgetragen werden, hat Roman Grinberg bereits von seinem Vater, der ebenfalls Musiker war, tradiert bekommen. Er interpretiert sie neu und transportiert sie in das 21. Jahrhundert, immer mit der Idee, die jiddische Sprache am Leben zu erhalten. Diese traditionellen jiddischen Lieder sollen einem möglichst breiten Publikum zugänglich gemacht werden. Roman Grinberg mischt in das Programm von ihm komponierte neue jiddische Lieder. Liturgische Lieder, traditionelle Melodien, bis zu Widerstandsliedern, das Repertoire ist breit. Keines der Chormitglieder ist professioneller Sänger oder Sängerin, alle eint aber die Liebe zur Musik. Sopran, Alt, Bariton, Tenor, alle Stimmlagen harmonieren im Wiener Jüdischen Chor – und auch im menschlichen Miteinander.

026

Währinger Friedhof, 2018 →

JÜDISCHE FRIEDHÖFE IN WIEN

Jüdische Friedhöfe tragen im Vergleich zu christlichen Friedhöfen besondere Merkmale in sich. Ein jüdischer Friedhof beziehungsweise ein jüdisches Grab darf niemals aufgelöst werden. Die Totenruhe ist unantastbar und darf nicht gestört werden, da der Tote an diesem Ort auf die Ankunft des Messias wartet. Bei Platzmangel werden einige Schichten Erde über ein Grab gelegt und ein anderer Toter darüber bestattet, wie es zum Beispiel auf dem jüdischen Friedhof Prag zu sehen ist. Durch das Warten des Toten auf das Jüngste Gericht werden jüdische Friedhöfe auch Haus des Lebens (Bet Chajim) oder Haus der Ewigkeit (Bet Ha'olam) genannt. Jüdische Friedhöfe befanden sich immer weit von der Gemeinde entfernt, da sich die Lebenden nicht mit den Toten an einem Ort aufhalten sollen. Friedhöfe galten als unreine Orte.

Der älteste jüdische Friedhof in Wien war jener der mittelalterlichen Gemeinde. Von diesem ist heute nichts mehr erhalten, sein Standort lag in der Nähe der heutigen Staatsoper. Der Friedhof der zweiten jüdischen Gemeinde, der Friedhof Rossau in der Seegasse aus dem 16. bis 18. Jahrhundert, blieb erhalten. Hier wurden zwischen 1540 und 1783 die Mitglieder der jüdischen Gemeinde begraben. Bei der Vertreibung der Wiener Jüdinnen und Juden hinterlegte ein jüdischer Kaufmann eine große Summe an die Stadt für die Erhaltung des Friedhofs. Hier finden sich die Gräber wichtiger jüdischer Persönlichkeiten wie Samuel Oppenheimer oder Samson Wertheimer. Im Nationalsozialismus wurden viele Grabsteine abgetragen und auf dem Zentralfriedhof vergraben. Seit den 1980er-Jahren werden die Grabsteine wieder aufgestellt, dabei fand man 2013 bisher unentdeckte Grabsteine.

Ab 1784 wurde der jüdische Friedhof Währing zur wichtigsten Begräbnisstätte für die Wiener Jüdinnen und Juden. Die letzte Beerdigung fand 1911 statt. Im Gegensatz zum Friedhof Rossau finden sich hier auf den Grabsteinen nicht nur Aufschriften in Hebräisch, sondern auch in Deutsch und anderen Sprachen der Monarchie. Die Trauerhalle und das Taharahaus, das zur Waschung der Leichen dient, wurden von Josef Kornhäusel, dem Architekten des Wiener Stadttempels, gebaut. Viele wichtige jüdische Wiener Familien fanden hier ihre letzte Ruhestätte. Die Salonnière Fanny von Arnstein, ihr Mann, der Bankier Nathan von Arnstein, Bernhard von Eskeles, der Rabbiner Isaak Noah Mannheimer oder die Familien Epstein und Königswarter.

Während der Zeit des Nationalsozialismus wurde ein großer Teil des Friedhofs zerstört. Die jüdische Gemeinde verlegte daraufhin

Judaica-Sammler Max Berger steht beim Grabstein von Alois und Regine Pick, Zentralfriedhof, Tor 1
←

Leichen auf den Zentralfriedhof (vermutlich auch die sterblichen Überreste von Fanny von Arnstein), ein Teil musste dem Naturhistorischen Museum zur »Rasseforschung« übergeben werden. Diese Leichen wurden 1947 wieder bestattet. Nach langen Verhandlungen erhielt die jüdische Gemeinde den Friedhof Währing wieder zurück, musste jedoch den zerstörten Teil an die Stadt Wien abgeben, die an dieser Stelle ein Wohnhaus errichtete. Heute bemühen sich zahlreiche Privatpersonen und Initiativen, vor allem der Verein »Rettet den Jüdischen Friedhof Währing«, um die Instandhaltung dieses Friedhofs.

1879 wurde auf dem Zentralfriedhof die Israelitische Abteilung (heute Tor 1) eröffnet. In der alten Israelitischen Abteilung finden sich die Gräber wichtiger jüdischer Persönlichkeiten, wie des Kantors Salomon Sulzer, des Gelehrten Ludwig August Frankl, der Schriftsteller Arthur Schnitzler, Friedrich Torberg und vieler einflussreicher jüdischer Familien, die ihre Häuser zum Beispiel entlang der Ringstraße hatten, wie die Familie Ephrussi. Da dieses Areal bereits 1916 ausgelastet war, wurde am Ende des Zentralfriedhofs die neue Israelitische Abteilung errichtet (heute Tor 4), die dortige Zeremonienhalle wurde 1928 von Architekt Ignaz Reiser (1863–1940) erbaut. Die Nationalsozialisten zerstörten die Halle. 1967 wurde sie wiedererrichtet und eingeweiht. Die bunten Fenster stammen von Heinrich Sussmann.

Während des Zweiten Weltkrieges nützte man das Gelände am Tor 4 als sogenanntes Grabeland – für landwirtschaftliche Schulung zur Vorbereitung auf eine Auswanderung nach Palästina, die bis 1941 unter schwierigen Umständen, aber doch möglich war. Hier wurde einerseits Gemüse angebaut, andererseits wies man Jugendliche an, sich um die Pflege der Gräber zu kümmern. So wurde der Ort mitten im Grauen der Verfolgung für einige jüdische Jugendliche zum tatsächlichen Bet Chajim, zum Haus des Lebens.

027

CHEWRA KADISCHA – DIE HEILIGE BRUDERSCHAFT

Für jüdische Bestattungen ist die Chewra Kadischa, die heilige Bruderschaft oder heilige Gesellschaft, zuständig. Ihre Mitglieder widmen sich den Bedürfnissen von Kranken und Sterbenden. Sie führen die rituellen Vorbereitungen und die Beerdigungen selbst durch. Diese Tätigkeit üben sie ehrenamtlich aus. Die Chewra Kadischa erfüllt eine wichtige soziale Funktion in der Gemeinde und gilt als äußerst verdienstvoll. Ausgeführt werden soll sie von Menschen, die nach den religiösen Regeln leben. Sie müssen die Vorschriften im Umgang mit dem Toten und für Beerdigungen genau kennen. So muss die Beerdigung so rasch wie möglich durchgeführt werden, eine Kremation ist nicht zulässig. Am Schabbat und am Versöhnungstag Jom Kippur dürfen keine Begräbnisse stattfinden.

Über ein Wirken der Chewra Kadischa in Wien in früher Zeit bestehen keine Aufzeichnungen. Dies ist vermutlich auf die Vertreibungen von 1421 und 1670 zurückzuführen. Die ältesten veröffentlichten Statuten stammen aus dem Jahr 1764, nachdem die Chewra Kadischa von Wien 1763 während der Regentschaft von Maria Theresia gegründet worden war, und das trotz der judenfeindlichen Politik der Erzherzogin.

Federführend tätig war der Enkel von Samson Wertheimer, David Wertheim (1739–1817). Der Vorstand umfasste sechs Mitglieder und hatte die festgeschriebene Aufgabe, Kranke zu besuchen, ihnen finanzielle Unterstützung für Medizin und ärztliche Versorgung zukommen zu lassen, wenn sie das aus eigenen Mitteln nicht konnten. Gegebenenfalls sollte man auch für eine ruhige Umgebung sorgen. Bei einer Beerdigung hatten alle Vorstandsmitglieder anwesend zu sein. Die Chewra Kadischa erwarb später Grund auf dem Zentralfriedhof. Als langjähriger Vorstand, der über 40 Jahre

Fragment einer Textilie, gestiftet von der Neunkirchner Chewra Kadischa aus der Synagoge Neunkirchen, 1900/1901 →

↑
Mitglieder der Chewra Kadischa versenken beim Begräbnis von Oberrabbiner Akiba Eisenberg 1983 den Sarg.

lang tätig war, wird Heinrich Ritter von Sichrovsky (1794–1866) genannt, der wesentlich am Bau der Kaiser Ferdinands-Nordbahn beteiligt war. Da die Juden keine Gemeinde bilden durften und bis zum Bau des Stadttempels keinen richtigen Versammlungsort hatten, kam der Chewra Kadischa eine wichtige Funktion zu. Nicht nur Barmherzigkeit und Nächstenliebe am Lebenden wie am Toten war Pflicht, sondern ebenso die Unterstützung von nichtwohlhabenden Mitgliedern, zum Beispiel bezüglich der Bildung ihrer Kinder. Die Chewra Kadischa erfüllte daher für lange Zeit eine essenzielle Aufgabe im Hinblick auf die Organisation des Gemeindelebens, ohne offiziell eine Gemeinde sein zu dürfen. In Wien gab es sogar in den verschiedenen Bezirken Unterstützungsvereine, die armen Familien halfen, bedürftigen Kranken einen Arzt und Medikamente verschafften oder eine würdige Bestattung nach den religiösen Vorschriften vorbereiteten. In Baden wurde die Chewra Kadischa kurz nach der Fertigstellung des Friedhofs 1873 gegründet. Die bekannte Kurstadt war Anziehungspunkt für viele ältere Gäste, die dort ihren Lebensabend verbrachten, dann auch in Baden starben und begraben wurden. Daher kam der Beerdigungsbruderschaft eine wichtige Rolle zu. Da Beerdigungen streng nach den religiösen Regeln stattfinden müssen, war die Gründung dieser Bruderschaften in jeder Gemeinde wichtig. Bis heute organisieren die freiwilligen Helfer der Chewra Kadischa diese große und wichtige Pflicht.

028

DIE WIENER RINGSTRASSE I

Im Jahr 1850 war es der Wille des jungen Kaiser Franz Joseph I. – er war zu diesem Zeitpunkt erst 20 Jahre alt –, Wien in eine Metropole umzuwandeln. Sein Ziel war, die Vorstadt mit der Inneren Stadt zu verbinden, dazwischen war ein eleganter Boulevard geplant. Durch den Bau eines breiten Rings um die Innenstadt sollte ein sichtbares Symbol seines Reiches geschaffen werden, auch wenn bereits zu ahnen war, dass die riesige Monarchie bald auseinanderbrechen könnte.

Die Wiener Innenstadt war zu diesem Zeitpunkt von militärischen Festungsmauern umgeben. Die Ursprünge der Stadtmauern stammten noch aus dem 13. Jahrhundert und waren zwischen den Türkenbelagerungen von 1529 und 1683 verstärkt worden.

Für die Errichtung der Ringstraße brauchte der Kaiser finanzielle und unternehmerische Unterstützung. Der erwartete Erfolg diesbezüglicher Bemühungen blieb zunächst aus, allerdings eilten in dieser Situation jüdische Entrepreneurs dem Kaiser zu Hilfe. In der Hoffnung, nicht nur auf dem Papier als gleichberechtigte Bürger akzeptiert zu werden, waren sie die Ersten, die Parzellen der Grundstücke auf dem Gelände der früheren Befestigungsanlagen erwarben, um auch auf diesem Weg ihre Dankbarkeit gegenüber dem Kaiserhaus zu manifestieren. Sie identifizierten sich mit Franz Joseph und zeigten sich bei jeder Gelegenheit verbunden dafür, dass ihnen nun die Ausübung der Religion, die Schaffung einer Gemeinde gestattet und Gleichstellung sowie das Recht auf Staatsangehörigkeit gewährt wurden.

Außerdem galt eine Adresse am prominentesten Wiener Boulevard als Zeichen der lang ersehnten gesellschaftlichen Akzeptanz, und daher engagierten die jüdischen Bauherren wichtige zeitgenössische Architekten. So wur-

Palais Todesco, 2020
↓

↑
Wiener Franzens-Ring (heute Universitätsring). Farbdruck, 1880

de der unverwechselbare Ringstraßenstil von vier Generationen von Architekten geprägt, die auch jenseits der neuen Prachtstraßen viele Gebäude errichteten, die bis heute aus dem Stadtbild nicht wegzudenken sind. Einige dieser Architekten machten sich im Synagogenbau ebenfalls einen Namen, wie etwa Max Fleischer (1841–1905) oder Wilhelm Stiassny (1842–1910). Beide zählten zu den Mitbegründern des ersten Jüdischen Museums.

Der Textilunternehmer, Bankier und Philanthrop Eduard von Todesco (1814–1887) ließ sich von Ludwig Förster ein Palais direkt neben der in Bau befindlichen Staatsoper errichten. Die Ausführung der Inneneinrichtung übernahm Theophil Hansen. Das 1864 fertiggestellte Palais Todesco zählt zu den beeindruckendsten Bauwerken der Ringstraße und wurde 1935 von der Familie an eine Versicherung verkauft.

Das Palais Schey am Opernring 10 mit Blick auf den Burggarten und neben dem später errichteten Goethe-Denkmal gehörte dem österreichischen Bankier, Großhändler, Großgrundbesitzer und Mäzen Friedrich Schey von Koromla (1815–1881). In diesem Palais wurde die erfolgreiche ORF-Fernsehserie *Ringstraßenpalais* gedreht. Theophil Hansen war auch der Architekt des 1871 entstandenen Palais Epstein am heutigen Dr.-Karl-Renner-Ring neben dem ebenfalls von ihm erbauten Parlament. Bauleiter war der junge Otto Wagner. Der Bauherr, Bankier Gustav von Epstein (1828–1879), musste sein Palais aufgrund des Börsenkrachs bald verkaufen, er starb mit 51 Jahren völlig verarmt. Danach hatte eine britische Gasgesellschaft dort ihren Sitz, dann der Stadtschulrat. Die Nationalsozialisten quartierten ihr Bauamt ein, später fungierte das Gebäude als Zentralkommandantur der sowjetischen Besatzungsmacht, bis wieder der Stadtschulrat einzog. Heute ist das Palais Epstein ein Nebengebäude des Parlaments.

Der Boom der sogenannten Gründerzeit wurde von einer kleinen jüdischen Elite getragen, die einige Jahrzehnte später, im Jahr 1938, gezwungen war, ihre geliebte Heimat zu verlassen, oder in Konzentrationslager deportiert wurde. Die prächtigen Palais tragen noch ihre Namen, aber die Familien sind nicht mehr an Österreich gebunden. Weder wurden sie nach dem Zweiten Weltkrieg eingeladen zurückzukehren, noch erhielten sie jene Werte zurück, die sie unter Zwang zurücklassen mussten.

029

DIE WIENER RINGSTRASSE II

Zwei Sakralbauten spielen eine wesentliche Rolle im Umfeld des Baus der Ringstraße: die Votivkirche und der Leopoldstädter Tempel. In beide Gebäude wurde ein Stein, den Ludwig August Frankl vom Ölberg in Jerusalem nach Wien gebracht hatte, eingesetzt. Die Votivkirche entstand aus Dankbarkeit nach dem 1853 gescheiterten Attentat auf Kaiser Franz Joseph I. Der Leopoldstädter Tempel war das größte jüdische Gebetshaus seiner Zeit für 4000 Gläubige. Die Kirche und die Synagoge stehen als ein Symbol für die meist bereits assimilierten Juden, deren Vorfahren noch fromm im Schtetl gelebt hatten. In der Zwischenzeit hatten sich so manche von der jüdischen Religion abgewandt und waren sogar zum Christentum konvertiert. Innerhalb weniger Jahrzehnte hatten es viele von ihnen zu Wohlstand gebracht und konnten sich so in die Stadtgeschichte einschreiben.

Die meisten von ihnen waren gut ausgebildet und öffneten ihre Häuser für Intellektuelle, Wissenschaftler und Künstler. Die Salons wurden zu wichtigen Plattformen des Informationsaustauschs und des Netzwerkens.

So befand sich zum Beispiel im Palais Lieben-Auspitz, dem Wohnsitz des österreichischen Industriellen und Nationalökonomen Rudolf Auspitz (1837–1906) der Salon der Journalistin Berta Zuckerkandl (1864–1945).

Das Gebäude der Creditanstalt-Bankverein (Schottengasse 6–8) hat 1912 der Enkel des Bankgründers Salomon Meyer Freiherr von Rothschild (1774–1855) erbauen lassen. Louis Rothschild, der Urenkel der Wiener Rothschild-Linie, wurde 1938 von den Nazis verhaftet und konnte nur unter Hinterlassung seines gesamten Vermögens das Land verlassen.

Die Familie Gallia errichtete ein Palais am Stubenring, in dem heute das Café Prückel angesiedelt ist. Adolf Gallia (1852–1925) wurde mit der Patentierung der Erfindungen von Leuchtmitteln durch Carl Auer von Welsbach erfolgreich.

Der Textilfabrikant Gustav Przibram (1844–1904) ließ am Parkring 18 ein historistisches Gebäude errichten. Seine Ehefrau Charlotte war die Tochter von Friedrich Schey, einem angesehenen Kunstförderer und Besitzer des Palais Schey.

Das Palais Königswarter, schräg gegenüber der Staatsoper, wurde durch den Direktor der Nationalbank und Präsidenten der Kultusgemeinde Jonas von Königswarter (1807–1871) erbaut. Hier lebte später die Freundin von Kaiser Franz Joseph I., Burgschauspielerin Katharina Schratt.

Am Schottenring gibt es mehrere jüdische Palais: jenes des Großhändlers Gustav Leon, Ritter von Wernburg (1839–1898), dessen Be-

Familie Todesco-Lieben
in der Hinterbrühl, circa 1880
←

trieb bis heute als Firma Waagner-Biro existiert. Gustav Ritter von Schlesinger (1833–1906) errichtete ein nobles Mietpalais, er war an der Lemberg-Czernowitzer Bahn und an einer Bank beteiligt. Einer der größten Textilexporteure, David Schwarzmann (1835–1903), errichtete ein Palais am Schottenring 35. Er unterstützte arme Wiener Familien, ungeachtet ihrer Religion. Nach dem Zweiten Weltkrieg wohnte hier Max Berger, ein Überlebender der Shoah und Sammler von Judaica, die heute im Jüdischen Museum Wien zu sehen sind. Das Palais Schottenring 25 wurde von dem Garnhändler Karl Goldschmidt (1832–1902) in Auftrag gegeben. Goldschmidt stammte aus Deutschkreutz, einer der »sieben heiligen Gemeinden« des Burgenlands. An der Fassade sind vier Atlanten aufgestellt, die biblische Propheten darstellen. Das Palais Opernring 6 gehörte dem nicht mit Karl Goldschmidt verwandten Brüderpaar Moritz und Julius Goldschmidt, die für das Bankhaus Rothschild tätig waren. Eine ihrer Nachfahren, Renate Goldschmidt-Propper, und ihr Mann Felipe sind heute wichtige Unterstützer des Jüdischen Museums Wien.

Die jüdischen Familien setzten sich aber nicht nur selbst ein Denkmal, sondern engagierten sich massiv in sozialen Belangen sowie bei der Errichtung der öffentlichen Ringbauten: dem Künstlerhaus, Musikverein, Museum für angewandte Kunst, Naturhistorischen Museum oder dem Kunsthistorischen Museum. Die Ringstraße wäre ohne jüdische Familien nicht so rasch und nicht in dieser Form entstanden. Das großartige Erbe jüdischer Kultur prägt die österreichische Bundeshauptstadt bis heute.

030

HOTELS AN DER RINGSTRASSE

Nicht nur viele Privathäuser und öffentliche Gebäude an der Ringstraße entstanden durch jüdische Beteiligung, sondern auch einige Hotels. Davon erfahren Gäste heute kaum etwas.

Das Hotel Imperial am früher als besonders elegant geltenden Ringstraßenkorso (dem Teil zwischen Schwarzenbergplatz und Ecke Kärntner Straße/Oper) wurde zunächst als Wohnhaus für Herzog Philipp von Württemberg gebaut. Er verkaufte es 1871 an den aus Odessa stammenden Bankier Horace von Landau (1824–1903). Ein Grund dafür könnte der Neubau des Wiener Musikvereins gewesen sein, der nun die Sicht auf den Karlsplatz verstellte. Im Zuge der Weltausstellung von 1873 ließ Landau das Palais in ein Hotel umbauen. 1912 wurde das Hotel in eine Aktiengesellschaft umgewandelt. Einer der Teilhaber war Samuel Schallinger (1867–1943), dessen Beteiligung von den Nazis »arisiert« wurde. Schallinger und seine Familie wurden im Konzentrationslager Theresienstadt ermordet. Nach dem »Anschluss« diente das Imperial als Residenz für Adolf Hitler. In der Dumbastraße wurde ein unterirdischer Bunker gebaut, dessen Verbindungsgang zum Hotel Imperial bis heute besteht.

Nach dem Zweiten Weltkrieg diente das Hotel Imperial der sowjetischen Militärverwaltung als Hauptquartier. Neben vielen internationalen Gästen feierte hier auch der Shoah-Überlebende und unermüdliche Kämpfer für Gerechtigkeit, Simon Wiesenthal, seinen 90. Geburtstag. Gefragt, wie er in einem Hotel feiern könne, in dem Adolf Hitler gewohnt hatte, antwortete Wiesenthal: »Er ist tot, wir aber sind hier und lachen und tanzen!«

Samuel Schallinger war auch Besitzer des Hotels Bristol. Das von Ludwig Förster als Wohnhaus gestaltete Gebäude wurde zur Jahrhundertwende zum Hotel umgebaut, geführt von den Brüdern Carl und Arthur Wolf. Nach dem »Anschluss« wurde das Hotel arisiert und nach dem Krieg nicht restituiert. Bis 1955 war es Hauptsitz des amerikanischen Hochkommissars.

Etwas abseits des Rings, am Franz-Josefs-Kai, stand das elegante Luxushotel Métropole mit fast 300 Gästezimmern und 50 Geschäften. Errichtet von Ludwig Richter zur Weltausstellung 1873, war das als »jüdisches Sacher« bekannte Hotel eine Aktiengesellschaft. Als Hauptaktionäre fungierten die Familien Feix und Friediger-Klein. Im Nebengebäude betrieb der Vater von Stefan Zweig die Zentrale seiner Webwarenfabrik. Das Hotel war modern ausgestattet und sowohl in der Innen- als auch Außenausstattung reich verziert. Der Speisesaal im Innenhof war mit Glas überdacht. Hier fanden viele Feierlichkeiten

↑
Hotel Imperial, 1880

statt, unter anderem auch Bar-Mizwa-Feiern und Hochzeiten.

Unmittelbar nach dem »Anschluss«, am 25. März 1938, wurde das Hotel Métropole beschlagnahmt und Hauptquartier der Gestapo. Der Besitzer Robert Feix wurde verhaftet. Eine Widerstandsgruppe plante die Sprengung des Gebäudes, doch die Männer wurden gefangen genommen, das Hotel in ein Gefängnis umgebaut, die Gästezimmer zu Zellen. Täglich wurden mindestens 500 Menschen zum Verhör gebracht, in den Kellern folterte man Häftlinge. Die Leiter der Gestapo-Zentrale erhielten nach dem Ende des Zweiten Weltkrieges nur eine milde Bestrafung.

Bei einem Luftangriff im März 1945 wurde das Métropole zerstört, angeblich soll die Gestapo selbst zusätzlich Brände gelegt haben, um die Spuren zu vernichten. 1948 wurde die Ruine des Hotels abgerissen, 1951 ein Gedenkstein, 1985 ein Mahnmal errichtet. 1968 baute man auf einem Teil des früheren Grundstücks den Leopold-Figl-Hof. Dort befindet sich heute ein Gedenkrelief sowie ein Gedenkraum des Dokumentationsarchivs des österreichischen Widerstandes. Bis zum Jahr 2018 hatte Simon Wiesenthal hier sein Büro, das nach seinem Tod als Archiv weitergeführt wurde und heute über ein eigenes Gebäude am Rabensteig verfügt.

Vom »goldenen Zeitalter der Sicherheit«, wie es Stefan Zweig beschrieb, sind nur die steinernen Hüllen geblieben, von all den jüdischen Großbürgern, die den imperialen Glanz der Wiener Ringstraße erst ermöglichten, blieb keine Spur.

031

JÜDISCHE ARMUT UND DAS ZEDAKA-GEBOT

Elf Abbildungen aus Bruno Freis *Jüdisches Elend in Wien*, Wien 1920
→

Jenseits der neu geschaffenen prachtvollen Fassaden der Ringstraße verstärkten sich die sozialen Probleme. Im späten 19. Jahrhundert war aufgrund des Zuzugs aus dem Osten der Monarchie ein Großteil der in Wien lebenden Jüdinnen und Juden von der Armenfürsorge abhängig. Gleichzeitig hielten sich die jüdischen Unternehmer und Fabrikanten an das wichtige jüdische Gebot der Zedaka, die Verpflichtung zur Wohltätigkeit und sozialen Gerechtigkeit. Rasch entstanden unzählige Vereine und Stiftungen, die verschiedenste Einrichtungen unterhielten: von Wärmestuben, Suppenküchen über Waisenhäuser bis zu Spitälern.

Die wohlhabenden jüdischen Familien gründeten oder unterstützten gleichermaßen jüdische, katholische und nichtkonfessionelle Sozialeinrichtungen. Gemeinsam mit adeligen und großbürgerlichen Frauen gründete zum Beispiel Marie Auspitz mit Unterstützung ihres Mannes Rudolf ein Wöchnerinnenheim, in dem mittellose Frauen unabhängig von ihrer Religion nicht nur entbinden konnten, sondern auch betreut und begleitet wurden.

Wichtig war neben der Unterstützung die Förderung der eigenen Entwicklung und Ausbildung im Sinne von Hilfe zur Selbsthilfe. Das Wiener Israelitische Blindeninstitut, gegründet vom Arzt und Journalisten Ludwig August Frankl und finanziert unter anderem von der Familie Königswarter, wurde zu einer europaweit einzigartigen und wesentlichen Ausbildungseinrichtung für blinde Menschen. Diese erhielten nicht nur eine Schulausbildung, Musik- und Turnunterricht, sondern konnten auch ein Handwerk erlernen. Die Nationalsozialisten lösten das Haus 1942 auf und deportierten die Bewohner in Konzentrationslager. Die meisten von ihnen überlebten nicht. Heute ist ein Polizeikommissariat in dem Gebäude auf der Hohen Warte untergebracht.

Der Zündwarenfabrikant Aron Pollak von Rudin (1817–1884) ließ das überkonfessionelle Studentenheim Rudolfinum für Studierende an der Technischen Universität erbauen, das von Kronprinz Rudolf und Kaiser Franz Joseph I. eröffnet wurde. Der von Pollak gestiftete jüdische Kindergarten in der Castellezgasse wurde später erweitert und als Schule geführt. Ab 1941 wurde das Gebäude als Sammellager für österreichische Jüdinnen und Juden vor ihrer Deportation in die Konzentrationslager genützt.

Armut und Wohnungsnot kennzeichneten das ausgehende 19. Jahrhundert und wurden durch den Ersten Weltkrieg noch verstärkt. Der kommunistische, später sozialdemokratische Journalist und Schriftsteller Bruno Frei (1897–1988) dokumentierte 1920 die jüdische Armut in Wien nach dem Ersten Weltkrieg in einer aufrüttelnden Publikation über das jüdische Elend.

Die privaten sozialen Initiativen der jüdischen Familien führten später zum Aufbau des modernen Sozialstaates. Obwohl sie mit ihrem Engagement meist gleichermaßen für jüdische und nichtjüdische Bedürftige sorgten, dämmte das die antisemitischen Anfeindungen allerdings nicht.

032

DIE ROTHSCHILDS

Salomon Meyer Freiherr von Rothschild. Statue aus dem Vestibül des Nordbahnhofes von Johann Meixner, 1869/70 ↓

Die sagenumwobene Familie Rothschild stammt aus Frankfurt und hat sich aus einfachen Verhältnissen zu einer bedeutenden Bankiersdynastie entwickelt. Die Söhne des Gründers Mayer Amschel Rothschild (1744–1812) eröffneten Filialen in London, Paris, aber auch in Wien. Hier wirkte Salomon Meyer Rothschild (1774–1855), der zwar für seine finanzielle Unterstützung des Kaiserhauses geadelt wurde, sich aber dennoch kein Haus in Wien kaufen durfte. Daher lebte er im Hotel »Zum Römischen Kaiser«, in dem sich Diplomaten, Politiker und Künstler, zum Beispiel Ludwig van Beethoven, einquartierten. Nachdem Rothschild zum Ehrenbürger der Stadt Wien ernannt worden war, kaufte er das Hotel samt Nachbargebäude, das er in die Unionsbank umgestaltete. Er gründete die Creditanstalt und war wesentlich am Ausbau der österreichischen Infrastruktur, der Industrie, des Versicherungs- und Verkehrswesens, vor allem der Eisenbahn beteiligt.

Nach seinem Tod übernahm das Unternehmen sein Sohn Anselm Salomon (1803–1874), der vor allem für sein soziales Engagement bekannt wurde. Er finanzierte unter anderem das nach modernsten medizinischen Standards gestaltete Rothschild-Spital.

Sein Sohn Nathaniel Mayer Amschel Rothschild (1836–1905) übernahm mit dessen Bruder Albert Salomon (1844–1911) das Bankhaus. Nathaniel errichtete ein Palais in der Theresianumgasse, legte eine große Kunstsammlung an und etablierte den ersten Fußballclub in Österreich. Bei der Hohen Warte gründete er die Rothschild-Gärten. Sein geschäftstüchtiger jüngerer Bruder Albert ließ in der Prinz-Eugen-Straße das Palais Rothschild errichten, das im Stil der Neorenaissance gehalten und im Innenbereich prächtig gestaltet war. Albert vererbte es seinem Sohn Louis (1882–1955), der auch die Bankgeschäfte der Familie führte.

Während seinen Brüdern die Emigration beziehungsweise Flucht gelang (Alphonse Mayer Rothschild (1878–1942) emigrierte 1936 in die Schweiz, Eugen Daniel Rothschild (1884–1976) konnte vor den Nationalsozialisten nach Frankreich flüchten), hatte Louis Rothschild weniger Glück. Er wurde unmittelbar nach dem »Anschluss« verhaftet und über ein Jahr im Hotel Métropole, dem Hauptquartier der Gestapo in Wien, inhaftiert und misshandelt, bis die »Verhandlungen« um das Familienvermögen abgeschlossen waren. Nach einer Zahlung von 21 Millionen Dollar und Hinterlassung seines gesamten Besitzes konnte er ausreisen. In das Palais Rothschild zog Adolf Eichmann ein.

Nach zahlreichen Rückstellungsverfahren erhielt die Familie Rothschild einen Großteil der in Österreich verbliebenen Werte zurück, das Palais und anderen Grundbesitz schenkte Louis Rothschild der Republik Österreich mit der Auflage, seinen ehemaligen Angestellten Pensionen zu bezahlen. Das wertvolle Palais wurde 1955 abgerissen, an seiner Stelle steht heute das Gebäude der Arbeiterkammer. Im selben Jahr starb Louis Rothschild bei einem Badeunfall in der Karibik. Trotz seiner demütigenden Vertreibung aus Wien wollte Louis Rothschild in seiner Heimatstadt bestattet werden. Seine letzte Ruhestätte liegt in der Familiengruft der Rothschilds in der Israelitischen Abteilung/Tor 1 auf dem Zentralfriedhof.

033

FAMILIE EPHRUSSI

Nach den Rothschilds waren die Ephrussis die wesentlichste Bankiersfamilie, zumindest in Europa. Während die Rothschilds in Frankfurt den Grundstein für ihr Vermögen legten, war es Odessa, wo Joachim Ephrussi (1792–1864) sich zum größten Getreideexporteur entwickelte und seine Firma als internationales Finanzunternehmen etablierte. Sein Sohn Ignaz (1829–1899) gründete in Odessa ein bedeutendes Bankhaus und übersiedelte nach Wien. Hier baute er das Bankhaus Ephrussi und Co. mit Filialen in London und Paris auf, wo sein Neffe (Charles 1849–1905) die Niederlassung führte und gleichzeitig als Kunstsammler Marcel Proust zu seinem Roman *Auf der Suche nach der verlorenen Zeit* inspirierte.

In Wien baute Ignaz Ephrussi die soziale Stellung der Familie und ihr Netzwerk weiter aus. Er heiratete Emilie Porges (sie stammte aus einer der Ringstraßenfamilien) und eroberte sich damit einen Platz in der Wiener Gesellschaft. Wohltätigkeit und Engagement für die Gemeinschaft waren eine Selbstverständlichkeit, und so setzten sich die Ephrussis nach Überschwemmungen auch für die Regulierung der Donau ein. Mit dem Palais Ephrussi schrieb sich Ignaz in die Stadtgeschichte ein. Er engagierte Stararchitekt Theophil Hansen, um sich diesen repräsentativen Familienbesitz in Wien bauen zu lassen, und formulierte klare Vorgaben, da das Haus eine Kombination aus Palais und Zinshaus sein sollte: Zu den Repräsentationsräumen im ersten Stock sollte eine eigene Stiege führen, die von keiner anderen Hauspartei benützt werden durfte, drei Stockwerke waren für Mieter über eine bequeme Treppe erreichbar, Stallungen im Erdgeschoß vorgesehen, dort sollten auch Verkaufsflächen entstehen. Die Fassade und jene des Nachbarhauses wurden angeglichen, dadurch entstand der Eindruck, dass der Häuserblock zusammengehört.

Nach dem Tod von Ignaz übernahm sein Sohn Viktor Ephrussi (1860–1945) das Bankhaus und das Palais. Mit seiner Frau Emmy (geborene Schey von Koromla) erweiterte sich die Familie um vier Kinder. Infolge des Ersten Weltkrieges verlor das florierende Bankgeschäft an Bedeutung. Das Bankhaus wurde unmittelbar nach dem »Anschluss« beschlagnahmt, das Palais geplündert und »arisiert«. Viktor und seine Frau Emmy flüchteten, wenig später starb Emmy nach der Einnahme einer Überdosis an Herzmedikamenten. Viktor Ephrussi zog zu seiner Tochter Elisabeth, mittlerweile verheiratete de Waal (1899–1991), nach England.

Nach dem Zweiten Weltkrieg erhielt die Familie 30 000 Dollar für den Verkauf des Palais, für das Bankhaus in der Wasagasse 5000

Der Hase mit
den Bernsteinaugen
→

Palais Ephrussi,
Innenansicht, 2019
←

Dollar. Von 1969 bis 2009 diente das Palais Ephrussi der Casinos Austria AG als Firmensitz, die es um 31 Millionen Euro verkaufte.

2010 veröffentlichte der Enkel von Elisabeth Ephrussi, Edmund de Waal, sein Buch *The Hare with Amber Eyes,* das ein Jahr später auf Deutsch erschien. *Der Hase mit den Bernsteinaugen* beschreibt die Familiengeschichte der Ephrussis auch anhand der Sammlung an Netsukes (kleine japanische Figuren, die als Kimonoverschlüsse dienen), die Viktor und Emmy Ephrussi von Charles als Hochzeitsgeschenk aus Paris erhielten.

2018 übergab die Familie de Waal dem Jüdischen Museum das Archiv der Familie als Schenkung und die Sammlung an Netsukes als langfristige Leihgabe. Die Nachfahren der Familie Ephrussi leben heute in Großbritannien, den USA und Mexiko. Zum ersten Mal kamen 45 Familienmitglieder in Wien zusammen, als das Jüdische Museum 2019 im Beisein von Bundespräsident Alexander Van der Bellen die Ausstellung *Die Ephrussis. Eine Zeitreise* eröffnete. Im Zuge der Arbeiten an der Ausstellung wurde ein Gemälde entdeckt, das 1950 an die Familie restituiert hätte werden sollen, aber im Heeresgeschichtlichen Museum verblieben war. Edmund de Waal sagte am Eröffnungsabend der Ausstellung: »Wir sind hier keine Opfer. Wir restituieren unsere Geschichte, wir bringen die Geschichte einer Wiener Familie zurück nach Wien. Heute Abend bringen wir zum Ausdruck, dass wir nach wie vor zu Wien gehören. Geschichte ist nie abgeschlossen, sie ist kompliziert und sie ist jetzt.«

034

FAMILIE GOMPERZ

Die Familie Gomperz, deren Ursprünge aus dem 16. Jahrhundert datieren und im heutigen Nordrhein-Westfalen und bei Rabbiner Mordechai Gumpel liegen, hat sich in die österreichische Geschichte in mehrfacher Weise eingeschrieben. Aus der Familie von Bankiers, Industriellen und Kaufleuten kamen Gelehrte, Künstler, Mäzene, aber auch der Initiator des Skisports in Österreich.

Am Anfang der Wiener Linie der weitverzweigten Familie standen Philipp Josua Feibelman Gomperz (1782–1857) und Henriette Auspitz (1792–1881). Ihre Tochter Josephine (1820–1894) heiratete den Prokuristen des Bankhauses Rothschild und späteren Präsidenten der Israelitischen Kultusgemeinde Leopold von Wertheimstein (1801–1883). Josephine führte einen wichtigen Salon zunächst in der Singerstraße, später in der Villa Wertheimstein in Döbling. Nach dem plötzlichen Tod ihres 19-jährigen Sohns Carl wurde ihr Gesundheitszustand schwächer. Ihre ihr ergebene und ebenfalls schwermütige Tochter Franziska von Wertheimstein (1844–1907) übernahm die Rolle der Mäzenin und Salonnière. Unverheiratet und kinderlos, vermachte Franziska die Villa Wertheimstein und den großen umliegenden Garten der Stadt Wien.

Josephines Schwester Sophie Gomperz (1825–1895) war mit dem Unternehmer und Bankier Eduard von Todesco verheiratet und führte in dem gleichnamigen Palais einen Salon. Wie bei ihrer Schwester versammelten sich bei ihr Schriftsteller, Musiker, Künstler, Politiker, Industrielle und Diplomaten. Ihre Tochter Anna (1847–1900), verheiratet mit Leopold von Lieben (1835–1915), ging als Sigmund Freuds Patientin Cäcilie M. in die Geschichte der Psychoanalyse ein.

Theodor Gomperz (1832–1912) war ein bedeutender Philosoph und wurde als erster Jude Ordinarius für klassische Philologie an der Universität Wien. Seine beiden älteren Brüder Max und Julius Gomperz ließen sich als erfolgreiche Wirtschaftstreibende von Ludwig Förster um die Ecke des Palais Todesco das Palais am Kärntner Ring 3 erbauen. Julius heiratete die Opernsängerin Caroline Bettelheim. Das Palais, andere Immobilien sowie die große Kunstsammlung wurden von den Nazis beschlagnahmt.

Einer der Söhne von Theodor Gomperz, Rudolf (1878–1942), studierte in Berlin Eisenbahnwesen und war an der Verwirklichung eines riesigen Bauprojekts, der Bahnverbindung von Konya nach Bagdad, beteiligt. Nach einer Malariaerkrankung siedelte er sich in St. Anton am Arlberg an, wo er zum Pionier des Skisports und Tourismus wurde. Gemeinsam mit dem Skilehrer Hannes Schneider und

↑
Rudolf Gomperz und Hannes Schneider
beim Arlberg-Kandahar-Rennen in St. Anton,
1920er-/30er-Jahre

↑
Franziska von Wertheimstein,
Ende des 19. Jahrhunderts

einem Hotelier gründete er eine Skischule und legte damit den Grundstein für den Skitourismus. Gomperz engagierte sich in den Skiverbänden und dafür, den Skisport bekannt zu machen. Ausdauernd entwickelte er Ideen für eine Erschließung des Gebiets. Nach dem »Anschluss« wurde Hannes Schneider verhaftet (er emigrierte in die USA). Über Rudolf Gomperz wurde ein Arbeitsverbot verhängt, er blieb aber in St. Anton, wo er fortwährenden Schikanen ausgesetzt war. Im Jänner 1942 musste er in ein Sammellager nach Wien übersiedeln. Im Mai 1942 wurde er nach Maly Trostinec bei Minsk deportiert und dort wenige Tage später erschossen. Seine beiden Söhne gingen zur Waffen-SS. Einer fiel im Zweiten Weltkrieg, der andere beging später Selbstmord.

In St. Anton wurde die Geschichte und vor allem die Bedeutung von Rudolf Gomperz für den Skisport »vergessen«. Erst nach langen, hartnäckigen Bemühungen wurde 1995 ein Denkmal für Gomperz aufgestellt. Felix Mitterer widmete Rudolf Gomperz das Theaterstück *Kein schöner Land.*

035

MÄZENATENTUM

Im Judentum kommt der Wohltätigkeit (Zedaka) eine wichtige Rolle zu. Zedaka bedeutet Gerechtigkeit, Jüdinnen und Juden sind seit jeher dazu verpflichtet, sich für andere einzusetzen und zu teilen. Im Tempel von Jerusalem befand sich ein eigener Raum, in dem man Spenden hinterlassen konnte. Nicht nur dort war und ist bis heute Anonymität wichtig: Man sollte wohltätig sein, in einer Weise, dass der Spender und der Bedürftige nicht voneinander wissen. Spendenbüchsen sind auch heute in Synagogen vorhanden. Hilfe zur Selbsthilfe war und ist ebenfalls ein wichtiges Kriterium, so zum Beispiel notleidenden jungen Menschen Unterricht zu bezahlen und sie zu versorgen. Spenden für »arme Bräute« werden bis heute in Gemeinden gesammelt, um junge Frauen, die wenig finanzielle Mittel haben, für die Hochzeit auszustatten. Oder auch die Betreuung von Kranken und Sterbenden, die über die Beerdigungsbruderschaft (Chewra Kadischa) organisiert wird.

In jeder Gemeinde sorgen vermögende jüdische Frauen und Männer nicht nur für sozial bedürftige Menschen, sondern spenden auch für religiöse Zwecke, sei es für Objekte in Synagogen bis hin zu Tora-Rollen oder für die Publikation religiöser Bücher beziehungsweise für die Ausbildung von Rabbinern, aber auch für die Forschung. Die Förderung von Kunst und Kultur spielt ebenfalls eine große Rolle. Hier kam über lange Zeit den Frauen eine besondere Bedeutung zu, die sich nicht nur für soziale Zwecke engagierten, sondern in ihren Salons Künstler, Schriftsteller, Komponisten und Musiker förderten. Fanny von Arnstein zum Beispiel war eine der Mitbegründerinnen der Gesellschaft der Musikfreunde in Wien, dem späteren Musikverein. Im Salon von Berta Zuckerkandl wurde der Grundstein zur Wiener Werkstätte und zu den Salzburger Festspielen gelegt.

Das Geistes- und Kulturleben war in Wien wie in keiner anderen Stadt geprägt von Jüdinnen und Juden – Künstlern, Wissenschaftlern, Mäzenen und Sammlern. Jüdische Sammler haben hier einen unermesslichen Beitrag zur Entwicklung der Moderne geleistet. Ohne das jüdische Mäzenatentum hätte sich die Avantgarde in Wien nicht in einem derart starken Ausmaß entwickeln können. Die Mäzene förderten Künstler nicht nur für ihre eigenen Zwecke, sondern auch für die Allgemeinheit als Schenkungen an Museen. Viele herausragende Objekte in Wiener Museen gehen auf die Großzügigkeit jüdischer Familien zurück.

Die große Tradition jüdischer Sammler in Wien ist legendär. Die jüdischen Großbürger sammelten nicht nur alte Meister, sie zählten auch zu den Ersten, die Werke von Klimt,

Spendenschale mit Aufschrift »Spenden für Arme und für arme Bräute«, um 1900
→

Schiele oder den Impressionisten kauften und damit dafür sorgten, dass diesen Künstlern und ihren neuen Kunstformen ein besonderer Stellenwert zukam. Künstler, die zu ihrer Zeit definitiv das »Anderssein« repräsentierten. Die Entwicklung von Gustav Klimt und seinen Zeitgenossen wurde zu einem großen Teil durch jüdische Förderer, wie den Bloch-Bauers oder den Lederers, ermöglicht.

Wien um 1900 mit all seinen Facetten hätte ohne die Unterstützung durch jüdische Förderer niemals den Stellenwert erhalten, den es bis heute innehat. Jüdische Sammler verhalfen revolutionären Kunstformen, die damals von der Gesellschaft oft als hässlich und inakzeptabel abgetan wurden, zu Anerkennung. Heute sind sie zum Mainstream geworden. Als Beispiel gilt hier etwa das Loos-Haus. Der Herrenausstatter Leopold Goldman engagierte den Architekten Adolf Loos für seinen Unternehmenssitz am Michaelerplatz, der das Haus im Gegensatz zum vorherrschenden Stil des Historismus ohne Ornamente gestaltete. Trotz der großen Empörung der Wienerinnen und Wiener rückte Goldman nicht von Loos ab.

Die Bedeutung des jüdischen Mäzenatentums für die Kunstwelt wird mit jedem prominenten Restitutionsfall der Öffentlichkeit aufs Neue vor Augen geführt. Im Fall des Porträts von Adele Bloch-Bauer, der »Goldenen Adele« von Gustav Klimt, dessen Rückgabe sich über Jahrzehnte hinstreckte, wurden die jüdischen Förderer und ihre Enteignung im Jahr 1938 durch den Film *Woman in Gold* auch international zum Thema. Dies sorgte dafür, dass ins öffentliche Bewusstsein gerückt wurde, wie sehr jüdische Wiener Persönlichkeiten zur Entwicklung der Kultur-, Kunst- und Geisteswelt nicht nur beigetragen, sondern sie auch getragen haben. Das ist unwiederbringlich verloren.

036

JÜDISCHE MEDIZINER

In der jüdischen Tradition kommt der Medizin seit jeher ein wichtiger Stellenwert zu. Schon in der Tora und im Talmud gibt es immer wieder Erwähnungen der Heilkunde. Eine Krankheit soll nicht einfach hingenommen, sondern geheilt werden. So wird auch das Wort für Arzt im Hebräischen von dem Begriff »lindern« abgeleitet.

Anatomische Erkenntnisse gab es durch die Untersuchung von Schlachttieren, die gesund sein mussten, damit man sie verzehren durfte. Wie essenziell die Gesundheit ist, zeigt auch, dass die akute Versorgung von Kranken wichtige Gesetze wie die Einhaltung des Schabbat aufhebt. Das Reinheitsgebot, das Händewaschen vor jeder Mahlzeit, nach dem Aufstehen, nachdem man sich in der Nähe eines Toten aufgehalten hat oder die Mikwe sorgten nicht nur für eine spirituelle Reinigung, sondern auch dafür, dass sich Infektionskrankheiten seltener ausbreiteten, zu einer Zeit, als Sauberkeit und Hygiene noch alles andere als selbstverständlich waren. Daher galten jüdische Ärzte bei den Herrschern als sehr gefragt, oft wurden sie zu ihren Leibärzten. Im frühen Mittelalter, im Jahr 803, ließ zum Beispiel der Salzburger Erzbischof Arn (um 740–821) einen jüdischen Arzt zu seiner Versorgung und Pflege rufen.

Durch die Zeit der Aufklärung, der sich verändernden Gesellschaft und auch der jüdischen Aufklärung, der Haskala, kam bei den liberalen Juden einer Partizipation an der Wissenschaft noch größere Bedeutung zu. Mit dem Toleranzpatent von Joseph II. (1782) wurde Juden auch das Medizinstudium erlaubt. Obwohl es antijüdische Vorbehalte gegen jüdische Ärzte gab, waren diese im bürgerlichen Wien beliebt und konnten sich behaupten.

An der bedeutenden Wiener Medizinischen Schule absolvierten viele jüdische Mediziner ihr Studium. Adam Politzer (1835–1920) wurde Leiter der Wiener Ohrenklinik und Erfinder der nach ihm benannten Methode der Belüftung der Ohrtrompete. Der Anatom Emil Zuckerkandl (1849–1910), bekannt geworden durch seine Forschungen zur Schädelkunde und den *Atlas der topographischen Anatomie des Menschen,* sein Hauptwerk, war mit der Salonnière und Journalistin Berta Zuckerkandl verheiratet. Als das Medizinstudium 1900 für Frauen geöffnet wurde, war Dora Teleky (1879–1963) die Pionierin. Die Gynäkologin und Urologin musste 1938 in die USA flüchten. Julius Tandler (1869–1936), ein Schüler Emil Zuckerkandls, war ein wesentlicher Politiker des Roten Wien. Seine Vorlesungen an der Universität Wien wurden regelmäßig gestört, seine Studenten attackiert, sodass sie immer wieder durch Fenster flüchten mussten. Tand-

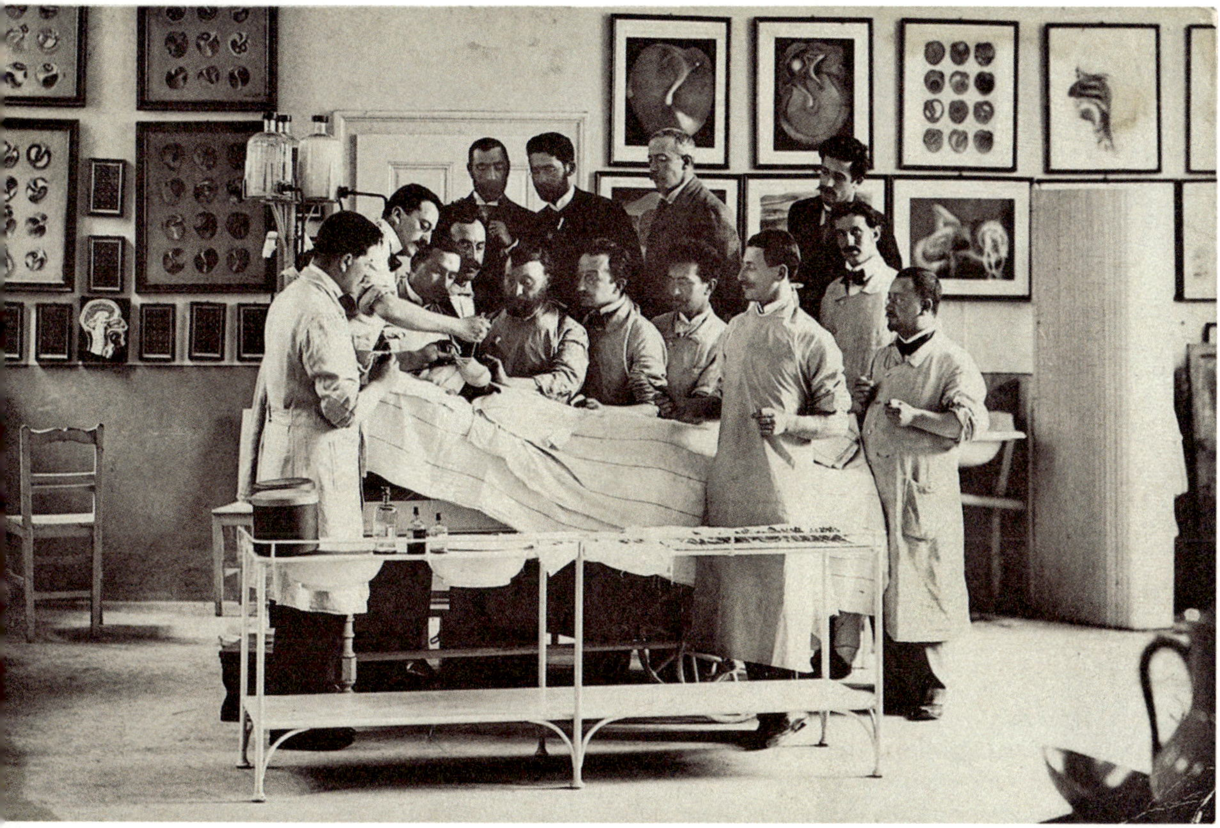

↑
Prof. Adam Politzer und Assistenten während einer Operation, um 1896

ler emigrierte nach Moskau, wo er 1936 starb. Karl Landsteiner (1868–1943) entdeckte als Hämatologe das System der Blutgruppen und erhielt 1930 den Nobelpreis für Medizin. Der Neurologe und Psychiater Viktor Frankl (1905–1997) wurde 1942 nach Theresienstadt deportiert, seine Eltern, sein Bruder und seine Frau wurden ermordet. Frankl überlebte, 1946 erschien sein Buch *... trotzdem Ja zum Leben sagen.* In der von ihm begründeten Logotherapie steht der Sinn des Lebens im Mittelpunkt, ihm ist heute in Wien ein Museum gewidmet.

Der »Anschluss« bedeutete für die jüdischen Ärztinnen und Ärzte einen dramatischen Bruch. Spitalsärzte wurden entlassen, Kassenverträge mit jüdischen Ärzten aufgelöst. Die etwa 1000 Medizinstudenten wurden gewaltsam von der Universität vertrieben, Ordinationen, Sanatorien und Wohnungen beschlagnahmt. Zwei Drittel der mehr als 3500 jüdischen Ärzte konnten flüchten. Nach dem Ende des Zweiten Weltkrieges war eine Rückkehr äußerst schwierig. Jüdinnen und Juden waren weiterhin nicht willkommen. Ärzte sahen sich enormen Schikanen ausgesetzt und mussten darum kämpfen, ihr früheres Eigentum zurückzubekommen. Die wenigsten vertriebenen Ärzte wollten nach Österreich zurückkehren. Zu stark waren die Erinnerungen an das erfahrene Unrecht, gleichzeitig war man seiner neuen Heimat sehr dankbar.

037

JÜDISCHE SPITÄLER

Der Betreuung und Versorgung von Kranken kommt im Judentum ein hoher Stellenwert zu. So gab es in den verschiedenen jüdischen Gemeinden in Österreich bereits im Mittelalter Spitäler, die aber eher als Armenasyl und Altersheim fungierten. Und auch in der zweiten Wiener Gemeinde, die 1624 in das Ghetto im Unteren Werd verbannt wurde, gab es ein Spital. 1670 ließ Leopold I. die Jüdinnen und Juden aus Wien vertreiben, doch hielt er sich selbst nicht an das Verbot, das Juden den Aufenthalt in der Stadt untersagte. Aufgrund seines Finanzbedarfs holte er Samson Wertheimer und Samuel Oppenheimer zurück nach Wien.

Samuel Oppenheimer gründete 1698 ein jüdisches Spital in der Rossau. Dieses Krankenhaus in der Seegasse wurde 1793 renoviert und umgebaut. 1844 spendete Sigmund von Wertheimstein (1797–1854) ein Siechenhaus. Aus Anlass des 40-jährigen Regierungsjubiläums von Kaiser Franz Joseph I. errichtete man im Auftrag der Kultusgemeinde 1888 ein neues Gebäude im Stil der Neorenaissance, unentgeltlich geplant von Architekt Wilhelm Stiassny. Es diente als Altersversorgungshaus und musste mehrmals vergrößert werden. 1938 wurde es beschlagnahmt und von der SS als Lazarett benützt. Nach dem Zweiten Weltkrieg wurde das Gebäude an die Kultusgemeinde zurückgegeben, die es an die Stadt Wien verkaufte. 1978 riss man das historische Gebäude ab und errichtete an der Stelle ein städtisches Pensionistenheim. Hinter dem Gebäude befindet sich der älteste erhaltene jüdische Friedhof Österreichs.

1837 gründete Ludwig Wilhelm Mauthner (1806–1858) in Wien das erste Kinderspital im deutschsprachigen Raum, das heute als St. Anna Kinderspital bekannt ist. Mauthner, Professor für Kinderheilkunde an der Universität Wien, führte das Kinderspital ab 1844 als Klinik. 1848 verlegte er das Kinderkrankenhaus vom Vorort Schottenfeld an den heutigen Standort des St. Anna Kinderspitals. Mauthner gründete auch einen Verein für Kinder aus hilfsbedürftigen Familien, aus dem die Kinderkrippen hervorgingen.

1873 stiftete Anselm Salomon von Rothschild ein Spital im Andenken an seinen Vater. Das Spital diente als Ersatz für das von Samuel Oppenheim gestiftete jüdische Spital in der Seegasse, das zu klein geworden war. Vor der Errichtung des Spitals reiste eine Delegation von Ärzten in 19 europäische Städte und inspizierte 61 Krankenhäuser, um umfassende Erkenntnisse zu sammeln. Das Rothschildspital – oder auch Spital der Israelitischen Kultusgemeinde – wurde von Wilhelm Stiassny geplant und nach den modernsten medizinischen

Rothschild-Stiftung,
Spital am Währinger Gürtel.
Postkarte, 1900 bis 1930
→

Standards errichtet. Hier wirkten bedeutende Mediziner wie Otto Zuckerkandl oder später bis zu seiner Deportation Viktor Frankl. Nach dem »Anschluss« und während der NS-Zeit war es das einzige Spital, in dem Jüdinnen und Juden behandelt werden durften und in dem jüdische Ärztinnen und Ärzte arbeiteten. 1942 musste das Spital geräumt werden, die SS benützte es als Lazarett. Das Spital wurde in ein Gebäude in der Malzgasse übersiedelt, ein Großteil der Ärzte wurde deportiert. Der Chirurg Max Jerusalem und seine Frau begingen kurz vor der Deportation Selbstmord. Nach dem Zweiten Weltkrieg wurde das Gebäude bis 1952 als provisorisches Lager für Displaced Persons genützt. Mehr als 250 000 jüdische Flüchtlinge wurden in dieser Zeit dort betreut. Nach der Ungarn-Krise 1956 diente das Gebäude als Unterkunft für die Flüchtlinge. 1949 erhielt die Kultusgemeinde das ehemalige Spital zurück, sie verkaufte es an die heutige Wirtschaftskammer Wien. Das Gebäude wurde 1960 abgerissen, der Neubau beherbergt das Wirtschaftsförderungsinstitut.

1872 wurde die Allgemeine Poliklinik Wien errichtet. Einer der Mitbegründer war der bekannte Laryngologe Johann Schnitzler, der Vater von Arthur Schnitzler. Die Poliklinik bestand aus Ambulanzen für mittellose Kranke, die gratis behandelt wurden. Arthur Schnitzler arbeitete dort als Assistent. Das Spital wurde zur Inspiration für sein Werk *Professor Bernhardi.* Arthurs Bruder Julius Schnitzler leitete die chirurgische Abteilung. 1938 übernahm die Stadt Wien das Spital, 1998 wurde es geschlossen und dient heute als Bürogebäude.

038

SIGMUND FREUD UND DIE ERFINDUNG DER PSYCHOANALYSE

Sigmund Freud als Puppe
↓

Ein Wiener Mediziner, dessen Wirken die Welt veränderte, war Sigmund Freud, der 1856 in Mähren als Sigismund Schlomo Freud geboren wurde. Die Familie Freud übersiedelte während der Wirtschaftskrise nach Wien, wo Sigmund das Leopoldstädter Gymnasium (heute Sigmund-Freud-Gymnasium) besuchte. Nach der Matura, die er mit Auszeichnung absolvierte, wollte er ursprünglich Jus studieren, entschloss sich aber doch für Medizin. Im Anschluss an seine Promotion begann Freud am Allgemeinen Krankenhaus im Bereich der Neurophysiologie zu arbeiten. Er experimentierte mit Kokain und veröffentlichte eine Studie über seine Selbstversuche. Ein Reisestipendium ermöglichte ihm den Besuch des Pariser Hôpital de la Salpêtrière, einer psychiatrischen Klinik in Paris. Dort lernte er den Anatomen Jean-Martin Charcot kennen, der Hypnose zum Zweck der psychischen Heilung einsetzte. Charcot hatte Hysterie als Krankheit erkannt und machte Freud mit der Auswirkung von Hypnose bekannt.

1886 heiratete Freud Martha Bernays, die aus einer angesehenen Hamburger Rabbinerfamilie stammte. Sie hatten sechs Kinder. 1891 zog die Familie in die Berggasse 19, ein Gebäude, in dem der Arzt und Begründer der Sozialdemokratie Victor Adler gewohnt hatte.

Mit dem Arzt Josef Breuer arbeitete Freud am Fall Anna O. (Bertha Pappenheim). Durch die Behandlung von Anna O. entwickelte Freud die Sprechtherapie, eine Vorstufe zur Psychoanalyse. Im Anschluss an seine Habilitation wurde Freud Privatdozent für Neuropathologie an der Universität Wien. Nach weiteren Versuchen mit Hypnose erkannte er, dass es ein Unbewusstes gibt, das einen Großteil der menschlichen Handlungen bestimmt. Ab 1896 nannte Freud sein Verfahren Psychoanalyse.

Bei seinen Behandlungen ließ er seine Patienten ihr Unbewusstes erforschen. 1899 erschien *Die Traumdeutung*. Darin schreibt Freud, dass jeder Traum unbewusste Inhalte zum Vorschein bringt. Von ihm geprägte Begriffe wie das Es, Über-Ich, Verdrängung, Ödipus-Komplex, das Unbewusste etc. prägen bis heute unser Verständnis der menschlichen Psyche.

Sigmund Freud wurde zum angesehenen Wissenschaftler und erhielt wichtige Ehrungen. Nach der Machtergreifung der Nationalsozialisten in Deutschland wurden Freuds Bücher verbrannt. In Wien unterschätzte er die Gefahr. Erst als seine Tochter Anna nach dem »Anschluss« zur Gestapo gebracht wurde, entschloss er sich, seine Heimatstadt zu verlassen. Mithilfe vermögender und einflussreicher Freunde konnte er die »Reichsfluchtsteuer« zahlen und emigrierte mit seiner Familie nach London. Der leidenschaftliche Zigarrenraucher war schon früh an Gaumenkrebs erkrankt gewesen, sein Oberkiefer und sein Gaumen mussten entfernt werden, er erhielt eine Prothese und wurde immer wieder operiert. Die Erkrankung verschlimmerte sich sukzessive bis zu seinem Tod.

Sigmund Freud zählt zu den bedeutendsten Personen des 20. Jahrhunderts. Sein Wirken beeinflusst bis heute viele Bereiche der Gesellschaft bis zur Literatur und Kunst. Aus der Psychoanalyse haben sich im Lauf der Jahrzehnte verschiedene psychotherapeutische Verfahren entwickelt. Freuds Theorie wurde weiterentwickelt, gleichzeitig heftig diskutiert und auch kritisiert. Sein Haus in London ist heute ein Museum. In seinen Wiener Wohn- und Arbeitsräumen in der Berggasse 19 befindet sich heute das Sigmund Freud Museum.

039

DAS MAIMONIDES-ZENTRUM

Vermögende jüdische Familien zeichneten sich seit jeher durch besonderen Einsatz für das Gemeinwohl aus. Dies ist im Judentum eine Vorschrift. Die soziale Fürsorge oblag wohltätigen Familien, und hier waren es sehr oft die Frauen, die sich dieser Aufgabe widmeten.

Um auf die Vorgeschichte des heutigen Maimonides-Zentrums hinzuweisen, das seit 2009 am Standort in der Simon-Wiesenthal-Gasse angesiedelt ist, gilt es an eine Frau zu erinnern, deren Name heute zu Unrecht völlig vergessen ist. Charlotte Lea Merores (geborene Itzeles, 1825–1896) war mit dem wohlhabenden Eisenhändler Salomon Merores verheiratet, den sie um 30 Jahre überlebte. Die Ehe blieb kinderlos. Charlotte Lea Merores vererbte ihr gesamtes Vermögen der »Stiftung Waisenhaus für Israelitische Mädchen«. Neben einem Haus in der Währinger Straße gestaltete der Architekt Wilhelm Stiassny in ihrem Auftrag nach den modernsten Anforderungen ein Gebäude in Döbling nahe dem Wertheimsteinpark. 1904 wurde das Haus in der Bauernfeldgasse eröffnet, das für die Versorgung von 50 Mädchen bis zum Alter von 17 Jahren konzipiert war. Zusätzlich zum Besuch einer öffentlichen Schule bekamen die Mädchen hier Unterricht in Haus- und Gartenarbeiten, Religionserziehung und Turnen. Nach dem »Anschluss« wurde das Heim für kurze Zeit zu einer jüdischen Sammelschule, dann aufgelöst und enteignet. Nach dem Zweiten Weltkrieg wurde das Gebäude an die Israelitische Kultusgemeinde rückgestellt. 1972 richtete man dort unter dem Namen Maimonides-Zentrum das jüdische Elternheim ein. Auch die Büros der Verwaltung der Israelitischen Kultusgemeinde befanden sich bis zum Umzug in die Seitenstettengasse in der Bauernfeldgasse. Benannt wurde es nach dem berühmten jüdischen Arzt, Philo-

Porträt von Moses Maimonides, 1870
←

Das Maimonides-Zentrum in Wien, 2018
→

sophen und Rechtsgelehrten Moses ben Maimon, genannt Maimonides (circa 1135–1204).

Die Zwi-Perez-Chajes-Schule, benannt nach ihrem Gründer, dem damaligen Oberrabbiner Chajes, war in der Castellezgasse untergebracht. Nach dem »Anschluss« diente die Schule als Sammellager vor der Deportation. In den 1980er-Jahren wurde die Schule wiedereröffnet.

Nach einer Idee der Kultusgemeinde, das Elternheim mit der jüdischen Schule und dem Sportverein Hakoah in ein großes Zentrum zusammenzuschließen, wurde entschieden, im 2. Bezirk einen großen Neubau zu errichten. Der Standort Ichmanngasse nahe der Donau wurde von der Stadt Wien an den Sportverein Hakoah an Stelle des vor 1938 existierenden Sportgeländes rückgestellt und die Ichmanngasse, benannt nach dem Wienerliedtexter und NSDAP-Mitglied Franz Ichmann, nach einem Gemeinderatsbeschluss 2006 in Simon-Wiesenthal-Gasse umbenannt. Seit 2009 befinden sich dort die drei verschiedene Institutionen: das Elternheim, die Zwi-Perez-Chajes-Schule und der Sportklub Hakoah.

Das Maimonides-Zentrum ist die einzige jüdische Senioreneinrichtung in Österreich und gilt als das größte jüdische Zentrum in Europa. In dem für 204 Personen eingerichteten Elternheim wird besonders auf die Einhaltung jüdischer Tradition und Religion geachtet, auch wenn Bewohnerinnen und Bewohner aus verschiedenen Konfessionen hier leben. Jüdische Feiertage werden gefeiert, die Kaschrut, die koscheren Speisegesetze werden eingehalten. Ein abwechslungsreiches Kulturprogramm sorgt für die Zerstreuung der Bewohner. Das historische Gebäude in der Bauernfeldgasse wurde verkauft und abgerissen. Ebenso der historische Standort der jüdischen Schule in der Castellezgasse. An beiden Orten stehen heute große Wohnkomplexe.

040

DIE MODERNE. WIEN UM 1900

Der Mythos von Wien um 1900 wurde Mitte der 1980er-Jahre durch den Historiker und Schriftsteller Carl Schorske und die großen Ausstellungen zu diesem Thema geschaffen: *Traum und Wirklichkeit* in Wien, *Vienne, naissance d'un siècle* in Paris und schließlich *Vienna 1900* im MOMA in New York. Sie räumten der Blütezeit des Kulturlebens in Wien um die Jahrhundertwende beispielhaftes Gewicht für die Entwicklung des 20. Jahrhunderts ein.

Die Donaumetropole als Haupt- und Residenzstadt der Monarchie war mit zwei Millionen Einwohnern ein Schmelztiegel der verschiedenen Nationen geworden und befand sich gleichzeitig im Spannungsfeld der verschiedenen politischen und gesellschaftlichen Strömungen. Dem Glanz der Ringstraße standen Armenviertel, Wohnungsnot und Elend gegenüber. Aristokratie und jüdisches Bürgertum, eine erstarkende Arbeiterbewegung, Zionismus und Antisemitismus, klerikaler Konservativismus und die sich entwickelnde Moderne. Die Monarchie stand auch durch die zahlreichen Nationalitätenkonflikte unter Druck. Kaiser Franz Joseph I. musste um eine Aufrechterhaltung der alten Ordnung ringen. Gleichzeitig erlebten Kunst, Musik, Literatur, Architektur, Wissenschaft und Forschung eine Hochblüte. In kaum einer anderen Stadt kam es zu einem derartigen intellektuellen Aufbruch in den unterschiedlichsten Disziplinen wie in Wien.

An der Schwelle zur Jahrhundertwende, im November 1899, gab Sigmund Freud seine *Traumdeutung* heraus, die auf 1900 vordatiert wurde. Zahlreiche Philosophen entwickelten Strategien zur interdisziplinären Forschung, später wurde daraus der Wiener Kreis. In der Architektur stellten Otto Wagner und vor allem Adolf Loos die Weichen zum technischen Fortschritt, bildeten das Gegengewicht zum vorherrschenden Historismus. Die Namen der Wirtschaftswissenschaftler dieser Zeit sind bis heute ein Begriff: Friedrich von Hayek, Ludwig von Mises und sein Bruder, der Mathematiker Richard von Mises. In der Rechtswissenschaft machte der junge Hans Kelsen auf sich aufmerksam, er wird später maßgeblich an der Schaffung der Verfassung von 1920 beteiligt sein. Gustav Mahler wurde Direktor der Staatsoper und reformierte das Musiktheater. Arnold Schönberg entwickelte die Zwölftonmusik. Arthur Schnitzler, Joseph Roth, Peter Altenberg, Egon Friedell, Alfred Polgar, Karl Kraus und Felix Salten sind nur einige Namen der Autoren und Feuilletonisten, die die Literatur prägten. Man traf sich in Cafés oder in den Salons, in denen Kulturgeschichte geschrieben wurde. Im Salon von Berta Zucker-

Joseph Maria Olbrich:
ein Blatt aus einem Album
für die Familie Schey
mit 13 teils kolorierten
Tuschezeichnungen, 1903
→

kandl wurden die Weichen zur Gründung der Salzburger Festspiele und der Wiener Werkstätte gestellt. Als Abspaltung vom Historismus wurde die Wiener Secession gegründet. Gustav Klimt, Egon Schiele und Oskar Kokoschka setzten wichtige Akzente in der Entwicklung der Malerei. Ihren Aufstieg hatten viele der Künstler und Architekten jüdischen Mäzenen zu verdanken. Viele von Klimts Modellen stammten aus dem jüdischen Bürgertum, viele herausragende Kunstwerke wurden 1938 von den Nazis beschlagnahmt. Nach dem Zweiten Weltkrieg gab es dafür halbherzige Entschädigungen oder die Bilder wurden gar nicht zurückgegeben.

Obwohl vielerorts über die tatsächliche Bedeutung des Fin de Siècle für die österreichische Kultur- und Geistesgeschichte diskutiert wird, hat diese Zeit bis heute nichts von ihrer Faszination verloren. Weiterhin erscheinen Publikationen und wissenschaftliche Studien, nach wie vor werden Ausstellungen über die Wiener Moderne gestaltet, die sich ungebrochenen Interesses erfreuen.

041

SECESSION UND WIENER WERKSTÄTTE

Eingangshalle des
Sanatoriums Purkersdorf, 2014
↓

Die Jahrhundertwende brachte eine Abspaltung einer Gruppe von Künstlern unter der Führung von Gustav Klimt, Koloman Moser, Josef Hoffmann, Joseph Maria Olbrich und anderen vom Wiener Künstlerhaus. Die Künstler, die den konservativen, am Historismus orientierten Kunstbegriff des Künstlerhauses ablehnten, gründeten die Secession.

Ein Jahr nach der Gründung fand 1898 die erste Ausstellung statt, gleichzeitig erschien die Kunstzeitschrift *Ver Sacrum* und wurde das Ausstellungshaus gebaut. Der wichtigste Financier des Gebäudes war Karl Wittgenstein (1847–1913). Der Stahlindustrielle und Vater des Philosophen Ludwig Wittgenstein war ein großer Förderer der neuen Künstlergruppe und des Otto-Wagner-Schülers Joseph Maria Olbrich. Die Secessionisten zeigten unter anderem eine Ausstellung über die französischen Impressionisten, die bis dahin in Wien unbekannt waren. Die 14. Ausstellung, von Josef Hoffmann gegliedert, war Ludwig van Beethoven gewidmet und wurde von verschiedenen Secessionskünstlern gestaltet. Sie entwarfen Mosaike, Reliefs, Skulpturen, Brunnen und Möbel. Gustav Klimt gestaltete den Beethovenfries als Wandgemälde im ersten Ausstellungsraum. Der Industrielle und Kunstmäzen August Lederer (1857–1936) erwarb den Beethovenfries 1915. Die gesamte Kunstsammlung der Familie Lederer wurde 1938 enteignet. Nach dem Zweiten Weltkrieg erhielt die Familie den Fries zurück, allerdings wurde darüber ein Ausfuhrverbot verhängt. Nach einem jahrzehntelangen Streit kaufte die Republik das Kunstwerk von Erich Lederer zu einem niedrigen Preis. Die Erben bemühten sich um eine Restitution, die 2015 allerdings abgelehnt wurde. Die Secession versteht sich heute als wesentlicher Ausstellungsraum für zeitgenössische Künstlerinnen und Künstler. Die Architektur Olbrichs, ermöglicht durch Karl Wittgenstein, ist bis heute eine wesentliche Wiener Sehenswürdigkeit.

1903 wurde die Wiener Werkstätte durch Josef Hoffmann, Koloman Moser und den Textilunternehmer und Kunstmäzen Fritz Waerndorfer (1868–1939) gegründet. Waerndorfer, Sohn des Baumwoll-Industriellen Samuel Wärndorfer, finanzierte die Gründung und wurde kommerzieller Direktor der Wiener Werkstätte, bis er 1913 Konkurs anmelden musste und in die USA auswanderte.

Ziel der Wiener Werkstätte war eine Produktion von hochwertigem Kunsthandwerk im Sinne einer Abkehr vom Historismus und einer Hinwendung zur Moderne unter dem Motto: Lieber zehn Tage an einem Gegenstand arbeiten als zehn Gegenstände an einem Tag zu produzieren. Alle Lebensbereiche des Menschen sollten vereint werden. Unter den Mitarbeiterinnen befanden sich auch viele Künstlerinnen wie die bedeutende Keramikkünstlerin Vally Wieselthier (1895–1945), die bald ihren eigenen Erfolg hatten und selbst Werkstätten gründeten. Berta Zuckerkandl förderte die Wiener Werkstätte und organisierte den ersten großen Auftrag: die Einrichtung des Sanatoriums Purkersdorf, das ihr Schwager, Viktor Zuckerkandl, geplant hatte. Auch das Palais Stoclet in Brüssel, ebenfalls von Josef Hoffmann erbaut und von Gustav Klimt ausgestattet, wurde von den Wiener Werkstätten eingerichtet. Durch die Weltwirtschaftskrise ging der Verkauf der Produkte der Wiener Werkstätte zurück. 1932 musste der Betrieb schließen. Der Restbestand von 7000 Objekten wurde versteigert, das Archiv der Wiener Werkstätte ging als Schenkung an das MAK – Museum für angewandte Kunst.

042

Innenansicht des Kaufhauses Gerngross.
Postkarte aus dem ersten Viertel
des 20. Jahrhunderts
→

DIE KAUFHAUSKULTUR

Im vibrierenden Spannungsfeld der Gründerzeit entstand auch in Wien eine ursprünglich aus Paris kommende Kaufhauskultur. Diese innovative Einrichtung wurde in Wien hauptsächlich von jüdischen Familien getragen, die sich mit großer Leidenschaft dem neuen Geschäftsfeld widmeten und es einfallsreich weiterentwickelten. Jacob Rothberger (1825–1899) etwa bot in seinem prachtvollen Kaufhaus am Stephansplatz direkt vis à vis vom Stephansdom eine »Kleiderschwemme« an. Kundinnen und Kunden konnten neue Ware billiger kaufen, wenn sie dafür alte Kleidung zurückbrachten. So war es weniger Begüterten ebenfalls möglich, neueste und qualitätsvolle Güter zu erstehen.

Eleganz, Luxus, internationales Flair spiegelten sich in der Architektur der Kaufhäuser wider. Die wichtigsten Architekten wurden engagiert, um die Paläste des Konsums zu planen. In Wien ist von diesen architektonischen Juwelen lediglich das von Adolf Loos gestaltete ehemalige Kaufhaus Goldman & Salatsch auf dem Michaelerplatz übrig. Goldman & Salatsch war der exklusive Herrenausstatter Wiens. Die moderne Architektur traf bei den Wienern auf kein Verständnis. Sie bezeichneten es als »Haus ohne Augenbrauen«. Das Kaufhaus wurde vor dem Zweiten Weltkrieg aufgelöst, Leopold Goldman, seine Frau Lillie und sein Sohn Fred von den Nationalsozialisten ermordet.

1883 gründete Alfred Abraham Gerngroß ein Kaufhaus, das sich zum größten der Monarchie entwickelte. 1904 wurde der Standort auf der Mariahilfer Straße mit den neuesten technischen Finessen, etwa einer Rolltreppe, eröffnet. 1932 kam es zu antisemitischen Angriffen, Tränengas- und Stinkbomben wurden in die Verkaufsräume geworfen, es gab viele Verletzte. Nach dem »Anschluss« floh die Familie nach Montevideo, das Kaufhaus wurde »arisiert«. Nach dem Zweiten Weltkrieg erhielt es die Familie zurück. 1954 verkaufte sie es an den deutschen Hertie-Konzern.

In der Kärntner Straße, an der Ecke zur Weihburggasse, eröffneten die Brüder Ludwig, Samuel und Emanuel Zwieback 1895 ein achtstöckiges Kaufhaus. Ihre Nachfolgerin wurde Ella Zirner-Zwieback (1878–1970), die es zu einem eleganten Bekleidungsgeschäft für Damen entwickelte. Gleichzeitig war Ella Zirner-Zwieback eine emanzipierte und sozial engagierte Frau. Ab 1936 fungierte sie auch als Präsidentin der Damenfußballunion. Nach dem »Anschluss« wurde das Kaufhaus enteignet – Ella Zirner-Zwieback flüchtete nach New York. Nach Kriegsende klagten sie und ihr Sohn Ludwig gegen die Republik um Restitution. 1951 erhielt Ella Zirner-Zwieback ei-

Lichthalle im Modenhaus A. Gerngross, Wien

Zeitschrift *Die Mode. Illustrirte Ausgabe*, herausgegeben von Ludwig Zwieback & Bruder. Nummer 5 vom 1. März 1903
←

nen Teil ihres Eigentums zurück. Um das inzwischen im ehemaligen Kaufhaus untergebrachte Luxus-Restaurant »Zu den drei Husaren« ziehen sich bis heute Diskussionen.

Der »Anschluss« Österreichs bedeutete das Ende der jüdisch geprägten Geschäftskultur. Vertreibung, Flucht und Ermordung kennzeichneten das tragische Schicksal jener Menschen, die Wien durch ihre einzigartigen Betriebe zu einer Weltstadt werden ließen. Nach 1945 entstand eine andere, aber hauptsächlich auch von Jüdinnen und Juden getragene Einkaufswelt. Das Textilviertel zwischen Schwedenplatz und Börse, das bereits in der Monarchie als solches bekannt war, wurde von Überlebenden der Shoah neu gegründet. Hier hatten die Zuwanderer aus unseren östlichen Nachbarländern ihre Geschäfte. Mit ihrer Präsenz trugen sie maßgeblich zum Wiederaufbau der Wiener jüdischen Gemeinde bei. Die Supermarktkultur führte ein ungarischer Überlebender der Shoah in Wien ein: Jenö Eisenberger (1922–2016). Er wies mit seinen Löwa- und PamPam-Märkten den Weg in die Einkaufswelt der Zukunft.

Mittlerweile hat sich auch das Lokalkolorit des Textilviertels überlebt. Die Nachkommen der früheren Textilhändler haben studiert und/oder sind oft ins Ausland übersiedelt. Nur noch ganz wenige Geschäfte zeugen heute von diesem Kapitel der österreichischen Nachkriegszeit.

043

DIE UNIVERSITÄT WIEN

Als Rudolf IV. (1339–1365), genannt der Stifter, 1365 die Universität Wien als katholische Bildungsstätte gründete (die eigentliche Gründung erfolgte erst nach Rudolfs Tod im Jahr 1384), hatten die Wiener Juden bereits ihr eigenes Bildungssystem in der Stadt etabliert. In der bedeutenden Wiener jüdischen Gemeinde wirkten hoch angesehene Rabbiner und machten die Stadt zu einem Zentrum jüdischen Wissens. All das fand durch die Vertreibung und Ermordung der Wiener Juden 1420/21 ein abruptes Ende, an deren Schicksal die Universität nicht unbeteiligt war. Die theologische Fakultät beschuldigte die Wiener Juden, die reformatorische Bewegung der Hussiten zu unterstützen, womit sie zur Hetze gegen die jüdische Gemeinde beitrug. In der Folge kam es zu einem Pogrom (Wiener Gesera), im Zuge dessen 1421 die große Synagoge auf dem Judenplatz, der damals Schulhof hieß, zerstört wurde. Die Steine der Synagoge wurden zum Bau der sogenannten Neuen Schule der Universität Wien verwendet. Nach der Vertreibung und Ermordung der Wiener Juden übernahm das Collegium ducale, das Herzogskolleg (die Vorläuferin der Universitätsbibliothek), die zurückgelassenen wichtigen hebräischen Schriften.

Das Beziehungsgeflecht zwischen den Wiener Jüdinnen und Juden und der Universität Wien stellt sich prinzipiell äußerst schwierig dar. 417 Jahre nach ihrer Gründung öffnete Kaiser Joseph II. die Universität 1782 für die bis dahin ausgesperrten Juden. 100 Jahre später trugen jüdische Wissenschaftler mit bahnbrechenden Forschungen zur Glanzzeit der Wiener Universität bei. Als 1897 die Philosophische Fakultät der Universität Wien 532 Jahre nach der Gründung ihre Tore auch für Frauen öffnete, stellten Jüdinnen sofort ein Viertel der Studentinnen.

Im Wien um 1900 wurden Wissenschaft und Forschung von vielen jüdischen Protagonisten getragen. Auch erste Wissenschaftlerinnen erkämpften sich den Weg auf die akademische Bühne. Ihre Erfolge – darunter Nobelpreise – sind heute im akademischen Bewusstsein verankert. Die Universitäten waren nach ihrer Öffnung für die Wiener Juden zum Hoffnungsgebiet der stark wachsenden jüdischen Bildungsschicht geworden. Bald entpuppten sie sich jedoch als brutale Kampfzone: Ab den 1880er-Jahren nahmen Übergriffe durch antisemitische Studenten drastisch zu, ab der Ersten Republik fanden regelmäßig Ausschreitungen gegen jüdische Studierende statt. Nationalsozialistische Studenten und deutschnationale Rektoren versuchten, die Zahl der Jüdinnen und Juden an den Universitäten mit Schikanen und Gewalt

↑
Universität Wien, 2020

zu reduzieren, wodurch der Braindrain bereits lange vor dem Jahr 1938 einsetzte.

Auch in der Nachkriegszeit war der Universitätsalltag von antisemitischen Netzwerken geprägt. 1965 wurden antisemitische Äußerungen des Professors für Wirtschaftsgeschichte, Taras Borodajkewycz, publik. Bei einer Demonstration gegen das ehemalige Mitglied der NSDAP wurde der KZ-Überlebende Ernst Kirchweger von einem rechtsextremen Studenten niedergeschlagen und starb – das erste politische Todesopfer der Zweiten Republik. Ein Jahr später wurde Borodajkewycz zwangspensioniert – bei vollen Bezügen.

Die Vertreibung der jüdischen Wissenschaft ließ die Universität zur akademischen Provinz verkommen. Umso mehr ist es ein Ärgernis, wenn vertriebene österreichische Wissenschaftler, die später in ihren neuen Heimatländern den Nobelpreis erhielten, im Boulevard für Österreich vereinnahmt wurden. Als der aus Österreich vertriebene Martin Karplus 2013 den Nobelpreis für Chemie erhielt, lautete zum Beispiel die Schlagzeile: »Chemie-Nobelpreis an Österreicher«.

Dass jenes Teilstück der Ringstraße, das ab 1934 den Namen »Dr.-Karl-Lueger-Ring« trug, erst 2012 in »Universitätsring« umbenannt wurde, ist daher nicht nur eine Fußnote der Geschichte.

044

WIENER JÜDISCHE PHILOSOPHEN. EINE AUSWAHL

Die Stimmung im Wien der Jahrhundertwende beeinflusste auch die Philosophie. Hier ist insbesondere der Religionsphilosoph Martin Buber zu nennen, der als ein bedeutender Vertreter des Judentums gilt und vor allem in Deutschland und Österreich bekannt ist.

Martin Buber (1878–1965) wurde in Wien geboren. Seine Mutter verließ die Familie, als er drei Jahre alt war. Buber wuchs bei seinen Großeltern in Lemberg auf. Sein Großvater Salomon Buber war Großgrundbesitzer, aber auch Privatgelehrter und ein wichtiger Forscher des Chassidismus, der Tradition des frommen osteuropäischen Judentums. Er brachte seinem Enkel jüdisches Wissen näher und ließ ihm eine fundierte Bildung zuteilwerden. Buber erhielt Unterricht in Hebräisch und anderen Sprachen. Im Alter von 14 Jahren kehrte er zu seinem Vater nach Wien zurück. An der Universität Wien studierte er Philosophie, aber auch Germanistik, Literatur- und Kunstgeschichte, Psychiatrie und Nationalökonomie. Befreundet mit wichtigen Schriftstellern, wie Arthur Schnitzler, lernte Buber Theodor Herzl kennen und wandte sich dem Zionismus zu. Er gründete den Jüdischen Verlag und die zionistische Monatszeitschrift *Der Jude*. Nach seiner Übersiedlung nach Berlin begann er gemeinsam mit dem deutschen Philosophen Franz Rosenzweig mit einer Neuübersetzung der Bibel. Im Novemberpogrom wurde Bubers Wohnhaus verwüstet, er emigrierte nach Jerusalem, unterrichtete dort an der Hebräischen Universität, gründete das Institut für Erwachsenenbildung und wurde erster Präsident der israelischen Akademie der Wissenschaften. Neben Hannah Arendt und Gershom Scholem war Buber an der Gründung des Leo Baeck Instituts beteiligt, einer wichtigen Dokumentations- und Forschungsstätte für die Geschichte der deutschsprachigen Juden. Buber starb 1965 in Jerusalem.

Der Wiener Philosoph Ludwig Wittgenstein (1889–1951) stammte aus einer assimilierten Industriellenfamilie. Das Palais Wittgenstein war Treffpunkt der musikalischen Elite. Gustav Mahler, Richard Strauss und Johannes Brahms waren hier häufig zu Gast. Ludwig Wittgenstein meldete sich als Freiwilliger im Ersten Weltkrieg, studierte Philosophie in Cambridge und wurde dort Professor. Während des Zweiten Weltkrieges arbeitete er als Pfleger. Sein gesamtes Vermögen spendete er für soziale Zwecke, wurde in Niederösterreich Volksschullehrer und unterstützte Künstler. Wittgenstein widmete sich der Philosophie der Logik. Sein Hauptwerk ist die Abhandlung *Tractatus logico-philosophicus*. Vor allem in den USA und in Großbritannien erlangte seine Sprachphilosophie Bekanntheit, die auch für

Martin Buber. Jerusalem, Mitte des 20. Jahrhunderts
←

die zeitgenössische österreichische Literatur von großer Bedeutung war. Für seine Schwester baute er ein Stadtpalais im 3. Wiener Gemeindebezirk, ein herausragendes Gebäude der Moderne, das heute Sitz des bulgarischen Kulturinstituts ist.

Der Wiener Philosoph Karl Popper (1902–1994) schloss eine Tischlerlehre und eine Lehrerausbildung in Mathematik, Physik und Chemie ab. Während er als Erzieher arbeitete, beendete er sein Studium und promovierte über *Die Methodenfrage der Denkpsychologie*. Popper stand in Kontakt mit dem Wiener Kreis des Logischen Empirismus, erhielt aber keine Einladung zu den Treffen – aufgrund seiner Differenzen mit Moritz Schlick. Popper emigrierte noch vor dem »Anschluss« nach Neuseeland, viele seiner in Wien zurückgebliebenen Familienmitglieder wurden ermordet. Später übersiedelte er nach Großbritannien, wo er 1965 zum Ritter geschlagen wurde. 1998 eröffnete in Wien die Sir-Karl-Popper-Schule. Sowohl seine Frau Henny, mit der er 55 Jahre verheiratet war, als auch Sir Karl Popper wollten in ihrer früheren Heimatstadt Wien begraben werden.

045

JÜDISCHE FORSCHER. EINE AUSWAHL

Jüdische Wissenschaftler haben die Forschung in ihrer Heimat Österreich entscheidend beeinflusst. 1938 wurde diese Entwicklung abgebrochen. Arbeitsverbot, Vertreibung und Ermordung haben hier eine unersetzliche Lücke hinterlassen.

Der Sohn des Bankiers Leopold von Lieben und Anna von Todesco, Robert von Lieben (1878–1913), stattete schon als Elfjähriger Räume im Palais Lieben-Auspitz und die Villa in der Hinterbrühl mit elektrischem Licht aus. Der junge Physiker erfand die erste Elektronenröhre mit Verstärkerwirkung, die den Aufbau des deutschen Telefonnetzes ermöglichte und die Basis für viele künftige Erfindungen im Bereich von Rundfunk und Film lieferte. Robert von Liebens Gesundheit war nach einem Reitunfall beim Militär angeschlagen, er starb im Alter von nur 34 Jahren.

Die Pionierin der Kernphysik Marietta Blau (1894–1970) studierte Physik an der Universität Wien, arbeitete in Frankfurt und dann unbezahlt in Wien in der Radiumforschung. In Paris absolvierte sie ein Forschungsjahr bei Marie Curie. 1938 flüchtete sie nach Norwegen und dann durch die Unterstützung von Albert Einstein nach Mexico-City. Ab 1944 war sie als Forscherin an wissenschaftlichen Einrichtungen in den USA tätig. Zwei Mal wurde sie für den Nobelpreis vorgeschlagen. Nach ihrer Rückkehr nach Wien leistete sie unbezahlte Forschungsarbeit und starb verarmt. Seit 2005 ist ein Saal im Hauptgebäude der Universität Wien nach ihr benannt.

Der Neffe von Robert von Lieben, Martin Karplus (geboren 1930), wuchs mit seinen Eltern im Palais Lieben-Auspitz auf, das heute das Café Landtmann beherbergt. Er studierte

Besuch von Martin Karplus am 21. Mai 2015. Mit Margit Fischer und Danielle Spera →

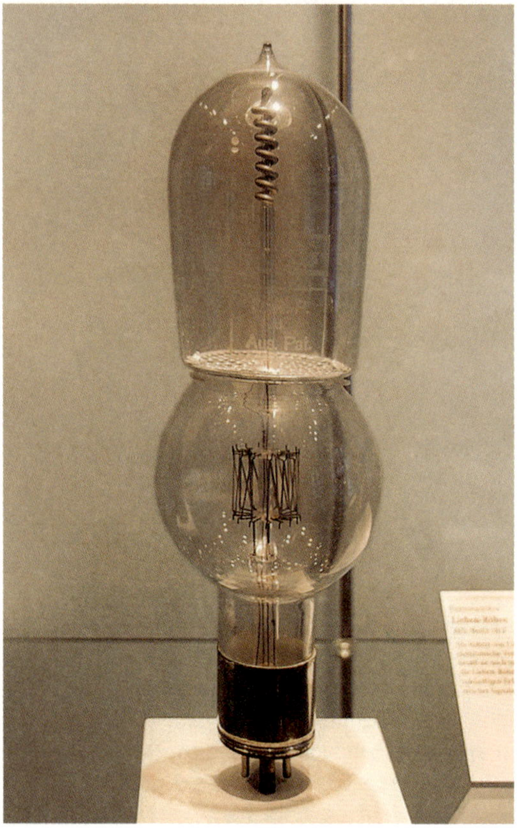

Lieben-Röhre (AEG, Berlin 1913), Deutsches Technikmuseum
←

an der Harvard University Chemie und ist seit 1966 dort Professor. 2013 wurde Karplus gemeinsam mit Michael Levitt und Arieh Warshel für die Entwicklung von Multiskalenmodellen für komplexe chemische Systeme mit dem Nobelpreis für Chemie ausgezeichnet. 2015 erhielt er das Ehrendoktorat der Universität Wien.

Walter Kohn (1923–2016) konnte gemeinsam mit seiner Schwester durch einen Kindertransport nach Großbritannien gerettet werden, seine Eltern, die den Postkartenverlag Gebrüder Kohn führten, wurden in Auschwitz ermordet. Walter Kohn fand Aufnahme in Kanada, später in den USA, wurde Gründungsdirektor des Institute for Theoretical Physics in Santa Barbara und Professor an der University of California. 1998 wurde er für seine Arbeiten zur Dichtefunktionaltheorie mit dem Nobelpreis für Chemie ausgezeichnet.

Eric Kandel (geboren 1929), Sohn eines Spielwarenhändlers, konnte mit seiner Familie in die USA flüchten. Der Neurowissenschaftler und Biochemiker baute an der Columbia University ein Institut für molekulare Neurowissenschaften auf und erhielt im Jahr 2000 gemeinsam mit Arvid Carlsson und Paul Greengard den Nobelpreis für Medizin für Entdeckungen betreffend die Signalübertragung im Nervensystem.

Sir Ernst Gombrich (1909–2001) studierte bis 1933 Kunstgeschichte an der Universität Wien. Nach seiner Promotion schrieb er *Eine kurze Weltgeschichte für junge Leser*. 1936 emigrierte Gombrich nach Großbritannien und wurde zu einem der einflussreichsten Kunsthistoriker des 20. Jahrhunderts.

Marie Jahoda (1907–2001) und Paul Lazarsfeld (1901–1976) waren Pioniere der empirischen Sozialforschung. In ihrer berühmt gewordenen Studie *Die Arbeitslosen von Marienthal* untersuchte das Ehepaar die Wirkung von Langzeitarbeitslosigkeit. Nach der Scheidung emigrierte Lazarsfeld in die USA, Jahoda zunächst nach Großbritannien, dann in die USA, später wieder nach Großbritannien. Lazarsfeld sprach bei seinem ersten Besuch in seiner früheren Heimat davon, dass Österreich intellektuell tot sei. Kein Wunder, denn eine Rückkehr der österreichischen Wissenschaftler war zu dieser Zeit nicht erwünscht.

Der Chemiker und Schriftsteller Carl Djerassi (1923–2015) entwickelte mit der Pille ein hormonelles Verhütungsmittel, mit dem er nach eigener Aussage die Selbstbestimmung der Frau fördern wollte. Gegen die Bezeichnung »Antibabypille« hat sich Djerassi immer gewehrt. In seinen späten Lebensjahren kehrte er wieder nach Wien zurück.

046

ARCHITEKTUR

Der aus einer Kaufmannsfamilie stammende Wiener Architekt Josef Frank (1885–1967) ist bis heute international bekannt. Frank studierte an der Technischen Hochschule Wien Architektur und arbeitete dann als Lehrer an der Wiener Kunstgewerbeschule. Gemeinsam mit Oskar Strnad gründete er die Wiener Schule der Architektur. Schon früh beschäftigte sich Frank mit dem sozialen Wohnbau. Hier sprach er sich gegen große Wohnbauten aus und setzte sich für kleine, funktionale Einheiten ohne großes Dekor ein. Josef Frank war Gründungsmitglied des Wiener Werkbundes. Er wurde dann auch Leiter der Werkbundsiedlung in Wien. Angesichts des zunehmenden Antisemitismus emigrierte Josef Frank 1933 nach Schweden und erhielt sechs Jahre später die schwedische Staatsbürgerschaft. Neben seinen Bauten entwarf er Möbel, Tapeten, Teppiche und Stoffe. Bis heute erzielen seine Möbel bei Auktionen Höchstpreise. Seine Stoffe werden immer noch produziert. 1965 erhielt er den Großen Österreichischen Staatspreis für Architektur. Nach Wien wollte Frank nicht zurückkehren, er und seine Frau sind in Schweden begraben.

Der Wiener Architekt, Bühnenbildner und Designer Oskar Strnad (1879–1935) studierte Architektur an der Technischen Hochschule in Wien. Danach arbeitete er bei den Architekten Fellner & Helmer. Mit Josef Frank entstand eine enge Zusammenarbeit. Von 1909 bis 1935 unterrichtete Strnad an der Wiener Kunstgewerbeschule. Eine seiner Schülerinnen war Margarete Schütte-Lihotzky, eine der ersten Frauen, die Architektur studierten. Für den Schriftsteller Jakob Wassermann baute Strnad das Wohnhaus am Kaasgraben in Wien-Döbling. Ab 1919 war er als Bühnenbildner tätig, wobei er das Bühnenbild nicht nur eindimensional verstand. Er schuf Ausstattungen für das Volkstheater und die Wiener Staatsoper, aber auch für die Salzburger Festspiele oder für Filme wie zum Beispiel *Maskerade* mit Paula Wessely. Strnad unterrichtete auch am Privatseminar von Max Reinhardt, dem heutigen Reinhardt Seminar. Strnad starb in Bad Aussee an Herzversagen. Seine Witwe Mathilde wurde in der Nazi-Zeit von der Grafikerin Hertha Larisch-Ramsauer aufgenommen und versteckt. Sie rettete ihr somit das Leben.

Die Familie des in Galizien geborenen Oskar Marmorek (1863–1909) übersiedelte wie Tausende andere Jüdinnen und Juden 1875 in die aufstrebende Metropole Wien. Hier besuchte er die Technische Hochschule und gewann unmittelbar nach Abschluss seines Studiums einen Wettbewerb mit einem von ihm entworfenen Wohnhaus. 1889 war er in

Rüdigerhof, Rechte Wienzeile in Wien.
Entworfen von Oskar Marmorek, 1902 erbaut
←

Paris für die Weltausstellung tätig. In der Folge wurde er mehrfach für Ausstellungen engagiert. In Wien gestaltete er den Vergnügungspark »Venedig in Wien«, für seinen Schwiegervater baute er den Nestroyhof im 2. Bezirk. Bekannt wurde er auch durch den Bau des Rüdigerhofs in Margareten. Er war mit Theodor Herzl befreundet, setzte sich für den Zionismus ein und organisierte den ersten Zionistenkongress in Basel mit. Als Theodor Herzl starb, entwarf Marmorek sein Grabmal. Der Tod Herzls und die Konflikte in der zionistischen Bewegung gingen ihm sehr nahe und verstärkten seine Depression. Schließlich erschoss sich Marmorek am Grab seines Vaters.

Der als Victor David Grünbaum in Wien geborene Victor Gruen (1903–1980) studierte Architektur an der Akademie der bildenden Künste. Daneben spielte der engagierte Sozialdemokrat politisches Cabaret. Als junger Architekt baute er die Wohnung von Otto Bauer und lernt den späteren Wiener Vizebürgermeister Felix Slavik kennen. 1938 wird sein Architekturbüro enteignet, Gruen flüchtet in die USA. In New York entwirft er Geschäfte und wird nach Los Angeles engagiert. 1952 baut er bei Detroit das erste Einkaufszentrum der Welt. Er erfindet die Shopping Mall eigentlich als Erlebniszentrum mit kulturellen oder sportlichen Einrichtungen. Gruen wird zum Fachmann für Stadtplanung und setzt sich für Autofreiheit und eine lebenswerte Umwelt ein. Ab 1948 reiste Gruen immer wieder nach Wien und wurde später beauftragt, ein Konzept für die Innere Stadt zu erstellen, woraufhin die erste Fußgängerzone entstand, die zum Vorbild für viele andere Städte wurde. Gleichzeitig wurde Gruen in seiner früheren Heimatstadt Wien der Prozess gemacht. Der Titel Architekt wurde ihm aberkannt, weil er es »unterlassen« habe, 1938 sein Studium abzuschließen. Später erhielt er von der österreichischen Architektenkammer als »Wiedergutmachung« die Ehrenmitgliedschaft.

047

THEODOR HERZL UND DIE ERFINDUNG DES ZIONISMUS

Theodor Herzl (1860–1904) wurde in Budapest als Sohn des Direktors der Hungaria-Bank geboren, besuchte dort die Schule und begann schon früh zu schreiben. 1878 übersiedelte die Familie nach Wien, wo Herzl Jus studierte und sich der schlagenden Studentenverbindung Albia anschloss. Mit antisemitischem Gedankengut konfrontiert, verließ er die Burschenschaft. Er schrieb Feuilletons für Zeitungen und betätigte sich als Theaterschriftsteller. Drei Jahre lang arbeitete Herzl als Korrespondent der *Neuen Freien Presse* in Paris. Nach seiner Rückkehr nach Wien begann er, sich mit dem Zionismus zu beschäftigen. Zunächst plädierte Herzl für die Integration der Juden in anderen Völkern, überlegte eine Massenkonversion, um dem Antisemitismus entgegenzuwirken, und schloss selbst seinen eigenen Übertritt zum Christentum nicht aus. Später wandte er sich von diesen Ideen völlig ab.

Unter dem Eindruck der »Dreyfuss-Affäre« erkannte er, dass nur ein eigener jüdischer Staat eine Lösung darstellen könne. Seine 1896 veröffentlichte Schrift *Der Judenstaat* fand nicht den Anklang, den Herzl sich erhofft hatte. Die orthodoxen, strenggläubigen Juden wollten auf eine Erlösung durch den Messias warten, die assimilierten Juden sahen sich in Europa verwurzelt und taten Herzls Ideen als Verstiegenheit ab.

Theodor Herzl.
Porträt von Wilhelm Wachtel.
Die hebräische Inschrift
oben lautet übersetzt:
»Wenn ihr wollt, ist es kein Märchen«
(mit einem Fehler im Hebräischen),
1930
↓

Gemeinsam mit dem Architekten Oskar Marmorek, dem Arzt und Schriftsteller Max Nordau sowie dem Juristen und Politiker David Farbstein organisierte Herzl 1897 den ersten zionistischen Weltkongress in Basel und wurde zum Präsidenten der Zionistischen Weltorganisation gewählt. Ziel war es, eine Heimstätte des jüdischen Volkes in Palästina zu schaffen. Großbritannien bot unterdessen Land in Uganda an, was von den Zionisten als ungeeignet abgelehnt wurde. In seinem 1902 veröffentlichten Roman *Altneuland* beschrieb Theodor Herzl seine Utopie eines jüdischen Staates in Palästina, in dem die arabischen Siedler, die dort wohnen, die Neuankömmlinge freudig willkommen heißen. 1904 starb Herzl im Alter von 44 Jahren an einer Herzkrankheit in Edlach an der Rax. Er wurde auf dem Döblinger Friedhof beerdigt.

»Wenn ihr wollt, ist es kein Märchen«, so lautete Herzls Motto im Hinblick auf einen jüdischen Staat. Seine Utopie ging 1948 mit der Gründung des Staates Israel in Erfüllung. 1949 wurden seine sterblichen Überreste und die seiner Eltern nach Jerusalem gebracht und auf dem Herzlberg beigesetzt. Herzl hatte eine Überführung testamentarisch verfügt, sollte es einen jüdischen Staat geben. Die Überführung fand mit einem der ersten Flugzeuge der jungen israelischen Fluglinie El Al statt. Das Flugzeug trug den Namen Herzl.

Theodor Herzl war mit Julie Naschauer (1868–1907) verheiratet. Das Paar hatte drei Kinder. Pauline starb 1930 nach jahrelanger psychiatrischer Behandlung, im selben Jahr beging ihr Bruder Hans Selbstmord. Herzls Tochter Trude wurde gemeinsam mit ihrem Mann von den Nazis nach Theresienstadt deportiert, beide kehrten von dort nicht zurück. Als ihr Sohn, der einzige Enkel Theodor Herzls, davon erfuhr, beging auch er Selbstmord.

Den Begriff Zionismus hatte der Schriftsteller Nathan Birnbaum (1864–1937) geprägt. Er war ein früher Unterstützer Theodor Herzls, allerdings propagierte er eine Ansiedlung in Palästina, auch ohne eigenen Staat. Birnbaum wandte sich aber später vom Zionismus ab, engagierte sich für die ostjüdische Kultur und die jiddische Sprache.

In Österreich wurden die Ideen Herzls wesentlich auch durch Frauen unterstützt. Erna Patak (1871–1955) war Pionierin der zionistischen Frauenorganisation WIZO (Women's International Zionist Organisation) und deren Präsidentin. 1942 wurde sie nach Theresienstadt deportiert, überlebte und wanderte 1949 nach Israel aus.

Auch die aus einer wohlhabenden Familie stammende Anitta Müller-Cohen (geborene Rosenzweig, 1890–1962) engagierte sich früh für den Zionismus, Sozialarbeit und die Frauenbewegung. 1935 emigrierte sie mit ihrer Familie nach Palästina und kümmerte sich später um die jüdischen Überlebenden des Holocaust, vor allem um österreichische Jüdinnen und Juden, die in Israel ihre neue Heimat fanden. WIZO Österreich ist in Österreich seit Jahrzehnten sehr aktiv, besonders im Sammeln für Spenden für soziale Zwecke in Israel, so zum Beispiel für eine Kinder-Tagesstätte in Rechovot, und feiert 2020 ihren 100. Geburtstag.

Spendenkarte des Jüdischen Nationalfonds in Jerusalem (Keren Kayemeth) mit einem Bildnis von Oberrabbiner Dr. Chajes aus Wien zur Anpflanzung eines »Chajes-Waldes«, 1930 bis 1933
↓

048

JÜDISCHE BLATTMACHER

Das Revolutionsjahr 1848 bedeutete für die Wiener Jüdinnen und Juden einen Schritt zur Veränderung. Als der Arzt und Politiker Adolf Fischhof am 13. März 1848 in Wien die wesentlichen Forderungen der Revolution nannte, war auch die Pressefreiheit darunter. In der Folge entwickelte sich das Pressewesen rasant und wurde bis 1938 wesentlich von jüdischen Journalisten geprägt.

Leopold Landsteiner (1817–1875) gründete gemeinsam mit August Zang 1848 *Die Presse,* deren Chefredakteur er wurde und die bis 1896 bestand. 1850 gründete er die populäre *Morgenpost.* Er übernahm 1849 für ein halbes Jahr die *Österreichische Reichszeitung* und erwarb 1854 den *Wiener Telegraph.* Landsteiner und seine Frau Fanny waren die Eltern des Entdeckers der Blutgruppen Karl Landsteiner. Ab Mitte des 19. Jahrhunderts sorgten die zunehmende Industrialisierung, der technische Fortschritt, der wirtschaftliche Aufschwung und der dem Freiheitsgedanken verhaftete Liberalismus für eine Aufwärtsentwicklung der Presse.

Als Konkurrenz zu *Die Presse* entstand 1864 die *Neue Freie Presse,* gegründet von Michael Etienne und Max Friedländer, die hohen Wert auf das Feuilleton, Wirtschafts- und Kulturberichterstattung legten. Hier schrieben unter anderem Theodor Herzl, Eduard Hanslick oder Daniel Spitzer, Autor der *Wiener Spaziergänge.* Unter ihrem einflussreichen Chefredakteur Moritz Benedikt (1849–1920) wurde die *Neue Freie Presse* zur auflagenstärksten Zeitung, in der die bekanntesten Journalisten schrieben. Die großbürgerlich-liberale Zeitung wurde nach dem Tod von Moritz Benedikt von seinem Sohn Ernst Martin Benedikt geleitet. 1938 wurde die Zeitung »arisiert«, die 22 jüdischen Journalisten entlassen. Nach dem Zweiten Weltkrieg ging *Die Presse* aus der *Neuen Freien Presse* hervor.

1867 erschien das *Neue Wiener Tagblatt* von Moritz Szeps (1835–1902), der zuvor bei der *Morgenpost* tätig gewesen war. Die deutsch-liberal bürgerliche Zeitung stand in Konkurrenz zur *Neuen Freien Presse.* Moritz Szeps galt als der mächtigste Zeitungsmann der Monarchie und war Gründer des Presseclubs Concordia. Mit Kronprinz Rudolf verband ihn eine enge Freundschaft. Er veröffentlichte anonyme Artikel, die der Thronfolger geschrieben hatte. 1939 wurde das *Tagblatt* mit dem *Neuen Wiener Journal* zusammengelegt.

Nach dem Börsenkrach 1873 und aufgrund der wirtschaftlichen und politischen Zuspitzung kam es zur Gründung von ideologisch geprägten Blättern: *Die Reichspost* der Christlichsozialen, *Das deutsche Volksblatt*

Moritz Szeps.
Karikatur von
László von Frecskay
aus der Satirezeitschrift
Die Bombe, 1877
←

der Deutschnationalen und die *Arbeiter-Zeitung,* als Zentralorgan der Sozialdemokraten, geprägt durch Victor Adler (1852–1918) und Friedrich Austerlitz (1862–1931). Als Nationalratsabgeordneter arbeitete Austerlitz an der Entwicklung des Pressegesetzes mit. Nach seinem Tod übernahm der Jurist Oscar Pollak (1893–1963) die Chefredaktion. Er engagierte sich im Widerstand gegen das Dollfuß-Regime und gründete die Revolutionären Sozialisten. In der Emigration in Großbritannien arbeitete er mit den Geheimdiensten zusammen, um einen Neuaufbau Österreichs vorzubereiten. Nach dem Zweiten Weltkrieg übernahm er wieder die Chefredaktion der *Arbeiter-Zeitung* und war an der Gründung des Presserats beteiligt. 1961 legte er sein Amt nieder. Zwei Tage nach seinem Tod 1963 nahm sich seine mit ihm jahrelang tätige Frau Marianne das Leben.

Als Boulevardblatt war ab 1900 die *Österreichische Kronen-Zeitung,* die 1905 in *Illustrierte Kronen-Zeitung* umbenannt wurde, bekannt. Ihr Chefredakteur und späterer Präsident der Concordia, Leopold Lipschütz (1870–1939), führte sie zum Erfolg. Nach seiner Emigration beging Lipschütz gemeinsam mit seiner Frau Selbstmord.

In der Zwischenkriegszeit wurden zahlreiche Boulevardblätter gegründet: *Die Stunde,* ein reißerisches, gleichzeitig liberales und anti-nationalistisches Blatt von Imre Békessy (1887–1951), oder *Bettauers Wochenschrift,* herausgegeben vom Autor des Romans *Die Stadt ohne Juden,* Hugo Bettauer (1872–1925), der in seiner Redaktion von einem Nationalsozialisten erschossen wurde. Von den mindestens 900 jüdischen Journalistinnen und Journalisten, die von den Nationalsozialisten vertrieben wurden, kehrten etwa 100 wieder in ihre Heimat zurück. Heute verfügt die jüdische Gemeinde über eine Vielzahl von Zeitschriften. Von *David,* der *Gemeinde,* der *Illustrierten Neuen Welt, NU* oder *Wina* kann man sich jüdischen Themen aus verschiedenster Perspektive annähern.

049

PIONIERINNEN DES TANZES

Als Gegenbewegung zum klassischen Ballett entstand eine neue künstlerische Tanzform: der Ausdruckstanz. Als berühmteste Vertreterin des expressionistischen Tanzes gilt die amerikanische Tänzerin und Choreografin Isadora Duncan (1877–1927). In Wien waren die Pionierinnen und Wegbereiterinnen des modernen Tanzes Grete Wiesenthal, Gertrud Bodenwieser, Gertrud Kraus und Tilly Losch.

Gertrud Bodenwieser (1890–1959), die Tochter von Theodor und Maria Bondi, wählte Bodenwieser als ihren Künstlernamen. Beeinflusst von Isadora Duncan, schuf sie einen neuen Tanzstil, mit dem sie 1919 erstmals im Konzerthaus auftrat, wo sie später ein eigenes Tanzstudio unterhielt. In ihrer Aufführung *Dämon Maschine* verwandelte sie Tänzerinnen in Maschinen. In *Die Masken Luzifers* setzte sie den Horror von Diktatur und Totalitarismus tänzerisch um. Bis 1938 unterrichtete sie als Professorin für Tanz an der Akademie für Musik und Darstellende Kunst. Ihre Schülerinnen reisten auf Tanztourneen durch verschiedene Länder. 1938 flüchtete Gertrud Bodenwieser zunächst nach Kolumbien, dann nach Australien, wo sie wieder Tanz unterrichtete und schließlich in Sydney starb. Ihr Mann, der Wiener Regisseur Friedrich Rosenthal, wurde 1942 im Konzentrationslager Auschwitz ermordet.

Eine der Studentinnen von Gertrud Bodenwieser war Gertrud Kraus (1901–1977). Sie studierte zuerst Klavier, anschließend Tanz und schloss sich dann Bodenwiesers Tanzgruppe an. Später eröffnete sie in der Mariahilfer Straße ihr eigenes Tanzstudio, gründete eine eigene Tanzgruppe und wurde zur führenden Ausdruckstänzerin Wiens. Ihre Choreografien waren geprägt von Gesellschaftskritik und jüdischer Kultur. 1929 war sie bei den Wiener Festwochen mitverantwortlich für den monumentalen Festzug der Gewerbe. 1930 wurde sie zu einem Auftritt in das britische Mandatsgebiet Palästina eingeladen. Sie wurde als Zionistin aktiv und flüchtete nach dem gescheiterten Putsch der Nationalsozialisten aus Österreich nach Palästina, wo sie die G. K. Tanzgruppe gründete, die zur Tanzkompanie der Volksoper wurde. In Tel Aviv arbeitete Kraus an verschiedenen Theatern. Nach einem Studienaufenthalt in den USA gründete sie das Israel Ballet Theater, beendete das aktive Tanzen und wandte sich ausschließlich dem Unterricht sowie der Malerei und Bildhauerei zu. Sie besuchte regelmäßig Kibbuzim und machte den Ausdruckstanz dort populär.

Die Tänzerin, Schauspielerin, Choreografin und Malerin Tilly Losch (1903–1975) begann ihre Karriere bereits im Alter von zehn Jahren

Die Tänzerin Tilly Losch
im Kostüm der Prinzessin Teeblüte
aus dem Ballett *Schlagobers.*
Wiener Staatsoper, 1924
→

an der Wiener Hofoper, der späteren Staatsoper, wo sie 1921 in das Opernballett übernommen wurde und durch ihren ausdrucksstarken Tanz hervorstach. 1927 choreografierte sie bei den Salzburger Festspielen unter der Regie von Max Reinhardt *Ein Sommernachtstraum,* wo sie auch auftrat. Mit Max Reinhardt ging sie nach London und New York, 1931 tanzte sie am Broadway im New Amsterdam Theatre mit Fred Astaire und seiner Schwester Adele in *The Band Wagon.* Mit Unterstützung ihres ersten Ehemanns konnte das Ballettensemble Les Ballets 1933 unter der Leitung des russischen Choreografen George Balanchine geschaffen werden, mit dem sie unter anderem mit Lotte Lenya auftrat. Tilly Losch wandte sich ab 1926 vermehrt dem Schauspiel und später der Malerei zu. Filme wie *The Garden of Allah* (1936) oder *Limelight* (1937), in denen sie mitgewirkt hatte, hinterließen sie nicht zufrieden, da sie nicht nur Nebenrollen spielen wollte. Losch starb 1975 in New York, ihr Grab befindet sich auf dem Gelände von Max Reinhardts Schloss Leopoldskron in Salzburg.

Das Talent der Tänzerin, Choreografin und Pädagogin Grete Wiesenthal (1885–1970) wurde von Gustav Mahler entdeckt. Die bekannte Tänzerin, die mit ihren Schwestern eine eigene Tanztruppe gegründet hatte, arbeitete häufig mit Max Reinhardt, Hofmannsthal schrieb Stücke für sie, in Stummfilmen hatte sie einige Auftritte. Nach dem »Anschluss« beendete sie ihre Karriere, half jüdischen Künstlern und öffnete ihre Wohnung für Regimegegner.

050

DER WIENER BÜRGERMEISTER VON JERUSALEM: TEDDY KOLLEK

Helmut Zilk, Teddy Kollek und Oberrabbiner Paul Chaim Eisenberg bei der Anbringung der Mesusa am Jüdischen Museum der Stadt Wien, 1993
←

Kaum eine andere Persönlichkeit hat Jerusalem im 20. Jahrhundert so geprägt wie er. Der aus Wien stammende Teddy Kollek (1911–2007) war von 1965 bis 1993 Bürgermeister von Jerusalem. Nach dem Sechstagekrieg 1967 und der Wiedervereinigung führte er die vernachlässigte Stadt zu neuem Glanz und entwickelte sie zu einer modernen Metropole.

Teddy Kollek kam zur Welt, als ein Zeitalter zu Ende ging. Geboren wurde er in eine Familie, die stark vom Völkergemisch der Donaumonarchie geprägt war. Behütet, umsorgt, nach jüdischer Tradition erzogen, wuchs Teddy Kollek in Wien auf und trug das kultivierte, kulturell aufgeladene Leben der Donaumetropole sein Leben lang als Motivation und Vorbild in sich. Eine seiner Kindheitserinnerungen an die Monarchie war die Beerdigung von Kaiser Franz Joseph I. im Jahre 1916, von der er sagte, die Trauernden müssten geahnt haben, dass eine große Zeit zu Ende ging.

Tief verwurzelt im Judentum, schloss er sich einer zionistischen Jugendbewegung an und verließ seine Heimatstadt Wien 1934 in Richtung Palästina. Gemeinsam mit einer jungen Wienerin, Tamar Schwarz, die er später heiratete, wurde ein Kibbuz aufgebaut. Teddy Kollek fungierte während des Zweiten Weltkrieges nicht nur als Verbindungsmann zur britischen Kolonialmacht, sondern reiste nach England, aber auch nach Österreich, und versuchte mit großem Engagement, Juden zu retten. Bei einem Besuch in Wien beobachtete er, wie eine Hakenkreuzfahne vom Balkon der früheren Wohnung seiner Kindheit in der Landstraßer Hauptstraße wehte. Später besorgte er Waffen für die zionistische Untergrundarmee, dann sogar Flugzeuge für den jungen Staat Israel, bevor er 1952 Büroleiter des ersten israelischen Ministerpräsidenten David Ben-Gurion wurde. Neben vielen anderen Aktivitäten war Teddy Kollek 1961 für die technische Vorbereitung des Eichmann-Prozesses zuständig.

Geprägt von den ausgiebigen Museumsbesuchen mit seinem Vater im Wien seiner Kindheit, gründete Teddy Kollek mit großer Leidenschaft das Israel Museum, das heute zu Recht als eine der herausragenden Kulturinstitutionen der Welt gilt.

1965 kandidierte er für das Bürgermeisteramt von Westjerusalem, Teil einer zu diesem Zeitpunkt vernachlässigten, provinziellen, geteilten, jedoch geschichtsträchtigen Stadt. Zwei Jahre später, nach dem Sieg im Sechstagekrieg, war die Stadt plötzlich doppelt so groß und Teddy Kollek in seinem Element. In den 28 Jahren seiner Amtszeit prägte er Jerusalem, das er als historische und spirituelle Hauptstadt Israels ansah. Die Entwicklung der Stadt zu einer modernen, kultivierten Metropole und die Zusammenführung der inhomogenen Bevölkerung auch in gesellschaftspolitischer Hinsicht, wurden zu seiner Lebensaufgabe. Dass er 1993 nicht mehr als Bürgermeister wiedergewählt wurde, hat den 82-jährigen Teddy Kollek bitter enttäuscht. Gern hätte er seiner Stadt, die er als ungeteilte Hauptstadt Israels ansah, noch länger gedient.

Als kulturelles und kommunalpolitisches Vorbild galt Kollek das Wien seiner Jugend. Auf Einladung des Wiener Bürgermeisters Helmut Zilk eröffnete er am 18. November 1993 das Jüdische Museum Wien. Anlässlich des Festakts brachte Teddy Kollek aus Jerusalem eine Mesusa als Geschenk mit. Dieses Kennzeichen eines jüdischen Hauses, ein kleiner, rechteckiger Behälter, in dem sich das wichtige Gebet Schma Israel auf Pergamentpapier geschrieben befindet, hat bis heute seinen Platz im Jüdischen Museum.

051

ISRAEL IN WIEN

Spuren von Eretz Israel, also Palästina beziehungsweise Israel vor der Staatsgründung, sind in Wien in einem wichtigen Gebäude zu finden. In der Votivkirche, die anlässlich des gescheiterten Attentats auf Kaiser Franz Joseph I. erbaut wurde, befindet sich ein Stein, den der Künstler Mordechai Schnitzer aus dem Ölberg in Jerusalem gebrochen hatte und August Frankl nach Wien brachte. Ein weiterer Stein, den Schnitzer aus dem Fels des Ölbergs schlug, wurde in den Leopoldstädter Tempel eingebaut, dem größten jüdischen Gebetsort in Wien, der 1858 von Ludwig Förster errichtet worden war und der 1938 im Novemberpogrom zerstört wurde.

Auch Erinnerungen an den Initiator des jüdischen Staates, Theodor Herzl, finden sich in Wien, wo dieser seine beiden wichtigen Schriften *Der Judenstaat* und *Altneuland* schrieb. Die Theodor-Herzl-Stiege führt vom früheren Textilviertel zum Stadttempel in der Seitenstettengasse. In der Leopoldsgasse im 2. Wiener Gemeindebezirk wurde 1959 eine städtische Wohnhausanlage Theodor-Herzl-Hof benannt. Auf dem Döblinger Friedhof befindet sich das Grab von Theodor Herzl, das von seinem Freund und zionistischen Mitstreiter Oskar Marmorek gestaltet wurde. Die Gebeine Herzls und die seiner Eltern wurden 1949 exhumiert und Herzls Wunsch entsprechend in den neu gegründeten Staat Israel überführt, wo sie heute in einem eindrucksvollen Grab auf dem Herzlberg ruhen.

Reichenau an der Rax, der Ort, wo Herzl Julie Naschauer geheiratet hatte und in dessen Nähe, in Edlach, er verstorben war, verfügt über einen kleinen Gedenkstein, wie auch Altaussee. Vor dem Haus, das das Literaturmuseum Altaussee beherbergt, befindet sich diese kleine Erinnerungsstätte, die dem »Altausseer Sommergast« anlässlich seines 100. Todestags gewidmet wurde. Das Fahrrad von Theodor Herzl, ein Rad der Marke Opel, Modell Victoria Blitz, mit dem er gemeinsam mit seinem Freund Arthur Schnitzler durch seine Sommerfrische fuhr, ist heute im Jüdischen Museum Wien zu sehen.

Ebenfalls im Jüdischen Museum befindet sich ein Gewehr der Jewish Brigade, einer kämpfenden Einheit der britischen Armee während des Zweiten Weltkrieges, die sich aus jüdischen Freiwilligen zusammengesetzt hatte. Unter den 30 000 jüdischen Kämpfern war auch Harry Weber (1921–2007), der als 17-Jähriger 1938 aus Wien nach Palästina geflüchtet war. Er erhielt das Gewehr, einen Enfield Karabiner, von der britischen Armee in Palästina und kam damit als Soldat und Befreier nach Wien zurück. Seine Mutter war im Konzentrationslager ermordet worden. Harry

Die Votivkirche in Wien, 2015 →

Weber wurde Cheffotograf der Zeitschrift *Stern,* schuf ikonische Fotos des Zeitgeschehens und gestaltete für das Jüdische Museum Wien eine Fotoausstellung über das Jüdische Wien seiner Gegenwart.

Das Jüdische Museum Wien beherbergt auch eine Sammlung von 10 000 Objekten, die die frühe Aufbauphase Israels vor der Staatsgründung belegt, darunter Sammelbüchsen, Palästina-Karten, Souvenirs aus Olivenholz, Plaketten, Abzeichen oder Münzen sowie 2000 Postkarten aus der Zeit von 1900 bis 1950.

Eine enge Verbindung zwischen Israel und Österreich stellt das Haus Moller dar, das heute als Residenz der Botschaft des Staates Israel dient. 1928 wurde es von Adolf Loos für Hans und Anny Moller entworfen. Anny Moller (geborene Wottitz) hatte gemeinsam mit Friedl Dicker bei Johannes Itten studiert und ein Buchbinderatelier geführt, bevor sie den Textilfabrikanten Hans Moller heiratete. Gemeinsam mit ihrer kleinen Tochter flüchteten die Mollers zunächst nach England und dann nach Palästina. Ihr Haus, ein Kleinod der Moderne, wurde von den Nazis beschlagnahmt. Hans Moller gründete in Tel Aviv gemeinsam mit seinem Cousin Erich die bekannte Textilfirma ATA. Nach dem Zweiten Weltkrieg sollte Hans Moller sein Haus zurückbekommen, allerdings nur, wenn er die von 1938 bis 1945 angelaufene Grundsteuer samt Zinsen an Österreich zurückzahlen würde. Moller schenkte das Haus daraufhin dem Staat Israel, der es als Residenz verwendet. Somit stellt auch das Haus Moller von Adolf Loos ein Zeugnis des unwürdigen Umgangs Österreichs mit seiner Vergangenheit dar.

052

Aus dem Fotoalbum zur II. Makkabiade, 1935 in Palästina. Das Album dokumentiert die Anreise, den Aufenthalt, die Wettkämpfe, die Mannschaften und die Heimreise der österreichischen Delegation.
→

HAKOAH

In ihrem Kampf um Anerkennung durch Assimilation wollten Juden im ausgehenden 19. Jahrhundert unter anderem den Vorurteilen einer angeblich dürftigen körperlichen Tüchtigkeit entgegenwirken. Zu jener Zeit wurde ihnen vielerorts die Mitgliedschaft in Sportvereinen verweigert.

Ein enger Mitstreiter von Theodor Herzl, Max Nordau, prägte damals den Begriff des »Muskeljuden«. Der Pariser Arzt rief auf dem zweiten zionistischen Kongress dazu auf, den Körper durch Turnen zu stählen. Juden sollten sich nichts mehr gefallen lassen, im Gegenteil, sie sollten bereit sein für körperliche Schwerarbeit, Arbeit auf den Feldern, oder aber auch für Gegenwehr. Das sei für die Umsetzung des Zionismus unumgänglich.

Es galt also, jüdisches Selbstbewusstsein aufzubauen und zu demonstrieren. In den verschiedensten Ländern wurden jüdische Sportvereine gegründet. Sie bildeten die Grundlage für eine neue jüdische Identität. Netzwerke wurden geknüpft, jüdische Sportler vereint – bis heute. In Wien erfolgte 1909 die Gründung der Hakoah (hebräisch: Kraft) auf Anregung des Zionisten David Wolffsohn, einem Förderer der jüdischen Körperkultur. In diesem Sportverein sollten alle aufgenommen werden, die sich zum Judentum bekannten, ohne auf die politische oder religiöse Orientierung zu achten. Allerdings konnten die Trainer nichtjüdisch sein.

Das Ziel war, zunächst einen jüdischen Fußballklub zu gründen. Erster Präsident war der spätere Librettist und Schriftsteller Fritz Löhner (1883–1942), ein hervorragender Fußballspieler, der in Auschwitz ermordet wurde. Die Clubfarben waren Blau-Weiß, das Symbol der Davidstern. Bald wurden neben dem Fußball auch andere Sektionen gegründet. Durch die sportlichen Erfolge wurde die Hakoah zum jüdischen Vorzeigeklub. Zuerst lag der erste Ort

Abzeichen zur Makkabiade, der größten internationalen jüdischen Sportveranstaltung, ähnlich den Olympischen Spielen, aus den 1930er-Jahren
←

des Sportklubs an der Alten Donau in Floridsdorf, 1923 konnte die Hakoah, nachdem Floridsdorf sich geweigert hatte, ein größeres Grundstück zur Verfügung zu stellen, ein 30 000 Quadratmeter großes Grundstück beim Prater im 2. Bezirk pachten. Die neue Sportanlage umfasste ein Fußball- und Handballfeld, Tennis- und Hockeyplätze, eine Laufbahn und eine Tribüne. Nicht nur körperliche, sondern auch geistige Fortbildung galten als essenziell. Literarische Abende und Vorträge wurden organisiert sowie eine Schachsektion gegründet.

1938 wurde die Hakoah aufgelöst, die Sportstätten beschlagnahmt, darunter auch die Hakoah-Hütte am Semmering, die Funktionäre ihres Amtes enthoben, die Vereinsmitglieder vertrieben oder ermordet.

Nach dem Zweiten Weltkrieg wurde versucht, den Verein wiederzubeleben. An die Erfolge von früher konnte in dieser Zeit allerdings nicht angeknüpft werden. Auch hatte der Verein keine Sportanlage mehr. Es sollte mehr als 60 Jahre dauern, bis die Gemeinde Wien im Gefolge des Washingtoner Abkommens ein neues Grundstück als Ersatz für den vor 1938 bestehenden Hakoah-Platz ermöglichte. Die Israelitische Kultusgemeinde beschloss, auf dem 20 000 Quadratmeter großen Platz neben dem Sportverein auch ein Elternheim und eine Schule zu errichten. Dieses Zentrum wurde 2008 eröffnet. Heute verfügt die Hakoah wieder über eine Reihe von Sektionen: Neben Schwimmen, Karate, Basketball, Tennis und Tischtennis gibt es einen Ski- und Wanderclub. Im Eingangsbereich zum Hakoah Sportklub wurde ein kleines Museum eingerichtet, in dem die Geschichte der Hakoah erzählt wird. Die Gasse, in der sich das Zentrum befindet, heißt heute Simon-Wiesenthal-Gasse.

053

JÜDISCHER SPORT: SCHWIMMEN, FUSSBALL

Als 1909 der Sportklub Hakoah von jüdischen Studenten gegründet wurde, stand der Fußball im Mittelpunkt. In der ersten Saison traten die Blau-Weißen (benannt nach der Farbe ihrer Dressen) dem Österreichischen Fußballverband bei. Bald entstand eine Konkurrenz mit dem Wiener Sport-Club, bei dem ebenfalls viele jüdische Fußballer spielten, die sich der Hakoah anschlossen. Dadurch wurde die Qualität gesteigert, und der Klub konnte in der Liga aufsteigen. Nach dem Beschluss, in der Hakoah weitere Sektionen (Schwimmen und Leichtathletik) einzuführen, wurde der Fußballklub als eigenständiger Verein weitergeführt und blieb die Stammsektion. In den folgenden Jahren wechselten zahlreiche Spieler aus anderen Mannschaften zur Hakoah, zum Beispiel die ganze Mannschaft des Akademischen Sport Clubs. So entwickelte sich die Hakoah zu einem professionellen Fußballklub. 1925 wurde die Hakoah österreichischer Meister. »Hoppauf Hakoah« wurde zum geflügelten Anfeuerungsruf. Die Spieler erhielten gute Bezahlung, wurden von den besten Trainern ausgebildet und auch gut aufgestellt. Durch seinen Erfolg erlangte der Klub eine große Anhängerschaft. Von einer Reise in die USA 1926 kam die Hakoah-Fußballsektion mit deutlich weniger Spielern zurück, da einige von US-Vereinen abgeworben worden waren. Zu nennen ist hier Béla Guttmann (1899–1981), der 1922 aus Ungarn zur Hakoah gewechselt war, zunächst als Spieler reüssierte und später viele Jahre lang Fußballtrainer war.

Durch den Verlust an erfolgreichen Spielern verlor die Fußballsektion ihre Führungsrolle innerhalb der Hakoah. Sportlerinnen und Sportler der Hakoah siegten jedoch in den verschiedensten Disziplinen. Vor allem das Schwimmteam brachte viele Erfolge heim. Hier sind die Schwimmerinnen Hedy Bienenfeld-Wertheimer, Idy Kohn und Fritzi Löwy zu nennen. Sie erreichten Erfolge, die erst 70 Jahre später wiederholt werden konnten.

Fritzi Löwy flüchtete 1939 über Italien in die Schweiz. Nach Kriegsende emigrierte sie nach Australien, kehrte aber später nach Wien zurück. Hedy Bienenfeld, ihr Mann, der Trainer Zsigo Wertheimer, und Idy Kohn emigrierten in die USA. 1936 weigerten sich einige Schwimmerinnen, an den Olympischen Spielen in Berlin teilzunehmen. Judith Deutsch, Lucie Goldner und Ruth Langer wurden daraufhin vom Österreichischen Schwimmverband gesperrt und ihre Bestleistungen gestrichen. Rehabilitiert wurden sie erst 1995. Der Schriftsteller Friedrich Torberg, ein großer Fußballfan, erreichte als Wasserballspieler sportliche Erfolge.

Béla Guttmann, 1920er-Jahre →

Nach dem Krieg war die Hakoah einer der ersten jüdischen Vereine, der sich bereits im Juni 1945 neu konstituierte und bis heute eine wichtige Rolle im Leben der jüdischen Gemeinde spielt. Obwohl die Hakoah nicht annähernd so viele Mitglieder wie in der Zwischenkriegszeit hat, gilt sie nach wie vor als Kaderschmiede für Spitzensportler, die mit Paul Haber 1964 einen österreichischen Staatsmeister hervorgebracht hat. Mit Tommy Löwy, der unter den zehn weltbesten Schwimmern rangiert, oder dem Judoka Stephan Hegyi kann die Hakoah auch heute an ihre Erfolge von 1938 anknüpfen. Wie wichtig die Hakoah für das jüdische Selbstverständnis war, hat Friedrich Torberg treffend formuliert: Die Hakoah habe den anderen beigebracht, »Herr Jud« zu sagen.

054

DIE OTTAKRINGER BRAUEREI – FAMILIE KUFFNER

Der Weg, den die Familie Kuffner genommen hat, steht stellvertretend für viele andere Jüdinnen und Juden, die Mitte des 19. Jahrhunderts in die aufstrebende Metropole Wien geströmt sind. Die Kuffners waren erfolgreiche Kleingewerbetreibende in Böhmen. Der 28-jährige Ignaz Kuffner (1822–1882) kam mit seinem Cousin Jakob (1817–1891) nach Wien und siedelte sich im Wiener Arbeiterbezirk Ottakring an. Hier erwarben sie eine kleine, verschuldete Brauerei und entwickelten daraus einen der größten Brauereibetriebe der Monarchie.

Jakob, Ignaz und später sein Sohn Moritz (1854–1939) investierten in technische Innovation und wurden damit erfolgreich. Eine eigene Spiritus- und Hefeproduktion wurde gegründet, das Wasserreservoir aufgestockt. Dadurch konnte die Produktion erhöht werden, gleichzeitig führten sie vorbildliche sozial- und arbeitsrechtliche Neuerungen wie Urlaubszahlungen, zusätzliche freie Tage und eine eigene Werksküche ein.

Mit dem wirtschaftlichen Aufstieg war gesellschaftliches Avancement verbunden – bis hin zur Nobilitierung, also zur Erhebung in den Adelsstand. Gleichzeitig engagierten sich die Kuffners politisch sowie sozial und kulturell. Als große Förderer der Wissenschaft, Kunst und Kultur gingen sie in die Stadtgeschichte ein.

Die Mitglieder der Familie Kuffner waren im Bezirk und weit darüber hinaus als Wohltäter bekannt. Sie halfen, wo immer es nötig war, gründeten Wohlfahrtseinrichtungen, wie ein Spital und ein Waisenhaus. 1869 wurde Ignaz Kuffner zum Bürgermeister von Ottakring gewählt. Während seiner Amtszeit erlebte der Vorort einen Aufschwung, Schulen wurden gebaut, die Verkehrssituation verbessert, ein Postamt sowie ein Sicherheitsposten eingerichtet und die Freiwillige Feuerwehr etabliert. Ignaz Kuffner spendete ein Grundstück in der Ottakringer Hubergasse für die Errichtung einer Synagoge, die vom Architekten Ludwig Tischler geplant und 1866 eröffnet wurde. 1873 wurde Kuffner zum Ehrenbürger von Ottakring ernannt, fünf Jahre später in den Adelsstand erhoben.

Moritz Kuffner folgte seinem Vater in jeder Beziehung nach. Neben seiner sozialen und kulturellen Wohltätigkeit baute er das bereits gigantische Immobilienimperium weiter aus. Nicht nur der Bezirk Ottakring ist geprägt von der Wohltätigkeit der Kuffners, auch weit darüber hinaus hat ihr Wirken in der Stadt wesentliche Meilensteine ermöglicht. Moritz Kuffners Beschäftigung mit Kunst, Literatur

Hubertempel, Ottakring,
Kalenderblatt aus dem Jahr 1936
→

und Philosophie führte dazu, dass er zahlreiche Kultureinrichtungen großzügig unterstützte und selbst eine Sammlung der Werke von Dürer und autobiografischer Notizen von Kant aufbaute. Sein Hobby war die Astronomie. Er ließ eine private Sternwarte mit einem angeschlossenen Forschungsinstitut bauen, die mit den modernsten technischen Geräten ausgestattet war. Moritz Kuffner war auch ein begeisterter Alpinist und Bergsteiger. Er beging in den Bergen neue Routen, die zum Teil nach ihm benannt wurden.

Mit der Machtergreifung der Nationalsozialisten 1933 begann der tragische Bruch, der 1938 in der Vertreibung der Familie und der Ermordung vieler Verwandter mündete. Moritz Kuffners Frau und sein Sohn waren Anfang 1938 gestorben, er selbst konnte aus Wien flüchten, starb allerdings ein Jahr später.

Die Kuffners wurden aus der Brauerei gedrängt. Sie mussten das gesamte Vermögen wie auch ihre umfangreiche Kunstsammlung zurücklassen, um ausreisen zu dürfen. In der Brauerei wurden während der Nazi-Zeit Zwangsarbeiter beschäftigt. Heute erinnert eine Gedenktafel auf dem Firmengelände der Ottakringer Brauerei an sie wie auch an das Schicksal der Familie Kuffner.

055

DAS ROTE WIEN

Nach dem Ende des Ersten Weltkrieges und dem Zerfall der Monarchie war Wien von Hunger und Elend gezeichnet. Mit dem Wahlsieg der Sozialdemokratischen Arbeiterpartei bei den ersten allgemeinen freien und gleichen Gemeinderatswahlen (erstmals waren Frauen und Männer aus allen Schichten wahlberechtigt) im Mai 1919 begann ein gigantisches Reformprojekt, das bis zum Ende der Demokratie im Jahr 1934 andauern sollte. Die wesentlichen Ziele waren Gesundheit, soziale Fürsorge, Bildung und kommunaler Wohnbau. Obwohl die Stadt Wien als Wasserkopf verunglimpft wurde, der nach dem Ende der Donaumonarchie viel zu groß für das übrig gebliebene kleine Land geworden sei, gelang der Sozialdemokratie ein Leuchtturmprojekt, das weltweite Beachtung fand. Die wichtigsten Protagonisten stammten aus jüdischen Familien, allen voran die beiden Leitfiguren Otto Bauer (1881–1938), der Wegbereiter der Sozialdemokratie in der Zwischenkriegszeit, und Hugo Breitner (1873–1946), der als Finanzstadtrat die wesentlichen Weichen stellte.

Denn in erster Linie galt es, die Wohnungsnot einzudämmen. Breitner führte die Wohnbausteuer ein, die die Grundlage für den kommunalen Wohnbau schuf. Er wurde dafür von den Christlichsozialen scharf angegriffen, oft auch mit einem antisemitischen Unterton. 65 000 moderne und leistbare Wohnungen konnten geschaffen werden, die den Menschen gesunde Lebensbedingungen boten. Enorme Wohnbauten entstanden, manche von Schülern des berühmten Architekten Otto Wagner, allen voran der Karl-Marx-Hof. Hier sind auch die beiden Architektinnen Ella Briggs (1880–1977) und Margarete Schütte-

Otto Bauer hält eine Rede vor dem Wiener Rathaus, um 1930
←

Denkmal zur Erinnerung an die Errichtung der Republik am 12. November 1918 mit den Büsten von Jakob Reumann, Victor Adler und Ferdinand Hanusch →

Lihotzky (1897–2000) zu nennen, die einzigen Frauen, die in der Zwischenkriegszeit Gemeindebauten planten. Briggs konnte nach Großbritannien emigrieren, Schütte-Lihotzky, als Kommunistin engagiert im Widerstand, wurde von den Nazis eingesperrt. Die eindrucksvollen Gemeindebauten der Ersten Republik legen heute noch Zeugnis dieses wegweisenden Reformprojekts ab.

Die Gesundheits- und Sozialpolitik war ebenfalls ein wesentlicher Schwerpunkt der Wiener Sozialdemokratie. Es galt, der Säuglings- und Kindersterblichkeit sowie der Tuberkulose entgegenzuwirken. Hier entwickelte Julius Tandler (1869–1936) als Stadtrat eine flächendeckende Strategie. Gesundheits- und Jugendämter wurden geschaffen, Mütterberatungsstellen mit Fürsorgerinnen und Ärzten, ein Säuglingswäschepaket wurde eingeführt, ebenso ein schulärztlicher Dienst wie auch Schulzahnkliniken. Es entstanden Dutzende neue Kindergärten und städtische Bäder, Spitäler wurden ausgebaut. Tandler unterrichtete am Anatomischen Institut der Universität Wien. Seine Vorlesungen waren regelmäßig von antisemitischen Ausschreitungen betroffen. Da Tandler sich für Eugenik aussprach, wird sein Andenken heute neu rezipiert.

Der Jurist Robert Danneberg (1885–1942) hatte die rechtlichen Grundlagen für den kommunalen Wohnbau ausgearbeitet und war für die Reform des Magistrats verantwortlich. Er wurde Nachfolger Hugo Breitners als Finanzstadtrat. 1938 wurde Danneberg auf der Flucht von den tschechischen Behörden nach Wien zurückgeschickt. 1942 wurde er im Konzentrationslager Auschwitz ermordet. An die drei wichtigen Vertreter des Roten Wien, Hugo Breitner, Julius Tandler und Robert Danneberg, erinnert seit 1950 ein Denkmal an der Feuerhalle Simmering. Im Gedenken an Robert Danneberg wurde eine leere Urne beigesetzt.

056

HANS KELSEN UND DIE ÖSTERREICHISCHE BUNDESVERFASSUNG

Hans Kelsen
im Trachtenanzug, 1925
←

Die Entstehung der österreichischen Bundesverfassung, die 1920 in Kraft trat, ist maßgeblich mit dem Juristen Hans Kelsen (1881–1973) verknüpft. Kelsen gilt als einer der bedeutendsten Rechtswissenschaftler des 20. Jahrhunderts. Geboren in Prag, zog die Familie mit dem vierjährigen Hans nach Wien, wo sein Vater als Fabrikant von Bronzewaren und Lustern tätig war und zumindest für eine Wiener Synagoge (Neudeggergasse) die Beleuchtung gestaltete. Im Akademischen Gymnasium war einer der Schulkollegen von Hans Kelsen der Ökonom und Verfechter des Wirtschaftsliberalismus Ludwig von Mises. Kelsen studierte Rechtswissenschaften an der Universität Wien und trat, wohl um seine beruflichen Chancen zu verbessern, 1905 zum katholischen Glauben und 1912, kurz vor seiner Heirat mit Margarete Bondi – gemeinsam mit seiner Braut –, zum evangelischen Glauben über. 1911 erfolgte seine Habilitation an der Universität Wien, wo er fortan als Privatdozent lehrte. Während des Ersten Weltkrieges war er unter anderem im Justizdienst des Kriegsministeriums tätig.

Bereits kurz nach der Ausrufung der Republik wurde Kelsen als Experte für Verfassungsfragen konsultiert und Anfang 1919 mit der Ausarbeitung der Verfassung beauftragt. Er entwickelte das Modell der österreichischen Verfassungsgerichtsbarkeit, das weltweit Nachahmung fand, und wurde an den Verfassungsgerichtshof berufen. Hier entbrannte ein heftiger Streit mit der katholischen Kirche, da Kelsen die sogenannte Dispensehe, die Wiederverheiratung nach einer Trennung, befürwortete. 1930 wurde der Verfassungsgerichtshof von der christlichsozialen Bundesregierung umstrukturiert, sie nahm Kelsen nicht mehr in das Gremium auf.

Der Rechtswissenschaftler verließ daraufhin Österreich und wurde Professor für Völkerrecht an der Universität Köln. 1934 erschien sein Hauptwerk, *Reine Rechtslehre,* in dem er die strenge Wissenschaftlichkeit der Rechtswissenschaft hervorhob, dass also ausschließlich das real erfahrbare Recht in Betracht gezogen werden soll. Seine Schrift revolutionierte die Rechtstheorie und wurde in viele Sprachen übersetzt. Nach der Machtübernahme der Nationalsozialisten wurde Kelsen beurlaubt und ein Jahr später in den Ruhestand versetzt. Bis 1940 unterrichtete er Völkerrecht in Genf und Prag und nahm die tschechische Staatsbürgerschaft an. 1940 emigrierte der Rechtswissenschaftler mit seiner Frau in die USA. Er wurde zunächst Gastprofessor in Harvard und erhielt schließlich eine Professur für Politikwissenschaft an der UCLA in Berkeley, wo er bis 1952 unterrichtete.

Nach dem Ende des Zweiten Weltkrieges wurde Kelsen zum korrespondierenden Mitglied der Österreichischen Akademie der Wissenschaften gewählt und zum Honorarprofessor der Universität Wien ernannt. Kelsen besuchte Österreich ab 1953 regelmäßig, auch 1965, als die Universität Wien ihr 600-Jahr-Jubiläum feierte. Kelsen hätte die Einladung der Universität mit Hinweis auf den Hochschullehrer Taras Borodajkewycz, der ihn in Vorlesungen antisemitisch verunglimpft hatte, aber beinahe abgelehnt. Er kam dann doch – auf Einladung der Bundesregierung – zu einem Besuch nach Wien.

Mit Margaret Bondi blieb Hans Kelsen 60 Jahre zusammen. Der bedeutende Rechtswissenschaftler starb 1973 nur wenige Monate nach dem Tod seiner Frau in Kalifornien, seine Asche wurde im Pazifik verstreut.

057

EUGENIE SCHWARZWALD UND DIE REFORMPÄDAGOGIK

Eine wichtige österreichische Protagonistin für die Bildung von Frauen war die Pädagogin und Sozialreformerin Eugenie Schwarzwald (1872–1940). Als Tochter von Leo und Ester Nussbaum in Galizien geboren, besuchte sie eine Lehrerbildungsanstalt, studierte im Anschluss daran Germanistik, Anglistik, Philosophie und Pädagogik in Zürich und schloss ihr Studium mit der Promotion zum Doktor der Philosophie ab. Die Universität Zürich war zu dieser Zeit die einzige Hochschule im deutschsprachigen Raum, die Frauen zu einem regulären Studium zuließ. Im Dezember 1900 heiratete sie den Wiener Juristen Dr. Hermann Schwarzwald und übernahm ein Jahr später in Wien ein Mädchenlyzeum am Franziskanerplatz. Eugenie Schwarzwald war für diese höhere Mädchenschule von Eleonore Jeiteles ausgewählt worden, die diese Schule 1873 gegründet hatte.

Es war das erklärte Ziel Schwarzwalds, Mädchen eine genauso umfassende Bildung zukommen zu lassen, wie es für Burschen üblich war: Freie Entfaltung des Kindes, Förderung der Fantasie und Kreativität und gewaltfreie Erziehung – die Grundsätze, die umgesetzt werden sollten, erinnern nicht zufällig an jene von Maria Montessori. Mit ihr stand sie in engem Kontakt.

Die Schule von Eugenie Schwarzwald, die bald in die Wallnerstraße übersiedelte, war die erste Lehranstalt, an der Mädchen maturieren konnten. Es gelang Schwarzwald, zahlreiche Künstler, Literaten und Wissenschaftler als Lehrer zu engagieren. So unterrichteten an ihrer Schule unter anderen Hans Kelsen, Arnold Schönberg, Oskar Kokoschka und Adolf Loos, der auch die Wohnung der Schwarzwalds in der Josefstädter Straße gestaltet hatte. Diese wurde zu einem wichtigen Treffpunkt für Künstler und Intellektuelle wie Alma Mahler-Werfel, Berta Zuckerkandl, Egon Friedell und Robert Musil. Im Ersten Weltkrieg setzte sich Schwarzwald engagiert in der Sozialhilfe ein und organisierte Gemeinschaftsküchen, Alters- und Erholungsheime. Ihre Vision des Unterrichts diente Otto Glöckel als Vorbild für seine groß angelegte Schulreform im Roten Wien. Dennoch blieb ihr die formale Leitung der Schule verwehrt. Zu Beginn ihrer Tätigkeit erhielt sie nur eine Genehmigung für drei Jahre zur provisorischen Leitung der Schule, danach musste sie einen Lehrer pro forma zum Schuldirektor ernennen. Ihr akademischer Grad wurde in Österreich nicht anerkannt. Nichtsdestotrotz wurde sie allerorts als »Frau Doktor« angesprochen.

Schwarzwalds Sommerdomizil, die Villa Seeblick am Grundlsee, wurde ebenfalls zu

Eugenie Schwarzwald, 1920er-Jahre →

einem Treffpunkt für Künstler, Schriftsteller, Schauspieler und Musiker. Bei der »Frau Doktor« verkehrten Carl Zuckmayer, Jakob Wassermann, Rudolf Serkin und die Schauspielerin Helene Weigel. Wie in ihrem Salon in Wien, kamen auch hier Menschen unterschiedlichster politischer Gesinnung zusammen, wobei sie selbst der Sozialdemokratie nahestand und immer wieder Hilfe leistete. Während der Tage des »Anschlusses« 1938 befand sie sich in Dänemark und kehrte nicht mehr nach Österreich zurück. Ihr Mann konnte im September nach Zürich flüchten. Das Eigentum der Schwarzwalds wurde »arisiert«, die Schule geschlossen.

Die meisten ihrer Schülerinnen mussten flüchten, einige wurden in der Shoah ermordet. Die Psychoanalytikerin und Tochter Sigmund Freuds, Anna Freud, flüchtete nach London, die Schriftstellerin Vicky Baum emigrierte in die USA, die Psychoanalytikerin Elsa Pappenheim flüchtete zunächst nach Palästina, dann in die USA, die Schauspielerin und Ehefrau von Bertolt Brecht, Helene Weigel, ging in die USA, die Schriftstellerin und Journalistin Hilde Spiel emigrierte nach London. Die meisten ihrer Schülerinnen bezeichneten die Zeit in der Schwarzwald-Schule als die glücklichste ihres Lebens.

All diesen Frauen ist gemeinsam, dass sie ihre Stärke und Schaffenskraft durch die Prägung von Eugenie Schwarzwald erhielten. Seit 2011 gibt es in Wien Donaustadt den Eugenie-Schwarzwald-Weg.

058

DIE EMANZIPATION DER FRAUEN

Der Beginn der Frauenbewegung ging – auch in Österreich – mehrheitlich von Frauen aus wohlhabendem, bürgerlich-jüdischem Elternhaus aus. Wesentlich war vor allem der Einsatz für soziale Gerechtigkeit, der schon in der Tora festgeschrieben ist. Zedaka, Wohltätigkeit, ist eine Mizwa, also für jede Jüdin und jeden Juden eine Pflicht.
Bereits 1816 gründeten Judith Ofenheimer und Judith Lewinger den Israelitischen Frauenwohltätigkeitsverein. 1847 erfolgte die Gründung des Theresien-Kreuzer-Vereins zur Unterstützung armer israelitischer Schulkinder durch Therese Meyer. 1867 wurde der Mädchen-Unterstützungs-Verein gegründet – eine Schule, an der Regine Ulmann als Direktorin wirkte. Die Französisch-Lehrerin Ulmann gehörte zu den frühen Vertreterinnen der Frauenbewegung und war in zahlreichen Frauenvereinen aktiv. 1874 entwickelten Julie Schlesinger, Cäcilie Adler und Josef von Kühn die erste koschere Volksküche.

Das Engagement in Wohltätigkeitsvereinen eröffnete Frauen ein Vordringen in die öffentliche Sphäre. Über diese Vereine kamen sie mit den Frauenbewegungen in Berührung. Später bot die Sozialdemokratie Frauen ein Sprungbrett. Helene Bauer (geborene Gumplowicz, 1871–1942) promovierte 1906 an der Universität Zürich, da in Wien noch kein juristisches Doktorat für Frauen möglich war. Zurück in Wien, wurde sie Teil der radikalen Linken um Friedrich Adler und lernte Otto Bauer kennen, den sie später heiratete. 1926 bis 1934 unterrichtete sie Statistik an der Arbeiterhochschule Döbling und wurde Mitglied des Wiener Stadtschulrates, wo sie sich an der Wiener Schulreform beteiligte. 1939 folgte sie ihrer Tochter nach Schweden, dort freundete sie sich mit Bruno Kreisky an. 1941 reiste sie mit der Transsibirischen Eisenbahn über Wladiwostok in die USA und starb ein Jahr später.

Käthe Leichter. Briefmarke, 1995 ←

Käthe Leichter,
Anfang der 1930er-Jahre
→

Die Sozialwissenschaftlerin und Gewerkschafterin Käthe Leichter (geborene Pick, 1895–1942) war Gründerin und Leiterin des Frauenreferats der Wiener Arbeiterkammer. Nachdem ihr ein Studium an der Universität Wien untersagt worden war, reichte sie Klage beim Reichsgericht ein und setzte so ihr Studium der Staatswissenschaften durch. Allerdings war ein Abschluss nicht möglich, sie übersiedelte daher nach Heidelberg und promovierte dort mit Auszeichnung beim Soziologen Max Weber. Käthe Leichter war aktive Pazifistin und veröffentlichte 1917 einen Appell gegen den Krieg. In Wien arbeitete sie ab 1919 bei Otto Bauer als wissenschaftliche Mitarbeiterin in der Staatskommission für Sozialisierung. Sie startete eine Datenbank über private und berufliche Lebensumstände von Arbeiterinnen. Daraus resultierte ihr Film *Frauenleben – Frauenlos* (1931). Käthe Leichter führte zahlreiche Studien durch, unter anderem über das Leben der Industriearbeiterinnen. 1934 flüchtete sie mit ihrem Ehemann Otto Leichter in die Schweiz. Die beiden kehrten aber bald wieder zurück und wurden im Untergrund für die Partei aktiv. Das Haus der Leichters entwickelte sich zum Treffpunkt der Funktionäre der Arbeiterbewegung. 1938 gelang Otto Leichter und den Söhnen Heinz und Franz die Flucht. Käthe Leichter wurde trotz internationaler Proteste ins Konzentrationslager Ravensbrück deportiert und 1942 ermordet. Ihre Söhne wurden in den USA erfolgreich, Franz Leichter war lange Jahre als Senator in New York tätig.

Die Ärztin Marie Frischauf (geborene Pappenheim, 1882–1966) wirkte bei Sozialprojekten mit und gründete mit Wilhelm Reich die Sozialistische Gesellschaft für Sexualberatung und Sexualforschung. Sie war Koautorin des Buchs *Ist Abtreibung schädlich?* (1930). Ihre Gedichte erschienen in Karl Kraus' *Die Fackel,* woraufhin Arnold Schönberg sie um ein Libretto bat. 1934 flüchtete sie nach Paris, 1940 wurde sie im Lager Gurs inhaftiert. Schließlich gelang ihr die Flucht nach Mexiko. Die aktive Kommunistin kehrte 1947 nach Wien zurück und war als Schriftstellerin und Ärztin tätig.

059

Pavel und Maria Brandeis.
Doppelporträt von Friedl Dicker-Brandeis, 1936
→

KÜNSTLERINNEN

Wie überhaupt aus dem akademischen Leben waren Frauen lange auch von einer Kunstausbildung ausgeschlossen. Ein Besuch der Kunstakademien war erst ab 1920 möglich, daher absolvierten viele Mädchen die eigens für Frauen errichteten Kunstschulen. Besonders in jüdischen Familien wurden Mädchen in ihrer Hinwendung zur Kunst gefördert, manchmal auch durch eine Ausbildung bei einem Künstler und durch die spätere Einrichtung eines eigenen Ateliers. Als eigenständige Künstlerinnen wurden Frauen erst spät wahrgenommen. Und diese Anerkennung währte nur kurz, denn die Lebenswege jüdischer Künstlerinnen sind durch die Shoah gebrochen. Flucht und Vertreibung beendeten die Karrieren dieser Frauen jäh. Jene, die flüchten konnten, mussten alles hinter sich lassen und rangen im Exil um ihre Existenz, ganz zu schweigen von einem Neuanfang in der Kunstwelt. Vielen der Künstlerinnen gelang die Flucht allerdings nicht. Sie wurden deportiert und ermordet, wodurch die Erinnerungen an so manche von ihnen verloren gingen.

Eine der bedeutendsten Malerinnen des 19. Jahrhunderts war Tina Blau (1845–1916). Die frühere Schülerin von Emil Jakob Schindler hatte 1890 eine Ausstellung im Münchner Kunstverein, bei der 60 ihrer Werke gezeigt wurden. 1897 wurde sie Mitbegründerin der Kunstschule für Frauen und Mädchen in Wien, hier unterrichtete sie Landschaftsmalerei und Stillleben.

Broncia Koller-Pinell (1863–1934) war eine der wichtigsten Künstlerinnen der Jahrhundertwende. Sie studierte an der Damenakademie des Münchner Künstlerinnenvereins und stellte im Wiener Künstlerhaus, in München und Leipzig aus. In Wien wurde sie in den Kreis um Gustav Klimt und der Secessionisten aufgenommen.

Die Moderne in Wien und die damit verbundene Aufbruchsstimmung sorgten dafür, dass engagierte Frauen sich für die Durchsetzung ihrer Rechte einsetzten und ihren Platz in der Öffentlichkeit eroberten. Frauen begannen um die Jahrhundertwende in vielen Disziplinen präsent zu werden. Vor allem in der Fotografie, und dort besonders viele jüdische Frauen. Sie wurden zu fotografischen Chronistinnen des Kultur- und Geisteslebens dieser Stadt.

Dora Kallmus, bekannt als Madame d'Ora (1881–1963), war eine der ersten Wiener Fotografinnen des 20. Jahrhunderts. Bereits 1907 eröffnete sie in der Wipplingerstraße ein eigenes Atelier. Berühmt wurde Madame d'Ora durch ihre Porträtaufnahmen. 1927 übersiedelte sie nach Paris, wo sie ein eigenes Atelier unterhielt. Sie war auch Modefotografin für die Wiener Werkstätte oder das Kaufhaus Zwieback.

Nach dem Einmarsch der Nationalsozialisten in Frankreich lebte sie in einem Versteck. 1946 erfolgte ihre Rückkehr nach Österreich. Bekannt wurde auch ihr Spätwerk, Bilder aus dem Schlachthof. Madame d'Ora wurde künstlerisches Vorbild für viele junge Frauen, wie etwa Trude Fleischmann oder Pepa Feldscharek.

Trude Fleischmann (1895–1990) erhielt nach dem Abschluss an der Graphischen Lehr- und Versuchsanstalt ihre Ausbildung im Atelier d'Ora. 1920 eröffnete sie ein eigenes Atelier und wurde unter anderem eine der besten Aktfotografinnen. 1938 flüchtete sie nach New York. In ihrem Fotostudio in Manhattan standen Albert Einstein, Oskar Kokoschka und Arturo Toscanini vor ihrer Kamera.

Die Fotografin Pepa Feldscharek (1899–1962) war auf Schauspieler-Porträts sowie Tanz- und Modeaufnahmen spezialisiert und konnte nach New York flüchten.

Friedl Dicker-Brandeis (1898–1944), eine österreichische Malerin, Kunsthandwerkerin und Innenarchitektin, die an der privaten Kunstschule von Johannes Itten in Wien und später in Weimar studiert hatte, gründete 1923 mit Franz Singer die Werkstätten Bildender Kunst in Berlin und arbeitete ab 1926 in Wien mit ihm weiter. 1931 eröffnete Dicker-Brandeis ein eigenes Atelier. Als Mitglied der Kommunistischen Partei wurde sie 1934 verhaftet und emigrierte nach ihrer Freilassung 1936 nach Prag, wo sie ihren Cousin heiratete, dadurch tschechische Staatsbürgerin wurde und ihre künstlerischen und innenarchitektonischen Arbeiten fortsetzte. 1942 wurde das Ehepaar nach Theresienstadt deportiert, wo Friedl Dicker-Brandeis Zeichenkurse für Kinder organisierte, bis sie 1944 nach Auschwitz überstellt und dort ermordet wurde.

060

HEDY LAMARR. EINFACH KOMPLIZIERT

Leinwandgöttin, Filmikone, schönste Frau der Welt. Das waren nur einige der vielen Begriffe, die der Schauspielerin und Erfinderin Hedy Lamarr (1914–2000) gegeben wurden. Sie selbst hat über sich gesagt: »Ich bin eine einfache, komplizierte Person.« Geboren wurde sie als Hedwig Eva Maria Kiesler in Wien. Ihr Vater war Bankdirektor, die Mutter Pianistin. Das Leben der behüteten Tochter einer jüdischen Wiener Familie entwickelte sich wie ein Film – ohne Happy End. Mit 15 Jahren brach Hedy Kiesler die Schule ab und aus der bürgerlichen Existenz aus. Sie nahm Schauspielunterricht und sorgte mit knapp 18 Jahren mit einem Auftritt als erste nackte Frau in einem Film (*Ekstase,* 1933) für weltweites Aufsehen. Mit 19 Jahren heiratete sie in der Karlskirche den Rüstungsmogul Fritz Mandl, einen der reichsten Männer Österreichs, der keine Berührungsängste mit den Nazis hatte. Vorher musste sie sich katholisch taufen lassen, dafür wurde sie mit einem luxuriösen Leben belohnt. Der trügerische Schein währte nicht lange. Mandls herrisches Wesen sorgte dafür, dass Hedy die Flucht ergriff und in die USA auswanderte. Auf der Überfahrt traf sie Hollywood-Studioboss Louis B. Mayer. Er war es, der Hedy Mandl-Kiesler in Lamarr umbenannte. Die Filmkarriere entwickelte sich Schlag auf Schlag. Sie galt als schönste Frau der Welt und wechselte die Ehemänner (und Liebhaber) wie die Türklinken. Sechs waren es insgesamt, übrig blieben drei Kinder. Sie trennte sich von ihrem Filmstudio, das sie auf ihre makellose Schönheit reduziert hatte, und versuchte sich mit mäßigem Erfolg als Produzentin.

Lamarr verschrieb sich dem Kampf gegen die Nazis und half, Kriegsanleihen im Wert von 25 Millionen US-Dollar zu verkaufen. Es gelang ihr, ihre Mutter vor den Nationalsozialisten zu retten. Neben all dem betätigte sie sich durchgehend als Erfinderin, zumindest auf dem Papier und mit einem unglaublichen Fantasiereichtum an Ideen. Als sie erfuhr, dass die Nazis ein Schiff mit besonders vielen Kindern an Bord torpediert hatten, entwickelte sie gemeinsam mit dem Komponisten George Antheil 1942 eine Funkfernsteuerung für Torpedos, die durch wechselnde Frequenzen schwer anzupeilen war. Die Erfindung wurde patentiert, aufgrund ihrer Komplexität aber nicht eingesetzt, dafür aber weiterentwickelt. Mit ihrer Erfindung war Hedy Lamarr ihrer Zeit um Jahrzehnte voraus, denn aus dieser Technologie haben sich Bluetooth und die Mobilfunktechnologie entwickelt. Das Patent lief aus, Lamarr erhielt für diese bahnbrechende Erfindung keinerlei finanzielle Abgeltung.

Sie kehrte Hollywood den Rücken und zog nach New York, später nach Miami und Or-

Pressefoto von Hedy Lamarr, entstanden 1943 anlässlich des MGM-Films *The Heavenly Body* (1944)
→

lando. Ab den 1960er-Jahren lebte sie in bescheidenerem Umfeld und zog sich mehr und mehr zurück. Ihre Heimatstadt Wien blieb immer Sehnsuchtsort, auch wenn sie nur ein Mal zurückkehrte.

Zwei Mal wurde sie wegen Ladendiebstahls verhaftet. Der ununterbrochene Medikamentenkonsum sowie der natürliche menschliche Alterungsprozess brachten sie zusehends aus dem Gleichgewicht. Eine Schönheitsoperation folgte auf die andere. Auch hier trieb sie die Ärzte an, völlig neue Operationstechniken anzuwenden. Mit der Vielzahl an Schönheits-OPs wurde ihr Gesicht allerdings mehr und mehr zu einem Zerrbild der einst schönsten Frau der Welt. Statt aus dem Haus zu gehen, blieb Hedy Lamarr nur noch das Telefon als Kontakt zur Außenwelt. Sie starb im Jahr 2000 und verfügte, dass ihre Asche im Wienerwald verstreut werden sollte. Ihre Kinder Denise und Anthony erfüllten diesen Auftrag und erkämpften auch ein Ehrengrab auf dem Wiener Zentralfriedhof, wo der Rest ihrer Asche beerdigt wurde.

061

DER WIENER PRATER

Die Wasserrutschbahn im Themenpark Venedig in Wien, um 1895
↓

1766 beschloss der mit seiner Mutter, Maria Theresia, regierende Kaiser Joseph II., die große Grünlandschaft des Praters für die Öffentlichkeit zugänglich zu machen, was heftigen Protest der Aristokratie zur Folge hatte, die dort weiterhin ungestört jagen oder spazieren wollte. Von den Wienerinnen und Wienern wurde die Öffnung der vormals ausgewählten Aristokraten vorbehaltenen Aulandschaft sofort und dankbar angenommen. Sie strömten besonders an Sonn- und Feiertagen in das Erholungsgebiet, auch wenn es am Sonntag erst ab zehn Uhr betreten werden durfte, damit der Kirche für den Gottesdienst keine Konkurrenz erwachse. Drei Böllerschüsse am Abend waren das Zeichen zum Verlassen des Praters. Rasch entwickelte sich das Gebiet durch die Ansiedlung von Kaffeesiedern, Wirten und Artisten zu einem Vergnügungszentrum und einem wesentlichen Anziehungspunkt. Bald breiteten sich die ersten volkstümlichen Bühnen und Stände aus, die jedoch für die Weltausstellung 1873 demontiert wurden.

1895 eröffnete einer der ersten Themenparks der Welt auf dem Gelände des Wiener Praters: Venedig in Wien. Die Initiatoren waren der Direktor des Carltheaters und Unternehmer Gabor Steiner (1858–1944), der Architekt Oskar Marmorek sowie der Schriftsteller und Journalist Ignaz Schnitzer (1839–1921). Sie bauten auf 50 000 Quadratmetern die Lagunenstadt nach, mit einem einen Kilometer langen und fünf Meter breiten Kanal inklusive original venezianischen Gondeln, historischen Palazzi, Pavillons, Restaurants, Cafés, einem plastischen Panorama und Marionettentheater. 1898 entwarf Oskar Marmorek, basierend auf einer Idee von Ignaz Schnitzer, zum 50. Regierungsjubiläum von Kaiser Franz Joseph I. einen Rundbau für ein Rundgemälde mit dem Titel *Kaiser Franz Joseph und seine Zeit*.

Anfangs sorgte der Themenpark für einen Besucheransturm, unter dem Motto: Wir gehen heute Abend nach Venedig. 1897 war die neue Attraktion das Riesenrad, das Wahrzeichen nicht nur des Praters, sondern auch der Stadt Wien. Es war auf einem Grundstück, das Gabor Steiner gehörte, errichtet worden. Nach einigen Jahren schwand die Begeisterung für den Themenpark allerdings. Ab 1914 wurden die Gebäude und Installationen von Venedig in Wien demoliert. 1916 sollte das Riesenrad abgerissen werden. Knappheit an Ressourcen verhinderte diesen Plan, und so wurde das Riesenrad nach dem Ersten Weltkrieg vom Geschäftsmann Eduard Steiner ersteigert. Nach dem »Anschluss« 1938 wurden sowohl Gabor als auch Eduard Steiner enteignet. Sie waren nicht miteinander verwandt. Gabor Steiner konnte zu seinem Sohn Max nach Los Angeles flüchten. Max Steiner war bereits zu diesem Zeitpunkt einer der wichtigsten Filmmusik-Komponisten Hollywoods (er schrieb unter anderem die Musik zu *Vom Winde verweht* und *Casablanca*). Im Laufe seiner Karriere wurde er mit drei Oscars ausgezeichnet. Sein Vater Gabor starb 1944 in Beverly Hills. Eduard Steiner, der Besitzer des Riesenrads, wurde 1944 in Auschwitz getötet. Das Riesenrad wurde nach einem langen Rechtsstreit 1953 an seine Erben restituiert. Sie verkauften es schließlich an den Anwalt, der ihnen zur Rückgabe verholfen hatte.

062

ZWISCHEN DONAUKANAL UND DONAU: DIE MAZZESINSEL

Ab Mitte des 19. Jahrhunderts strömten Jüdinnen und Juden in die Metropole Wien. Viele von ihnen siedelten sich in der Umgebung des Nordwestbahnhofs in der Leopoldstadt an. Jüdisch geprägt war diese Gegend bereits viel früher. Um 1625 mussten sich die Wiener Juden in dem sumpfigen Gebiet nahe dem Prater ansiedeln. 1670 vertrieb Kaiser Leopold I. sie aus Wien. Die Synagoge in der Großen Pfarrgasse wurde in eine Kirche umgewandelt und die Insel zwischen Donau und Donaukanal fortan Leopoldstadt genannt.

Durch den starken Zuzug in die boomende Residenzstadt in der zweiten Hälfte des 19. Jahrhunderts entwickelte sich eine enorme Bautätigkeit. Entlang der Praterstraße, die in die Innenstadt führt, entstanden imposante Prachtbauten wie der Nestroyhof oder der Dogenhof. Die Leopoldstadt wurde zum Bezirk mit dem höchsten jüdischen Bevölkerungsanteil.

Wie in anderen Städten prägte die Migration auch die Wiener Vergnügungsorte. Der Leopoldstädter Tempel, der Nordbahnhof und die Theater waren jene Eckpfeiler, die die Hochblüte dieses Viertels herbeiführten. Es entwickelte sich rasch zu einem Zentrum der Unterhaltung. Theater, Varietés, Cafés und Gasthäuser reihten sich aneinander und erlebten eine Hochblüte.

Schon früh wurde das Carltheater eröffnet, als dessen künstlerischer Leiter Gabor Steiner fungierte. Das 1929 geschlossene Gebäude (errichtet von August Sicard von Sicardsburg und Eduard van der Nüll, den Architekten der Wiener Staatsoper) existiert heute nicht mehr. Die Budapester Orpheumgesellschaft war ein legendäres Unterhaltungsensemble mit später eigenem Theater auf der Praterstraße, das unter seinen 400 Künstlerinnen und Künstlern auch Armin Berg und Hans Moser zu seinem Ensemble zählen durfte. Wien war aber nicht nur eine Theaterstadt, sondern ebenso eine Zirkusstadt mit dem Prater als ihrem Zentrum. Diese Tatsache ist völlig in Vergessenheit geraten. Auch die Tanzszene war vor 1938 genauso wie das Kino in den Straßen zwischen Prater und Stadt beheimatet.

Das Theater Nestroyhof (heute Hamakom) wurde von Oskar Marmorek erbaut und diente als Zentrum für jüdische Kultur, in dem in- und ausländische, auch jiddische, Theatergruppen auftraten. 1938 wurde der Nestroyhof »arisiert« und an die Familie Polsterer übergeben. Die ursprünglichen Besitzer verzichteten nach dem Zweiten Weltkrieg auf eine Rückstellung und erhielten einen »Kostenbeitrag« von 3500 Schilling. Das Theater wurde zu einer Tischlerei und später in einen Supermarkt umfunktioniert. Heute beherbergt

Karmelitermarkt, 2012 →

das Gebäude mit dem Hamakom wieder ein Theater.

Im Gefolge des Ersten Weltkrieges kam es zu einem weiteren Anstieg der jüdischen Bevölkerung, darunter auch jene Jüdinnen und Juden, die vor den Pogromen im Osten geflohen waren. Auch sie siedelten sich im Bereich zwischen Donaukanal und Donau an. So entstand der Begriff Mazzesinsel, nach dem ungesäuerten Brot, das zu Pessach in Erinnerung an die Vertreibung aus Ägypten gegessen wird.

Mit der Vertreibung und Ermordung der Wiener Jüdinnen und Juden zwischen 1938 und 1945 wurden alle Spuren jüdischen Lebens in der Leopoldstadt ausgelöscht, die Synagogen dem Erdboden gleichgemacht. Über Jahrzehnte erinnerte fast nichts an diesen jüdischen Wohnbezirk, bis sich in den 1980er-Jahren wieder jüdische Familien, viele aus der ehemaligen Sowjetunion, aber auch der Orthodoxie, hier ansiedelten. Dadurch keimt wieder eine jüdische Infrastruktur auf: Synagogen, Talmud- und Tora-Schulen, koschere Geschäfte und Restaurants gehören seither zum Stadtbild. An das frühere Vergnügungsviertel erinnert bis auf das Theater Odeon in der Taborstraße und das Hamakom in der Praterstraße allerdings kaum noch etwas.

063

HUMOR

Vorstellung einer Simpl-Revue in den 1930er-Jahren
mit Gerti Kalmar, Edritha Ragetté, Fritz Grünbaum, Ina von Elben,
Karl Farkas, Gretl Schörg und Harry Stollberg
↓

Fritz Grünbaum, 1933 →

In der jüdischen Tradition sind Humor und Lachen fest verankert. Allerdings wird ein Witz nicht allein um des Witzes wegen verwendet, er bietet Anlass zum Nachdenken und endet meist in Weisheit. Auch in größter Bedrängnis Stolz und Selbstsicherheit zu bewahren, wurde zum Prinzip. Oder frei nach dem Komponisten und Textdichter Friedrich Hollaender, der in seinem satirischen Chanson *An allem sind die Juden schuld* aus dem Jahr 1931 das antisemitische Feindbild ad absurdum führte: »An allem sind die Juden schuld, ob es regnet, ob es hagelt, ob es blitzt oder schneit, der Schnee weiß ist, oder das Feuer heiß, […] an allem sind die Juden schuld.«

Wien kann auf ein besonders breites Spektrum der Unterhaltungskultur zurückblicken, von der wir heute (in Europa) nur noch einen geringen Abglanz erleben können. Aus der religiös geprägten Welt des osteuropäischen Schtetls kam der jüdische Humor nach Wien und Berlin, wo er zu seiner vollen Blüte gelangte. Selbst in den Konzentrationslagern gab es Kabarettbühnen. Das Lachen wurde zum psychologischen Korrektiv, durch das vielleicht emotionaler Abstand zum Grauen der Shoah entstehen konnte.

Im Exil fanden einige der Größen des jüdischen Humors neue Betätigung, andere verloren jedoch fern ihrer Heimat ihre schöpferische Kraft. In den USA und Israel entstand eine spezielle Gattung des jüdischen Humors, die das jüdische Lebensgefühl neu interpretierte. Woody Allen und Ephraim Kishon, dessen großartige Übersetzungen seiner Werke Friedrich Torberg (1908–1979) nach seiner Rückkehr aus der Emigration lieferte, seien hier als pars pro toto genannt. Bis 1938 haben Künstler wie Fritz Grünbaum (1880–1941), Armin Berg (1883–1956) oder Hermann Leopoldi (1888–1959) den jüdischen Humor den Wienerinnen und Wienern nähergebracht. Fritz Grünbaum, der populäre Kabarettist, Operetten- und Schlagerautor, der auch viele Revuen entwickelte, wurde im Mai 1938 in das Konzentrationslager Dachau deportiert, wo er im Jänner 1941 an Tuberkulose starb. Bis zum Schluss vergaß er seinen Humor nicht. Als ihm ein KZ-Aufseher ein Stück Seife verweigerte, antwortete Grünbaum: »Wer für Seife kein Geld hat, soll sich kein KZ halten.« Fritz Grünbaum war auch ein bedeutender Kunstsammler. Seine Wohnung im Haus des Kaba-

Die verflixte Liebe. Allerhand Anekdotisches.
Texte von Oskar Blumenthal, Roberto Bracco, Felix Dörmann, Fritz Grünbaum, Ludwig Hirschfeld, Hans Müller, Illustration von Karl Alex Wilke. Broschüre aus dem Jahr 1918
←

rett Simpl wurde »arisiert«, seine Kunstsammlung auf ungeklärte Weise verkauft. Die Restitution zieht sich bis in unsere Tage.

Der Kabarettist Armin Berg war jahrelang im Ensemble des Budapester Orpheums in Wien tätig, wirkte in Filmen wie *Die Stadt ohne Juden* mit (eine Verfilmung des gleichnamigen Romans von Hugo Bettauer), komponierte viele bekannte Couplets wie *Der Überzieher* oder *Was braucht denn der Wiener um glücklich zu sein* und flüchtete 1938 in die USA, wo er im Kabarett der Komiker auftrat. Armin Berg kehrte 1949 nach Wien zurück, wurde aber nirgendwo engagiert und pendelte von da an zwischen Wien und New York. Beerdigt wurde er am Zentralfriedhof in Wien.

Hermann Leopoldi (1888–1959) war einer der populärsten Kabarettisten und Komponisten. 1938 wurde er nach Dachau und danach nach Buchenwald deportiert. Seine Frau Helly Möslein erkämpfte seine Freilassung und ermöglichte eine Ausreise in die USA. 1947 kehrten sie nach Österreich zurück und bauten die Kabarettszene neu auf, wie auch Karl Farkas (1893–1971), der nach New York flüchten konnte und ab 1950 das Kabarett Simpl wiederaufleben ließ, das nicht zuletzt durch die Aufzeichnungen im österreichischen Fernsehen große Erfolge feierte. Eine Zeit lang gestaltete er das Programm mit Hugo Wiener, das Simpl führte er bis zu seinem Tod.

Der Chansonnier, Komponist und Dichter Georg Kreisler (1922–2011) begeisterte mit seinem schwarzen Humor. Gerhard Bronner (1922–2007), Autor, Musiker und Kabarettist, konnte nach Palästina flüchten. 1955 übernahm er in Wien die Marietta Bar (das spätere Kabarett Fledermaus), dann das Theater am Kärntnertor. Bronner erarbeitete zahlreiche Radio- und Fernsehsendungen. Sein Sohn Oscar ist Gründer des Nachrichtenmagazins *Profil* und der Tageszeitung *Der Standard*.

064

HOLLYWOOD IN ÖSTERREICH – ÖSTERREICH IN HOLLYWOOD

Freiwillige und unfreiwillige Migranten prägten die Filmgeschichte, die Gründung und Entwicklung von Hollywood und des Kinos per se. So waren die Gründer der großen Filmstudios durchwegs jüdische Einwanderer aus Europa, besonders aus Osteuropa. Auch die Filmproduktion in Österreich war geprägt von jüdischen Protagonisten, ebenso wie die Szene in Deutschland, die entscheidend von Regisseuren aus Österreich wie Max Reinhardt, Josef von Sternberg (er wurde vor allem durch seine Filme mit Marlene Dietrich bekannt), Fritz Kortner, Fritz Lang oder Peter Lorre beeinflusst wurde.

Nach der Machtübernahme der Nationalsozialisten in Deutschland 1933 und dem »Anschluss« Österreichs 1938 wurden die jüdischen Filmemacher, Regisseure, Schauspieler und Komponisten aus ihrer Heimat vertrieben. Der Drehbuchautor, Filmregisseur und Produzent Billy Wilder (1906–2002) emigrierte in die USA. Er ging mit unzähligen Komödien wie *Mache mögen's heiß,* aber auch Dramen wie *Zeugin der Anklage* in die Filmgeschichte ein und erhielt sechs Oscars. Der Regisseur und Produzent Otto Preminger (1905–1986) war für sein Engagement in der Auswahl der Themen und Schauspieler bekannt. Er drehte unter anderem *Carmen Jones,* den ersten Film mit ausschließlich afroamerikanischen Schauspielern, sowie *Exodus,* der von der schwierigen Migration von Jüdinnen und Juden nach dem Holocaust nach Palästina und der Staatsgründung Israels handelt. Fred Zinnemann (1907–1997) wurde durch seinen Westernklassiker *Zwölf Uhr mittags* berühmt. Er erhielt fünf Oscars und ermöglichte vielen späteren Stars wie Marlon Brando, Grace Kelly und Meryl Streep erste Auftritte. Eric Pleskow (1924–2019), Filmproduzent und langjähriger Präsident der Viennale, wurde mit 14 Oscars ausgezeichnet. Drei Jahre in Folge erhielt er den Oscar der Kategorie »bester Film«: 1975 für *Einer flog über das Kuckucksnest,* 1976 für *Rocky* und 1977 für *Der Stadtneurotiker.* Zu seinen großen Erfolgen zählen auch *Amadeus, Das Schweigen der Lämmer* sowie *Terminator.*

Der Komponist und Dirigent Erich Wolfgang Korngold (1897–1957) galt neben Richard Strauss als meistgespielter Opernkomponist in Österreich und Deutschland. Auf Einladung Max Reinhardts komponierte er in Hollywood für dessen Film *Ein Sommernachtstraum* (1935) die Filmmusik. Korngold wurde später Filmkomponist von Warner Brothers und schuf unter anderem die Filmmusik zu *Robin Hood* sowie *Ein rastloses Leben,* für die er jeweils mit einem Oscar ausgezeichnet wurde. Mithilfe von Warner Brothers konnte er seine El-

↑
Eric Pleskow und Danielle Spera.
Stamford, Connecticut, 2016

tern und Verwandte vor den Nazis retten und in die USA bringen.

Für die aus Europa Vertriebenen bedeutete der Neubeginn in der Emigration sehr oft einen jähen Bruch ihrer Karriere, wie zum Beispiel für die prominente und beliebte Wiener Volksschauspielerin Gisela Werbezirk (1875–1956), die sich in Hollywood mit kleinen Filmauftritten zufriedengeben musste. In Wien war Werbezirk bei einer der ersten großen Filmproduktionen aufgetreten. Hier war es die Sascha Film (gegründet von Sascha Kolowrat und bald fusioniert mit Philipp & Pressburger), die mit ihren Monumentalproduktionen für Furore sorgte. Unter anderem führte für Sascha Film Michael Curtiz (damals noch Michael Kertesz, 1886–1962) Regie, der sich später in Hollywood mit *Casablanca* (1942) in die Filmgeschichte einschrieb. Nach der Einführung des Tonfilms geriet die Sascha Film in eine Krise, die durch die Übernahme durch den Juristen Oskar Pilzer (1882–1939) abgewendet werden konnte. Er führte die Filmindustrie in Österreich zu neuer Blüte und modernisierte die Filmstudios in Wien. Von den Nazis zum Verkauf der Studios gezwungen und unter Hinterlassung seines Vermögens, konnte die Familie Pilzer flüchten. Eine Restitution blieb aus. 2014 wurde in Hietzing ein Platz nach Oskar Pilzer benannt.

065

DIE TANTE JOLESCH

Die Tante Jolesch oder Der Untergang des Abendlandes in Anekdoten gehört zum Wiener und österreichisch-jüdischen Kulturerbe. Das 1975 veröffentlichte Buch des Schriftstellers Friedrich Torberg (1908–1979) illustriert auf melancholische und gleichzeitig humorvolle, kluge und sensible Weise das Leben in der Monarchie und danach. Torberg beschreibt es in Form einer Ansammlung kurzer, zugespitzter Geschichten und lässt darin viele seiner Bekannten und Freunde, Künstler, Schriftsteller, Journalisten oder Rechtsanwälte auftreten, aber auch alltägliche Figuren, Originale und die Tante Jolesch mit ihren legendären Aussprüchen und Kommentaren zum Lauf der Welt, wie »Alle Städte sind gleich, nur Venedig is e bissele anders« oder »Was ein Mann schöner is wie ein Aff, is ein Luxus«. Auch wenn man über die Zitate der Tante Jolesch herzlich lachen kann, bezeichnete Torberg sein Buch als ein Werk der Wehmut, das aus seinen persönlichen Erinnerungen zusammengesetzt ist. Es lässt eine Welt aufleben, die versunken, vertrieben und unwiederbringlich verloren ist: die Welt des jüdischen Bürgertums und der Kaffeehausliteratur.

Der Schriftsteller, Journalist und Drehbuchautor Torberg war mit den wichtigen Schriftstellern seiner Zeit befreundet: Egon Erwin Kisch, Alfred Polgar, Egon Friedell und Joseph Roth. Ihr Stammkaffeehaus war das Café Herrenhof, das wie einige andere Kaffeehäuser dieser Zeit auch in der *Tante Jolesch* vorkommt. Hier würdigte Torberg eine Institution, die es heute in dieser Form nicht mehr gibt. Dem Journalismus widmete er ebenfalls Raum. Er beschreibt die Redaktion des deutschsprachigen *Prager Tagblatts,* in dem Torberg selbst tätig war: Journalisten, die überall zu finden waren, nur nicht in der Redaktion.

In Wien geboren und aufgewachsen, studierte Torberg in Prag Philosophie und Rechtswissenschaft und begann beim *Prager Tagblatt* zu arbeiten. Er war von Jugend an ein großer Fußballfan. Da in der Fußballsektion der Hakoah aufgrund eines Überangebots keine Spieler mehr aufgenommen werden konnten, wurde Torberg erfolgreiches Mitglied der Hakoah-Wasserballsektion. Das Thema Sport kehrt in seinen Publikationen immer wieder. Neben der *Tante Jolesch* ist Torberg für seinen Roman *Der Schüler Gerber* bekannt, in dem er das Machtverhältnis eines Lehrers zu einem Schüler thematisiert, das mit dem Selbstmord des Schülers endet. Nach der Machtübernahme der Nationalsozialisten in Deutschland 1933 wurden Torbergs Bücher verboten.

Im März 1938 war Torberg in Prag und ging von dort nach Zürich, wo ein Jahr später sei-

Friedrich Torberg:
Die Tante Jolesch, 1975
←

ne Aufenthaltsgenehmigung nicht mehr verlängert wurde. Er ging nach Paris und gelangte nach einer Odyssee schließlich 1940 in die USA. Als Autor gegen den Nationalsozialismus wurde er in Hollywood von den Studios MGM und Warner Brothers angestellt. Da seine Tätigkeit als Drehbuchautor nicht von Erfolg gekrönt war, zog Torberg nach New York und arbeitete als Übersetzer, Theaterkritiker, Journalist und wurde amerikanischer Staatsbürger. 1951 erfolgte seine Rückkehr nach Wien, wo er für Zeitungen schrieb, sich gegen den Kommunismus engagierte und gemeinsam mit dem Schriftsteller Hans Weigel einen Aufführungs-Boykott der Werke von Bertolt Brecht erreichte, der bis 1963 andauerte. Die von ihm mitgegründete Zeitschrift *Forum* wurde vom US-Geheimdienst CIA mitfinanziert. Seine Übersetzungen der Bücher des israelischen Schriftstellers Ephraim Kishon (1924–2005) sorgten dafür, dass Kishon in Deutschland und Österreich populär wurde. 1979 starb Torberg in Wien und erhielt ein Ehrengrab, das seinem Wunsch entsprechend neben dem von Arthur Schnitzler errichtet wurde. Torbergs Mutter und seine ältere Schwester Sidonie waren 1941 in das Ghetto Litzmannstadt deportiert und dort ermordet worden.

066

KAFFEEHAUSLITERATUR

Eine Kombination aus Literatur und Kaffeehaus gab es in verschiedenen Städten. Das Café als Treffpunkt für Intellektuelle, Journalisten und Künstler existierte in Paris, Zürich, Berlin, Prag oder Budapest. Wien spielte hier eine besondere Rolle. Diese Entwicklung lässt sich bis in die Mitte des 19. Jahrhunderts zurückverfolgen, als die Zensurbestimmungen den Zeitungsvertrieb erschwerten oder beschnitten. Im Kaffeehaus konnte man aus einer Auswahl an Zeitungen wählen und diese gratis lesen. Zu konsumieren war höchstens eine Tasse Kaffee, damit man sich stundenlang in komfortabler Umgebung aufhalten konnte. Das Kaffeehaus war in diesem Sinn ein demokratischer Klub, wie Stefan Zweig (1881–1942) es in seinem autobiografischen Werk *Die Welt von Gestern* formulierte. Für die Schriftsteller war es Schreibwerkstätte, eine Möglichkeit zum Austausch mit Gleichgesinnten und für junge Literaten eine Chance, entdeckt, gefördert und in den Kreis der wichtigsten Schriftsteller aufgenommen zu werden.

Man traf sich im Café Griensteidl, später im Café Central, im Café Museum, das Adolf Loos gestaltet hatte, oder im Café Herrenhof. Peter Altenberg, Hermann Bahr, Egon Friedell, Hugo von Hofmannsthal, Karl Kraus, Anton Kuh, Robert Musil, Alfred Polgar, Joseph Roth, Felix Salten, Arthur Schnitzler, Friedrich Torberg, Franz Werfel oder Stefan Zweig waren Stammgäste, für die das Café zum Mittelpunkt der Welt wurde, die sie täglich in heftigen Diskussionen neu erfanden.

Peter Altenberg (eigentlich Richard Engländer, 1859–1919) war einer der wichtigsten Vertreter der Kaffeehausliteratur. Er ließ sich 1910 im Beisein seines Taufpaten und Unterstützers Adolf Loos in der Karlskirche taufen. Die meiste Zeit seines Lebens verbrachte er im Kaffeehaus, in den letzten Jahren seines Lebens wohnte er im Graben Hotel in der Dorotheergasse. In seinen kurz gefassten Texten beschrieb er das gesellschaftliche Leben. Peter Altenberg wurde in Wien zur stadtbekannten Person. So ist bis heute eine Peter-Altenberg-Figur im Café Central zu sehen. Erst spät wurde seine dunkle Seite thematisiert: die pädophilen Neigungen und seine Alkoholsucht. Der ständig um finanzielle Unterstützung kämpfende Altenberg überraschte nach seinem Tod: Er hatte der Kinderschutz- und Rettungsgesellschaft 100 000 Kronen hinterlassen.

Egon Friedell (1878–1938) war Journalist, Schriftsteller, Schauspieler, Kabarettist und Conférencier. Er schrieb Parodien, aber auch eine Biografie über Peter Altenberg, trat als Schauspieler auf und gründete 1910 das mäßig erfolgreiche Intime Theater in der Praterstraße. Der Befürworter des Ersten Weltkrie-

Das Café Central.
Außenansicht mit Personal,
um 1930
←

ges arbeitete als Journalist, später als Dramaturg bei Max Reinhardt in Berlin, dann am Theater in der Josefstadt. 1927 bis 1931 veröffentlichte er sein dreibändiges Lebenswerk *Kulturgeschichte der Neuzeit,* das später von den Nationalsozialisten verboten wurde. Am 16. März 1938 sprang Friedell aus dem Fenster, während SA-Männer bereits in seiner Wohnung waren.

Karl Kraus (1874–1936) war neben seiner schriftstellerischen und publizistischen Tätigkeit ein gefürchteter Sprach- und Kulturkritiker sowie Satiriker. Er gehörte zunächst zum Dichterkreis *Junges Wien,* überwarf sich aber bald mit seinen Kollegen mit Ausnahme von Peter Altenberg. Seine kritische Zeitschrift *Die Fackel* wurde zum Leitmedium der Moderne in Wien. Kraus wandte sich gegen den Ersten Weltkrieg, was in seinem Werk *Die letzten Tage der Menschheit* Ausdruck fand. Kraus, der sich taufen ließ (Taufpate war hier ebenfalls Adolf Loos), unterstützte die Aufbauarbeit des Roten Wien, wandte sich später aber gegen die Sozialdemokratie. Vom diktatorischen Dollfuß-Regime erhoffte er sich eine Abwendung vom Nationalsozialismus. Im Februar 1936 wurde er von einem Fahrradfahrer umgestoßen, erlitt dann einen Herzinfarkt im Café Central und starb im Juni 1936. Karl Kraus wurde drei Mal für den Literaturnobelpreis nominiert.

Eine enge Freundin von Kraus war die Schriftstellerin und Drehbuchautorin Gina Kaus (1893–1985). Ihr 1935 publizierter Roman *Katharina die Große* wurde in den USA zum Bestseller. Kurz nach dem »Anschluss« flüchtete sie über Frankreich in die USA. In Hollywood wurde ihr 1940 erschienener Roman *Der Teufel nebenan* 1956 mit Lilli Palmer und Curd Jürgens unter dem Titel *Teufel in Seide* verfilmt.

067

LITERATUR UND DIE NEUORDNUNG EUROPAS

Neben der Kaffeehausliteratur beschäftigten sich die Schriftsteller um die Jahrhundertwende mit den wesentlichen Themen ihrer Zeit. Der Zerfall der Monarchie war greifbar, der Erste Weltkrieg, eine Neuordnung Europas und ein elementarer gesellschaftlicher Wandel veränderten Tradition und althergebrachte Ordnung. Die Autoren dieser Zeit sind heute noch präsent, teils gibt es sogar einen Hype, wie etwa in den USA um Stefan Zweigs autobiografisches Werk *Die Welt von Gestern.*

Zweig (1881–1942) bezeichnete sich selbst als »Juden aus Zufall«. Neben seinem Studium der Philosophie arbeitete er als Feuilletonist und Journalist für die *Neue Freie Presse,* übersetzte Werke französischer Dichter, reiste nach seinem Militärdienst im Ersten Weltkrieg durch viele Länder und setzte sich für ein geeintes Europa ein. Zweig siedelte sich in Salzburg an und schrieb in *Sternstunden der Menschheit* über historische Begebenheiten, die die Geschichte der Menschheit verändert hatten. Für Richard Strauss' Oper *Die schweigsame Frau* verfasste Zweig das Libretto. Die Machtergreifung der Nationalsozialisten in Deutschland kommentierte er mit großer Sorge, und nachdem 1934 sein Haus durchsucht worden war, emigrierte er nach London. Wenig später wurden seine Bücher öffentlich verbrannt. 1940 übersiedelte Zweig mit seiner zweiten Frau nach Brasilien und schrieb dort sein bekanntestes Buch: *Schachnovelle.* Kurz vor seinem Tod erschienen seine Erinnerungen an *Die Welt von Gestern,* ein Rückblick auf die Kultur Wiens und Europas. Im Februar 1942 nahm sich Zweig gemeinsam mit seiner Frau das Leben.

Der Arzt und Schriftsteller Arthur Schnitzler (1862–1931) war gemeinsam mit seinen Freunden Hugo von Hofmannsthal, Hermann Bahr und Richard Beer-Hofmann der Hauptvertreter des Jung-Wien, der literarischen Bewegung des Fin de Siècle. Schnitzler stellte in seinen Erzählungen und Dichtungen die seelische Verfassung seiner Romanfiguren in den Mittelpunkt, ermöglichte dadurch neue Einblicke in den Zustand der Gesellschaft, sorgte aber mit seinen Stücken auch für Skandale, wie mit dem erotischen Werk *Reigen.* Sein Buch *Traumnovelle* wurde 1999 mit Nicole Kidman und Tom Cruise verfilmt. Ehebruch oder heimliche Affären waren immer wieder Thema seiner Werke. In *Der Weg ins Freie* und *Professor Bernhardi* setzte sich Schnitzler mit dem Antisemitismus auseinander.

Joseph Roth (1894–1939) wurde in Brody in Galizien geboren, übersiedelte zum Studium nach Wien, meldete sich im Ersten Weltkrieg freiwillig zum Frontdienst und arbeitete anschließend als Journalist. 1923 begann sei-

↑
Ex Libris von Stefan Zweig, 1925

↑
Arthur Schnitzler, um 1900

ne Karriere als Romanautor: Es erschienen unter anderem *Das Spinnennetz* über einen jungen Nationalsozialisten und *Hotel Savoy.* In seinem Essay *Juden auf Wanderschaft* beschäftigt sich Joseph Roth mit dem erzwungenen Exil der Ostjuden und schildert deren Schicksal auf eindrucksvolle Weise. Roths Alkoholsucht und die psychische Erkrankung seiner Frau sorgten für finanzielle Probleme. Gleichzeitig erschienen seine Hauptwerke *Hiob, Radetzkymarsch* und *Kapuzinergruft.* Roth starb in einem Armenspital in Paris, seine Frau fiel dem »Euthanasieprogramm« der Nationalsozialisten zum Opfer.

Der Journalist und Schriftsteller Felix Salten (1869–1945) wurde durch sein Buch *Bambi* und vor allem dessen Verfilmung weltbekannt. Ihm zugeschrieben wird auch die Autorenschaft des pornografischen Romans *Josefine Mutzenbacher,* die allerdings nicht gesichert ist.

Die Familie von Jura Soyfer (1912–1939) flüchtete vor der Revolution aus Russland nach Wien, wo der Autor überzeugter Marxist wurde. Seine Stücke wie *Vineta* werden bis heute aufgeführt. Im Konzentrationslager Dachau schrieb er das *Dachaulied.* 1939 starb er im Konzentrationslager Buchenwald an Typhus.

Vier wichtige Vertreter der österreichischen Gegenwartsliteratur sind Eva Menasse, Robert Menasse, Robert Schindel und Doron Rabinovici, die sich nicht nur in ihren Werken mit der politischen Situation in Österreich auseinandersetzen, sondern sich auch im öffentlichen Diskurs zu Wort melden.

068

DIE WIENER CAFÉS

Die Wiener Cafés dienten nicht nur als Schreibwerkstätte und Bühne für die Selbstdarstellung der Gäste, sie waren ein von früh bis spät vorhandenes Wohnzimmer, wo man telefonisch erreichbar war und sich die Post hinschicken lassen konnte, eine aus dem künstlerischen und gesellschaftlichen Leben nicht wegzudenkende Institution.

Das Café Griensteidl, eröffnet vom Apotheker Heinrich Griensteidl, war eines dieser Zentren. Schon während der Revolution 1848 entwickelte es sich zum Treffpunkt der Arbeiterführer, wenig später zum Stammcafé der Schriftsteller. Bald wurde es als »Café Größenwahn« bezeichnet. Die Politik ging hier ein und aus, Victor Adler und Friedrich Austerlitz waren Stammgäste, wie auch die Autoren des Jung-Wien. Bald galt es als Hauptquartier der jungen Literatur. 1897 wurde das Palais Dietrichstein, in dem das Griensteidl angesiedelt war, abgerissen. Karl Kraus schrieb darüber die Satire *Die demolirte Literatur.* 1990 wurde ein neues Café Griensteidl eröffnet, das allerdings 2017 geschlossen wurde, an dieser Stelle befindet sich heute ein Modegeschäft.

Nach dem Ende des Griensteidl im Jahr 1897 bot das Café Central eine Alternative, das im vom bekannten Architekten Heinrich Ferstel gebauten Bank- und Börsengebäude in der Herrengasse untergebracht ist. Dort entstand ab 1876 das neue Zentrum des intellektuellen und künstlerischen Lebens. Leo Trotzki, der einige Jahre in Wien gelebt hatte, spielte hier Schach. Peter Altenberg gab das Café Central als Wohnadresse an. Bekannt war es unter anderem für seine Auswahl an Zeitungen, 250 sollen es gewesen sein, in 22 Sprachen. 1938 musste sich das Café in Kaffeehaus umbenennen, verlor seine Stammgäste und wurde 1943 geschlossen. 1975 wurde das Palais Ferstel renoviert, das Café 1986 wiedereröffnet und auch für eine Diskussionssendung im ORF genützt. Es lebt bis heute von seiner Geschichte, die dafür sorgt, dass die Gäste vor dem Lokal Schlange stehen.

Ab 1914 wurde das Café Herrenhof von Béla Waldmann und Markus Klug zu einem Treffpunkt der Literaten, Künstler und Intellektuellen. Im selben Haus befand sich die Schule von Eugenie Schwarzwald. Im Herrenhof gab es einen Kunstraum, in dem regelmäßig Ausstellungen stattfanden. Die Herrenhof-Bar wurde mit einem Konzert von Hermann Leopoldi eröffnet. Nach dem »Anschluss« 1938 wurde das Herrenhof enteignet, Béla Waldmann wurde verhaftet, konnte aber aus Wien flüchten, Markus Klug wurde 1941 bei einer Massenerschießung von der Wehrmacht getötet. Der kommissarische Verwalter hatte

↑
Café Palmhof, Wien.
Innenansicht aus den 1920er-/30er-Jahren

auch bei der »Arisierung« des Café Mozart die Fäden gezogen. Aufgrund der Vertreibung und Ermordung der früheren Gäste konnte das Herrenhof an den früheren Erfolg nicht mehr anknüpfen und wurde 1961 geschlossen.

Auch das Café Museum, das 1872 in der Operngasse eröffnet worden war, war ein Treffpunkt der Künstler. Gustav Klimt, Oskar Kokoschka, Joseph Roth, Egon Schiele, Alban Berg und Elias Canetti waren Stammgäste. Das Café wurde als »Secessionisten-Tschecherl« bezeichnet. Ein Treppenwitz der Geschichte: Adolf Loos, erklärter Gegner der Secessionisten, hatte das Café Museum ausgestattet.

Den Nationalsozialisten war die Caféhauskultur mit ihren vielen jüdischen Gästen, aber auch jüdischen Besitzern, ein Dorn im Auge. So wurden die Cafés enteignet, die Gäste verschwanden. Neben dem Herrenhof waren plötzlich viele andere Cafés wie das Café Ritter oder das Dobner in »arischer« Hand. So auch das Café Palmhof in der Mariahilfer Straße, das ab 1919 von Otto Pollak und seinem Bruder Karl betrieben wurde. Tagsüber war es ein Kaffeehaus, abends fanden regelmäßig Konzerte und Veranstaltungen statt. 1938 wurde das Palmhof »arisiert«. Die Familie Pollak wurde 1943 nach Theresienstadt deportiert, Karl Pollak in Auschwitz ermordet. Otto und seine Tochter Helga überlebten Theresienstadt. Das Palmhof wurde Anfang der 1950er-Jahre restituiert, Otto Pollak lehnte es jedoch ab, das Café weiterzuführen. Heute befindet sich dort ein Supermarkt.

069

MUSIK UND MENTOREN

Jüdische Musiker, Komponisten, Librettisten und Interpreten kennzeichneten die Musiklandschaft in Wien um die Jahrhundertwende. Aber auch die Mäzene und ein Großteil des Publikums waren Jüdinnen und Juden. Die österreichische Musikwissenschaft wurde federführend vom Juristen, Musikwissenschaftler und Wagner-Verehrer Guido Adler (1855–1941) begründet. Die jüdischen Wurzeln von Johann Strauß wurden von den Nationalsozialisten geheim gehalten, die Librettisten Ignaz Schnitzer (*Der Zigeunerbaron*), Victor Léon (*Wiener Blut, Die Lustige Witwe*) oder Leo Stein (*Die Csárdásfürstin*) auf den Programmzetteln verschwiegen.

Der Komponist Karl Goldmark (1830–1915) war zur Jahrhundertwende ein populärer Musikschaffender und Exponent der Spätromantik. Karl Kraus nannte ihn schwärmerisch »den größten Musikdramatiker seit Richard Wagners Tod«. 1875 wurde sein bekanntestes Werk, *Die Königin von Saba,* uraufgeführt. Goldmarks Werke wurden von den Nationalsozialisten nicht aufgeführt, erst spät kam seine Wiederentdeckung.

Gustav Mahler (1860–1911) erhielt schon in jungen Jahren Musikunterricht. Als Operndirektor in Budapest begann sein symphonisches Schaffen. 1897 wurde er Direktor der Wiener Hofoper und dirigierte Konzerte der Wiener Philharmoniker. Seine Aufführungen waren künstlerisch anspruchsvoll. Mit seiner Idee, das Gesamtkunstwerk zu verwirklichen, forderte er Sängerinnen und Sänger heraus und revolutionierte die Oper. Nach einer antisemitischen Kampagne verließ Mahler die Hofoper und wurde an die Metropolitan Opera in New York engagiert. Im Salon von Berta Zuckerkandl hatte Mahler Alma Schindler (1879–1964) kennengelernt, mit der er eine stürmische Ehe führte. Nach langer, schwerer Herzkrankheit starb Mahler in Wien. Sein umfassendes und herausragendes Werk wurde in der Nachkriegszeit erst durch das Engagement von Leonard Bernstein in Wien wiederaufgeführt.

Der Komponist und Dirigent Alexander Zemlinsky (1871–1942) war Chefdirigent am Carltheater, danach am Theater an der Wien, der Volksoper und der Hofoper in Wien, ab 1911 Musikdirektor in Prag. Nach dem Ersten Weltkrieg wurde er Rektor der neu gegründeten Deutschen Akademie für Musik und darstellende Kunst in Prag. Später wechselte er zwischen Wien und Berlin. Aufgrund des stärker werdenden Antisemitismus war Zemlinsky bereits früh aus der Israelitischen Kultusgemeinde ausgetreten. Alma Schindler war seine Schülerin und Geliebte. In der Emigration war Zemlinsky ein gebrochener Mann.

Carl Goldmark in Gmunden, Ende des 19. Jahrhunderts
←

Der Mentor und Schwager Zemlinskys, Arnold Schönberg (1874–1951), gilt zusammen mit Igor Strawinsky als einer der einflussreichsten Komponisten des frühen 20. Jahrhunderts. Der Komponist, Musiktheoretiker, Maler, Dichter und Erfinder stellte mit seiner Zwölftonmusik die gängige Harmonie infrage, sorgte damit für große Aufregung sowie Skandale – und prägte die Musik nachhaltig. Schönberg flüchtete über Frankreich in die USA und hinterließ ein umfangreiches beeindruckendes Werk. Sein Nachlass befindet sich seit 1998 im Arnold Schönberg Center in Wien.

Franz Schreker (1878–1934) war einer der erfolgreichsten Komponisten seiner Zeit. Er setzte sich mit der Psychoanalyse auseinander und ließ das Unbewusste in seine Werke einfließen. Sich selbst bezeichnete er als Klangkünstler, Klangphantast, Klangzauberer und Klangästhet. Sein Libretto *Die Gezeichneten,* das er für Zemlinsky geschrieben hatte, vertonte er letztendlich selbst. Nach seinem von den Nationalsozialisten erzwungenen Rücktritt als Direktor der Berliner Musikhochschule und der Zwangsversetzung in den Ruhestand starb Schreker an einem Herzinfarkt. Sein Werk wurde erst in den 1970er-Jahren wiederentdeckt.

Zu nennen wären hier noch viele andere Musikerinnen und Musiker. Faktum ist, dass sich nach 1945 niemand um eine Rückkehr der Vertriebenen bemühte. Heute werden ihre Werke mit großem Erfolg aufgeführt, und es finden sich in Wien zumindest Straßen, Plätze und Gassen, die nach ihnen benannt sind.

070

DIE SALZBURGER FESTSPIELE

Vor 100 Jahren setzte der Theaterproduzent und Visionär Max Reinhardt (1873–1943) gemeinsam mit dem Schriftsteller Hugo von Hofmannsthal (1874–1929) seine Vision für Salzburg um. Sie erklärten die Stadt zur Bühne, inkludierten den Domplatz als Kulisse für den *Jedermann* und katapultierten Salzburg dadurch von der Provinzialität in die internationale Kulturszene.

Max Reinhardt beging mit seinen Eltern in guter Tradition die hohen jüdischen Feiertage, gleichzeitig bewunderte er den katholischen Ritus, und ohne seine persönliche Freundschaft mit dem Salzburger Erzbischof hätten die Festspiele nicht realisiert werden können. Reinhardt arbeitete mit Familienmitgliedern – sein Bruder Edmund wurde geschäftlicher Leiter, und auch andere Verwandte waren in seine Produktionen involviert.

1918 erwarb er Schloss Leopoldskron, das später nicht nur als Spielstätte diente, sondern auch zum gesellschaftlichen Zentrum der Festspiele wurde. Hier verkehrten Stars, Adelige, Millionäre und zum Beispiel auch die Familie von US-Präsident Roosevelt. Reinhardt steckte all seine Energie in dieses Anwesen mit labyrinthischem Garten, Seerosen-Badeteich, Gutshof, Menagerie und herrlichem Blick auf die Alpen – er sprach von »seiner schönsten Inszenierung«. Den »Schlossherren« griffen die Nazis besonders gerne an, 1934 explodierten im Eingangsbereich sogar einige Sprengkörper.

Hugo von Hofmannsthal war der ideologische Kopf hinter den Salzburger Festspielen, er wollte im Sinne einer katholischen Erneuerung den Geist des alten Österreichs vor der Barockkulisse Salzburgs auf der Bühne neu erstehen lassen und schrieb für die Festspiele den *Jedermann.* Als Lyriker und Dramatiker zählte der von einem wichtigen jüdischen Hoffaktor abstammende Hofmannsthal zu den bedeutendsten Vertretern des österreichischen Impressionismus und Symbolismus.

Mit der ersten *Jedermann*-Aufführung am 22. August 1920 wurde Salzburg zum Inbegriff für innovatives Theater auf Freiluftbühnen, Musik in absoluter Perfektion und Tanz als Ausdruck der Avantgarde. Theater an ungewöhnlichen Orten (Domplatz oder Felsenreitschule) wurde zur Trademark für die Festspiele.

Auf dem Gebiet der Musik stand Mozart im Vordergrund. Neben den großen Opern gab es Orchesterkonzerte und Liederabende. Zu den Stars zählten Dirigent Bruno Walter, Konzertmeister Arnold Rosé (mit seinem Rosé-Quartett) und Opernregisseur Lothar Wallerstein. Über den Tanz hielt die Avantgarde Einzug in Salzburg. Tilly Losch war der Star, aus Berlin brachte Reinhardt Ernst Mátray und

Salzburger Festspiele:
Jedermann-Plakat, 1928
←

Katta Sterna. Das Ballett prägte Margarethe Wallmann – die Ballettchefin an der Staatsoper war nach dem Krieg die erste Frau, die bei Opern Regie führte. Ihre *Tosca*-Inszenierung an der Wiener Staatsoper wurde mehr als 600 Mal gezeigt. Der Architekt Oskar Strnad gestaltete Bühnenbilder und Kostüme für Theater und Oper in Salzburg, stand aber meistens im Schatten anderer.

Mit der Machtübernahme des NS-Regimes 1938 änderte sich die Situation für die jüdischen Künstlerinnen und Künstler schlagartig: Bei der Bücherverbrennung in Salzburg im April 1938 wurde auch die Max-Reinhardt-Monografie von Siegfried Jacobsohn ins Feuer geworfen. Die jüdischen Künstlerinnen und Künstler wurden verbannt und vertrieben. Dirigenten wie Wilhelm Furtwängler oder Karl Böhm übernahmen. Die Profiteure der NS-Zeit wurden nach 1945 nur für kurze Zeit gesperrt, danach kehrten sie als umjubelte Stars auf die Bühne zurück. Der gefeierte »Theatermagier« Max Reinhardt starb vereinsamt im Exil in den USA. Heute gilt es, ihn und die vielen anderen jüdischen Protagonisten der Salzburger Festspiele wieder vor den Vorhang zu holen.

071

KOSCHER IN DEN BERGEN

Seit Jahrhunderten suchen Menschen aus der Stadt Erholung in der Natur. Die aus dem Italienischen stammende Bezeichnung »prendere aria fresca« wurde tatsächlich zu einem Inbegriff der Erholungskultur im Sommer.

Auch von Jüdinnen und Juden wurde diese Idee mit Begeisterung aufgenommen. Erobert wurden der Semmering, das Gasteinertal, das Ausseerland und viele andere ländliche Gegenden in der Donaumonarchie, wo sie selbstverständlich auch die örtliche Tracht trugen, wie ein legendäres Foto von Sigmund Freud und seiner Tochter Anna aus dem Jahr 1913 zeigt.

Die Volkskunde im Alpenraum wurde von Juden wie Konrad Mautner (1880–1924) geprägt, der aus einer Textilindustriellenfamilie stammte, sich aber in Grundlsee ansiedelte und zu den wichtigen Forschern zu Trachten und Volkskunst gehörte. Das Haus, in dem seine Witwe lebte, und seine Sammlungen wurden von den Nationalsozialisten beschlagnahmt, später mussten die Erben langwierig um eine Rückstellung kämpfen. Konrad Mautner wird zwar in der Chronik des Ortes erwähnt, doch unter Ausblendung des Schicksals seiner Familie und seiner Sammlung.

Eugenie Goldstern (1884–1942) war eine wichtige Volkskundlerin und Kulturgeografin, eine Anstellung im Österreichischen Museum für Volkskunde wurde ihr aufgrund ihrer Herkunft verwehrt. Dennoch unterstützte sie das Museum und schenkte ihm ihre umfangreiche Sammlung, bevor sie deportiert und 1942 ermordet wurde.

Lilli Baitz (1874–1942) stammte aus einer Arztfamilie, musste aber später die Sanatorien ihres Vaters versteigern lassen und wurde eine erfolgreiche Produzentin von Trachtenpuppen. 1942 nahm sie sich unmittelbar vor ihrer Deportation in Bad Aussee das Leben. Theodor Herzl, Arthur Schnitzler und Jakob Wassermann waren Stammgäste in Aussee, und auch das übrige Salzkammergut war ein beliebter Ort der Sommererholung für Wiener Jüdinnen und Juden, ebenso der Semmering. Hugo von Hofmannsthal, Karl Kraus, Alfred Polgar, Peter Altenberg, Gustav Mahler, Franz Werfel, Stefan Zweig, Sigmund Freud, Ludwig Wittgenstein, Felix Salten, Robert Musil und viele andere sind in ihrem künstlerischen Schaffen eng mit dem Semmering verbunden. Hier war es vor allem das Südbahnhotel – 1882 nach der Erschließung des Semmerings durch die Eisenbahn errichtet –, das als Symbol einer modernen und künstlerisch inspirierenden Epoche galt. In der Zwischenkriegszeit erlebte die Sommerfrische eine letzte Hochblüte.

Ab den frühen 1930er-Jahren wurden Jüdinnen und Juden immer vehementer aus

Adele und Bernhard Schapira
in Dirndl und Trachtenanzug
im Fotoatelier in Bad Aussee, 1900
←

den Erholungsorten gedrängt, die Zäsur des Jahres 1938 setzte dieser Kultur ein Ende. Bald war es Juden verboten, Tracht zu tragen. Rasch wurden die jüdischen (Stamm-)Gäste vertrieben, Villen und Sommerhäuser, die im Besitz jüdischer Familien waren, wurden enteignet und bekamen neue Besitzer, umgehend erklärten sich viele Orte als »judenrein«. Die Vertreibung der Jüdinnen und Juden bedeutete den Niedergang vieler klassischer Sommerkurorte. Ab den 1950er-Jahren gab es ein schwaches Revival der Sommerfrische, an die Glanzzeiten konnte man jedoch nicht mehr anknüpfen.

Heute erleben Orte, in denen koschere Hotels eröffnet wurden, einen regen Zustrom an Gästen aus der jüdischen Orthodoxie, und muslimische Gäste frequentieren oft in denselben Orten Hotels, die auf ihre Bedürfnisse eingestellt sind. In Saalbach-Hinterglemm oder in Serfaus ist man stolz auf die vielen jüdisch-orthodoxen Gäste, die sogar aus New York und Australien anreisen. In einem Bergdorf mitten in den Alpen einen Supermarkt mit einer gut sortierten Koscher-Abteilung zu finden, ist keine Überraschung mehr, im Gegenteil, es gehört dort mittlerweile zum Alltag.

072

JIDDISCH IM WIENERISCHEN

In der mittelalterlichen Wiener jüdischen Gemeinde wurde Judendeutsch gesprochen. Es war die Sprache der aschkenasischen Juden im deutschen Sprachraum, eine Mischung aus Deutsch und Hebräisch. In den Ländern im Osten Europas kamen Teile slawischer Sprachen dazu, Polnisch, Russisch, Rumänisch, woraus Jiddisch entstand. Geschrieben wird Jiddisch mit hebräischen Buchstaben, dies ist bis heute so. In Wien wurde Jiddisch mit der großen Zuwanderung von Jüdinnen und Juden aus den östlichen Teilen der Monarchie ab Mitte des 19. Jahrhunderts prägend für die Theater- und Kabarettszene, die sich in Wien im Gebiet um die Praterstraße ansiedelte. Auf diesem Weg fand Jiddisch auch Einzug in das Wienerische. Hier ein paar Beispiele:

Bahöö (hebräisch behala: Panik) – Aufregung, Durcheinander
baldowern (hebräisch Ba'al und davar: Herr der Sache) – ausbaldowern, etwas auskundschaften
Beisl (hebräisch bajit: Haus) – kleines Wirtshaus, einfaches Gasthaus
betucht (hebräisch batuach: sicher) – vertrauenswürdig, vermögend, wohlhabend
broiges (hebräisch be rogez: ärgerlich) – zerstritten
Chuzpe (hebräisch chuzpa) – Unverschämtheit, Frechheit
Ezzes (jiddisch Ez'ah: Beratung, Rat) – Ratschläge
Gannef (hebräisch ganef: Dieb) – Gauner, Ganove
Geseire (jiddisch gesera: Verhängnis) – Gejammer
Goi (Plural: Gojimm) – Volk, später Bezeichnung für nichtjüdische Völker, heute für nichtjüdische Menschen verwendet (kein Schimpfwort!)
Haberer (hebräisch Chaver) – Freund

Kaff (hebräisch kephar: Dorf) – Dorf, Provinzstadt
Lozelach (hebräisch luz: spotten; leizan: Clown) – Spott, Witze
Machloikes (jiddisch) – Meinungsverschiedenheiten, unredlicher Handel
Maloche (jiddisch melocho: Arbeit, Werk) – schwere Arbeit
Masl (hebräisch Mazal: Glücksstern, Sternzeichen) – Glück
Meschugge (hebräisch meschuggah: verwirrt) – verrückt
Mezzie – günstiger Kauf, Schnäppchen
Mischpoche (hebräisch mischpacha: Familie) – Familie, Verwandtschaft
Nebbich – Ausdruck des Mitleids. Ein unbeholfener Mensch
Nebochant (jiddisch bocher: Junggeselle) – Versager
Nudnik – Nervensäge
Pofel (jiddisch bafel: minderwertiges Zeug) – Schund
Ramsch (hebräisch rama'ut: Betrug) – billige, wertlose Ware
Rebach (jiddish rewach: Erweiterung, Gewinn) – kaufmännischer Gewinn
Schlamassel (jiddisch schlim-masl: Unglücksstern) – Missgeschick, verfahrene Situation
Schmäh (jiddisch schema: Erzählung) – Gag, Pointe, Aufschneiderei
Schmattes (jiddisch schmattes: Fetzen) – Trinkgeld, Geld, Schmiergeld
Schmiere stehen (hebräisch schemira: Wächter) – bei einer Straftat den Aufpasser spielen
Schmonzes (hebräisch shemuth: Gerücht) – Herumgerede, Ausrede
Schmus (jiddisch schmusen: leere Reden führen) – Geschwätz
Schnorrer (sche noder: der spendet) – sparsamer (geiziger) Mensch
Tachles (jiddisch tachlit: Zweck) – Geschäfte, Tachles reden
Tinnef (hebräisch tinnef: Dreck) – schlechte Qualität, wertloses Zeug
trefe, treife (jiddisch trefe: gerissen) – unrein,
Bezeichnung für Unkoscheres, nicht nur Lebensmittel
vermasseln – verderben, vereiteln
zocken (jiddisch zchoken: spielen) – Glücksspiele spielen
Zoff (jiddisch Sof: Ende) – Streit
Zores (hebräisch zarot: Sorgen) – Probleme, Schwierigkeiten

Jiddisch im Wienerischen,
Zeichnung von Arik Brauer
↓

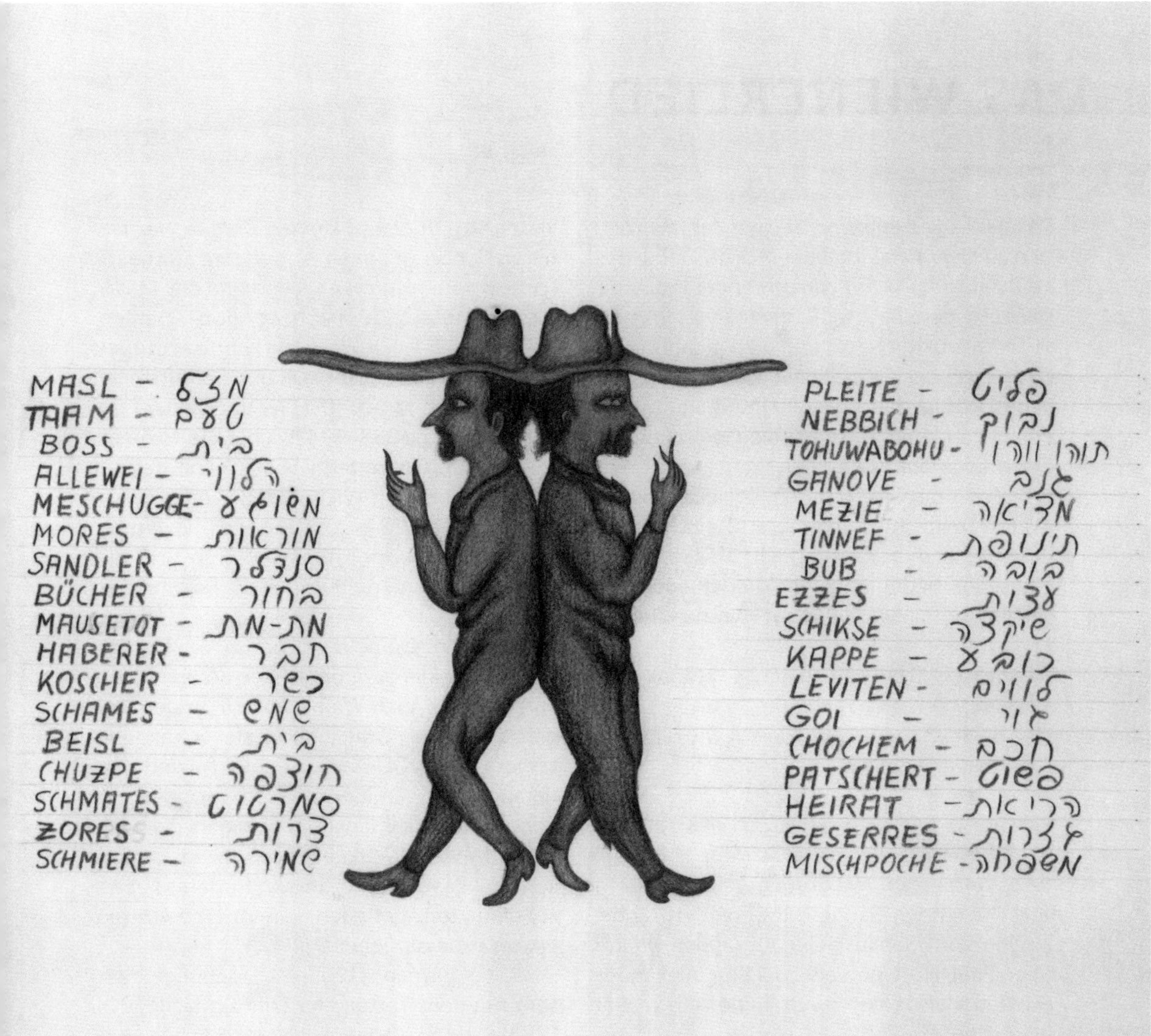

073

DAS WIENERLIED

Das Wienerlied entstand zu einer Zeit, als Wien sich zu einer Großstadt entwickelte. Mitte des 19. Jahrhunderts mit zunehmender Industrialisierung, dem Bau der Ringstraße als immenses Infrastrukturprojekt und dem gigantischen Bauwesen der Gründerzeit wuchs auch die Sehnsucht nach populärer Unterhaltung und einem verklärten Blick auf die Gemütlichkeit. Einen Blick auf Wien, meist gepaart mit Humor und Wortwitz, schufen jüdische Komponisten, Textdichter und Librettisten. Hier gilt das *Fiakerlied* von Gustav Pick (1832–1921) als eines der bedeutendsten Wienerlieder. Mit seinem Refrain wurde es zur Hymne Wiens:

Mei' Stolz is, i' bin halt an echt's Weanakind,
A Fiaker, wie man net alle Tag' find't,
Mei' Bluat ist so lüftig und leicht wie da Wind,
I' bin halt an echt's Weanakind.

Pick komponierte es anlässlich des 100-jährigen Bestehens der Fiaker in Wien. 1885 wurde es zum ersten Mal gesungen und seitdem von Dutzenden Sängern interpretiert, angefangen vom Schauspieler Alexander Girardi über Paul Hörbiger bis zu Peter Alexander. Die Nationalsozialisten verhängten ein Verbot über das *Fiakerlied.*

Peter Herz (1895–1987) schrieb die Texte für unzählige Operetten, Schlager und Wienerlieder, von *In einem kleinen Café in Hernals* bis zu *Schön ist so ein Ringelspiel.* Für beide komponierte Hermann Leopoldi die Musik. Herz konnte 1938 nach London flüchten. Nach dem Zweiten Weltkrieg kehrte er zurück und arbeitete als Journalist und Schriftsteller.

Der Librettist, Schriftsteller und Texter Fritz Löhner-Beda (1883–1942) schuf die Texte zu zahlreichen Operetten wie *Das Land des Lächelns,* aber auch Wiener Lieder oder Schlager wie *In der Bar zum Krokodil.* Er wurde in Auschwitz ermordet, seine Frau und die minderjährigen Töchter in Maly Trostinec erschossen.

Hermann Leopoldi, geboren als Hersch Kohn, war einer der populärsten Komponisten von Liedern, auch Wienerliedern. In der Emigration in New York übersetzte er manche seiner (Wiener-)Lieder ins Englische und wurde auch dort damit erfolgreich. Leopoldi war neben Karl Farkas einer der wenigen, die nach dem Zweiten Weltkrieg nach Wien zurückkehrten. Er versuchte, an sein früheres Leben anzuknüpfen, frei nach seinem Lied *Ich bin ein unverbesserlicher Optimist.*

Walter Jurmann (1903–1971) schuf gemeinsam mit dem Textdichter Fritz Rotter (1900–1984) viele Schlager, wie *Veronika, der Lenz ist da,* das die Comedian Harmonists berühmt machten. Jurmann verließ nach der Macht-

Wiener Fiakerlied.
Titelblatt. Musikverlag August Cranz,
Hamburg, um 1885
→

ergreifung der Nationalsozialisten Wien und arbeitete in Hollywood als Komponist. Er schrieb Songs für Filme der Marx Brothers und für das Leinwandabenteuer *Meuterei auf der Bounty* (1935). Heute ist eine Gasse in Wien-Liesing nach Walter Jurmann benannt.

Nach dem Zweiten Weltkrieg knüpften Gerhard Bronner oder Georg Kreisler an diese Tradition an. Ein neues Genre entwickelte der Maler und Universalkünstler Arik Brauer (geboren 1929), der Lieder im Wiener Dialekt textete und die Musik dazu komponierte. Mit *Motschkern is gsund* traf er den Nerv des Wienerischen, seine Töchter Timna und Ruth interpretieren seine Lieder neu. An die Klezmertradition knüpften Albert Misak und Edek Bartz als Gesangsduo Geduldig und Thiman an, die als Les Sabres bereits Mitte der 1960er-Jahre (auch mit Marika Lichter) jiddische und israelische Musik interpretierten.

074

DIE STADT OHNE JUDEN

Hugo Bettauer:
Die Stadt ohne Juden, 1922
↓

1922 schrieb der Autor und Herausgeber Hugo Bettauer (1872–1925) den Roman *Die Stadt ohne Juden*. Darin nahm er vorweg, was 16 Jahre später tragische Realität wurde: die Vertreibung der jüdischen Bevölkerung aus Wien. Die Juden werden für die Wirtschaftskrise verantwortlich gemacht und aus der Stadt gewiesen. Doch dieser Schritt verschlimmert die Situation. Denn plötzlich fehlt ein wesentlicher Motor des Landes – von der Medizin bis zur Kultur, der eleganten Bekleidung oder der Unterhaltung. Das Leben ohne die jüdischen Einwohner liegt brach. Bettauer griff mit seinem Hauptwerk den steigenden Antisemitismus auf, allerdings noch im Glauben, dass das Gute obsiegen würde. In seinem Roman erkennen die Wiener, dass sie die Jüdinnen und Juden wieder in ihre Stadt zurückholen müssen, und bitten sie um ihre Rückkehr.

Zur Entstehungszeit des Romans war Wien wie keine andere Stadt im deutschen Sprachraum von seiner jüdischen Bevölkerung geprägt. Die drittgrößte jüdische Gemeinde in Europa hatte sich in der Gesellschaft etabliert

Hugo Bettauer, 1920er-Jahre →

und war in vielen Bereichen höchst aktiv, wenn nicht sogar federführend tätig, als Ärzte, Rechtsanwälte, in Forschung, Wirtschaft, Kunst und Kultur. Aber auch in der Politik, die gerade im Roten Wien von zahlreichen jüdischen Politikerinnen und Politikern getragen wurde. Durch den Ersten Weltkrieg waren besonders viele jüdische Flüchtlinge nach Wien geströmt und hatten die Gemeinde vergrößert und verändert. Der Antisemitismus nahm zu. Die Parole »Juden raus«, mit der sich auch Hugo Bettauer konfrontiert sah, war es, die ihn veranlasste, die Vorstellung einer Stadt ohne Juden in einem Buch niederzuschreiben. Bettauers Roman wurde ein Erfolg und 1924 von Hans Karl Breslauer verfilmt. Der Stummfilm weist allerdings wesentliche Unterschiede zum Roman auf. So spielt die Handlung in einer utopischen Stadt und nicht in Wien, viele von Bettauer beschriebene Geschehnisse wurden im Film entschärft. Im Gegensatz zum Roman blieb der Film weit hinter den Erwartungen zurück, und Bettauer distanzierte sich davon. Immer wieder kam es bei Aufführungen zu Krawallen durch Nationalsozialisten und in Linz sogar zu einem Aufführungsverbot.

Hugo Bettauer, der aus einer wohlhabenden Familie stammte, verlor durch Spekulation sein ererbtes Vermögen, arbeitete in den USA und in Deutschland als Journalist und schrieb neben Kriminalromanen auch Bücher wie *Freudlose Gasse,* das wie *Die Stadt ohne Juden* ein großer Erfolg wurde. *Freudlose Gasse,* dieses Sittenbild einer trostlosen Gesellschaft, die mit allen Mitteln ihre Lebensumstände verbessern möchte, wurde 1925 mit Greta Garbo verfilmt. Bettauer war auch Herausgeber einer erotischen Zeitschrift, die zunächst unter dem Titel *Er und Sie. Wochenschrift für Lebenskultur und Erotik* und dann als *Bettauers Wochenschrift* erschien. Bettauer setzte darin auf Aufklärung und plädierte für Straffreiheit für Homosexuelle und für das Recht auf Abtreibung. Obwohl seine Zeitschrift erfolgreich war, sorgten die freizügigen Inhalte für heftige Diskussionen, Anzeigen und Gerichtsverfahren. Bettauer wurde Ziel einer Hetzkampagne und schließlich im März 1925 von einem Nationalsozialisten in der Redaktion seiner Zeitschrift niedergeschossen. Er starb wenige Tage danach an seinen Verletzungen. Der Attentäter wurde nach wenigen Monaten in einer psychiatrischen Anstalt freigelassen und brüstete sich noch Jahrzehnte später seiner Tat.

Der Film *Die Stadt ohne Juden* galt lange als verschollen. 2015 tauchte eine vollständige Kopie auf einem Flohmarkt in Paris auf. 2018 wurde die mithilfe eines Fundraisings rekonstruierte Fassung erstmals wieder gezeigt.

075

KINDERTRANSPORTE

Nach dem »Anschluss« im März 1938 begann für viele Jüdinnen und Juden das Ringen um Ausreisemöglichkeiten. Im Mai 1938 gründete Rosa Rachel Schwarz innerhalb der Kultusgemeinde ein eigenes Büro für »Kinderauswanderung«, das bei der Umsetzung der bürokratischen Erfordernisse half. Auf Bitten jüdischer Organisationen und der Quäker entschloss sich Großbritannien zur Aufnahme jüdischer Kinder aus Deutschland und Österreich. Der erste Zug mit 500 Kindern verließ Wien am 10. Dezember 1938. Die Reiseroute führte über die Niederlande nach England. Bis zum Beginn des Zweiten Weltkrieges am 1. September 1939 wurden aus Wien 43 Kindertransporte durchgeführt. 3253 jüdische Kinder konnten gerettet werden, davon fuhren 2315 nach Großbritannien, 164 nach Belgien, 109 nach Frankreich, 98 in die Niederlande, 80 nach Schweden, 50 in die USA und fünf in die Schweiz. Dazu kamen nach Kriegsbeginn sechs weitere Kindertransporte in die USA.

Für die Reise und Übersiedlung wurden nach heutigem Wert 1500 Euro verrechnet. Ob ein Platz frei war oder nicht, erfuhren die Eltern frühestens 14 Tage vor der Abreise, manche erst zwei Tage davor. Die Eltern wurden angehalten, ihre Kinder erst unmittelbar vor der Abfahrt darüber zu informieren, dass sie allein fahren mussten. Für die meisten war es ein Abschied ohne Wiedersehen.

Wie bei Lilly Bial (1926–2007). Sie lebte mit ihren Eltern Anna und Franz im Arbeiterbezirk Meidling. Lilly fuhr mit dem letzten Kindertransport aus Wien nach England. Da die Kinder nur einen Koffer mit Kleidung mitnehmen durften, packten ihre Eltern für sie eine Schachtel mit ihren Lieblingsgegenständen: »Mensch ärgere Dich nicht«, Klaviernoten, ein Tagebuch, Puppenmöbel, kleine Behältnisse mit Krimskrams, viele Fotos und Tagebücher. Doch die Schachtel verließ Wien nicht, denn Anna und Franz Bial wurden im Mai 1942 nach Maly Trostinec deportiert und dort wenige Tage später ermordet. Nach dem Zweiten Weltkrieg wurde die Schachtel gefunden. Nachdem es weder Mittel noch Möglichkeiten gab, nach dem Mädchen Lilly zu suchen, gelangte die Schachtel in den 1990er-Jahren in das Jüdische Museum Wien. Erst dann war es möglich, sich auf die Suche zu begeben. Lilly Bial wurde 2004 gefunden. Sie hatte England nie verlassen, wollte auch nicht mehr nach Österreich zurück, nachdem ihre gesamte Familie getötet worden war. Lilly Bial hatte nie geheiratet und keine Kinder, wollte aber Leben weitergeben und wurde daher Hebamme. Mit 19 Jahren hatte sie vom Schicksal ihrer Eltern erfahren. Sie entschloss sich, die

↑
Eine Schachtel für Lilly Bial, gepackt 1939, übergeben 2004

Schachtel mit den Erinnerungen an ihre Kindheit dem Jüdischen Museum Wien zu überlassen und damit an ihre Eltern und an ihre eigene Geschichte zu erinnern.

Ein anderes jüdisches Mädchen aus Wien, Edith Ehrlich (geborene Schwarz), wurde für einen Kindertransport angefordert. Ab einem gewissen Zeitpunkt war es möglich, dass Kinder, die bereits in Großbritannien waren, einen Bruder oder eine Schwester nachkommen lassen konnten. So wurde Edith Schwarz angefordert. In England angekommen, stellte sich heraus, dass es durch eine Namensgleichheit zu einer Verwechslung gekommen war. Die britischen Pflegeeltern wollten Edith daher nicht aufnehmen. Eine Rückkehr nach Wien war ausgeschlossen, so kam Edith zu einer »Gastfamilie«, bei der sie nicht willkommen war und dementsprechend schlecht behandelt wurde. Durch großes Glück fand Ediths Familie letztendlich in den USA eine neue Heimat.

Mit ihren Ängsten und traumatischen Erlebnissen wurden die Kinder allein gelassen. Viele verarbeiteten ihre Erfahrungen, indem sie spät ihre Autobiografien schrieben. In einigen Exilländern entstanden Gruppen aus ehemaligen Kindertransport-Kindern, die bis heute existieren und durch deren Kinder weitergeführt werden. In Wien wurde ihnen ein Denkmal am Westbahnhof gesetzt, das an das Schicksal der Kinder ohne Heimat erinnert.

076

DER GELBE STERN ODER DIE GESCHICHTE VON KURT UND ILSE MEZEI

Stoffbahn »Judensterne«, 1941

↓

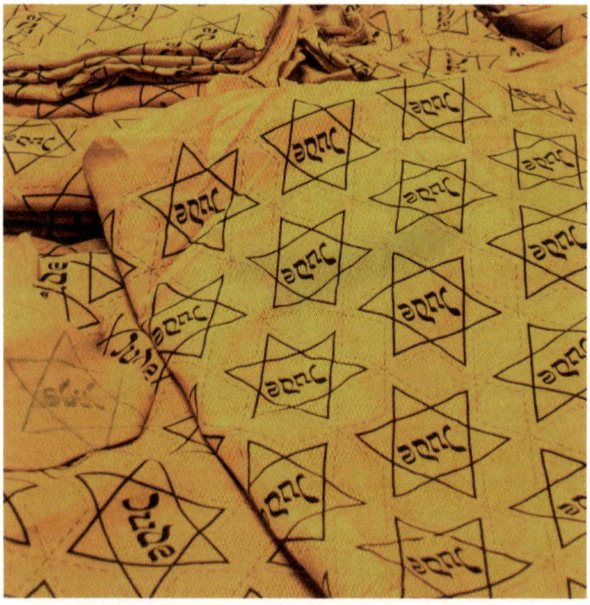

Aufgrund der ab September 1941 geltenden Zwangskennzeichnung war es Jüdinnen und Juden ab diesem Zeitpunkt verboten, »sich in der Öffentlichkeit ohne Judenstern zu zeigen«. In der Folge durften Juden keine öffentlichen Verkehrsmittel benützen, der Zutritt zu Gasthäusern und Kinos wurde untersagt und sie durften das Land nicht mehr verlassen. Die Einführung des Judensterns markierte im NS-Staat den Übergang zur letzten Stufe der Verfolgung: Deportation in die Ghettos und Vernichtungslager.

Die Geschichte der Zwillinge Kurt und Ilse Mezei (1924–1945) ist mit den gelben Stoffbahnen verbunden, die mit den »Judensternen« bedruckt waren. Die stark sozialdemokratisch engagierte Familie Mezei zog gleich nach dessen Eröffnung in den Karl-Marx-Hof. Moritz (Maurus) Mezei war Schriftsteller und Übersetzer, seine Frau Margarete arbeitete in der Israelitischen Kultusgemeinde, die Zwillinge Kurt und Ilse besuchten die Schule. Herr Mezei war ab 1934 im Untergrund für die Sozialdemokratie aktiv. Nach dem »Anschluss« versuchte Moritz Mezei ins Ausland zu gelangen, mit dem Plan, seine Familie nachzuholen. In Italien wurde er interniert, von dort aus

Kurt und Ilse Mezei auf einer Rodel im Fotostudio, 1925 →

nach Auschwitz deportiert und ermordet. Unterdessen mussten Margarete Mezei und die Kinder in den 2. Wiener Gemeindebezirk übersiedeln. Sie zogen in die Wohnung von Margaretes Mutter in die Förstergasse. Frau Mezei gelang es, ihre Kinder in der Kultusgemeinde, die als Ältestenrat der Juden weiterbestand, unterzubringen. Dies war ein vorläufiger Schutz vor der Deportation. Ilse arbeitete als Telefonistin, Kurt als Handwerker und Bote. Er bekam die Aufgabe, die Sterne aus den gelben Stoffbahnen auszuschneiden. Kurt und Ilse schrieben beide gern in ihre Tagebücher. Kurt beschrieb den 17. September 1941, jenen Tag, an dem er die Sterne zum ersten Mal ausschneiden musste, mit folgenden Worten: »Am Nachmittag gehe ich gegen halb vier in die Israelitische Kultusgemeinde […], wo ich Judensterne ausschneide beziehungsweise zähle.« Zwei Tage später notierte er: »Große Premiere mit den Judensternen. Ich gehe gegen 10h in die Kartenstelle […]. Ich stehe fast die ganze Zeit vor der Kartenstelle, da es mir Freude bereitet, von den Leuten angestarrt zu werden. […] Der Judenstern stört mich gar nicht, im Gegenteil: Ich trage ihn mit Stolz.«

1942 mussten Margarete, Ilse und Kurt in eine Sammelwohnung, ebenfalls in der Förstergasse, übersiedeln. Neben dem Verfassen ihrer Tagebucheintragungen hielten sie sich häufig am sogenannten Grabeland am Tor 4 des Zentralfriedhofs auf. An diesem Ort waren auch die landwirtschaftlichen Ausbildungen als Vorbereitung für eine Ausreise nach Palästina durchgeführt worden. Dort wurden Obst und Gemüse angebaut. Für die Jugendlichen eine kurze Ablenkung in einer Zeit ohne Zukunft.

Zukunft gab es für Kurt und Ilse tatsächlich keine. Ilse wurde beim schwersten Bombenangriff der Alliierten auf Wien am 12. März 1945 getötet, weil sie als Jüdin nicht in den Luftschutzkeller durfte, ihre Mutter überlebte schwer verletzt. Kurt Mezei versteckte sich in den letzten Kriegstagen im Keller des Hauses in der Förstergasse. Am 12. April 1945, während die sowjetischen Truppen bereits in den 2. Bezirk vordrangen, stöberten SS-Truppen das Versteck von Kurt und einigen anderen Jüdinnen und Juden auf und zerrten sie in die Förstergasse hinauf. Sie alle wurden erschossen. Am Zentralfriedhof befindet sich bei Tor 4 ein gemeinsames Grabmal für diese letzten Opfer.

077

SAMMELLAGER, DEPORTATIONEN UND DAS ZEUGNIS DER MIGNON LANGNAS

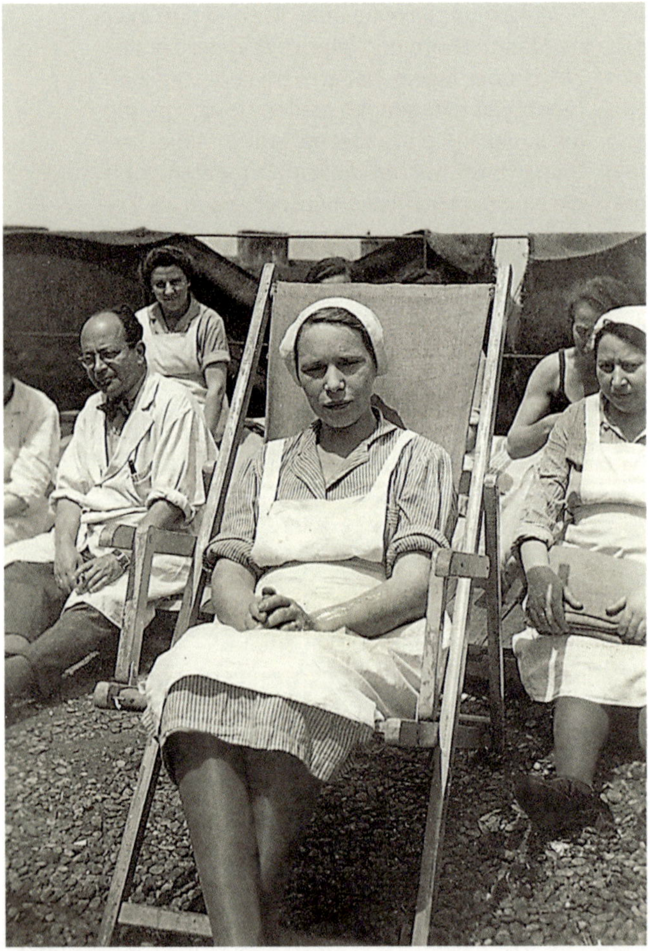

Mignon Langnas mit ihren Kolleginnen auf dem Dach des Altersheims in der Malzgasse 16, Wien 1941
←

Nach dem »Anschluss« mussten Jüdinnen und Juden sukzessive ihre Wohnungen in ganz Wien aufgeben und in sogenannte Sammelwohnungen übersiedeln, in denen mehrere Familien zusammen in einer Wohnung lebten. Die verlassenen Wohnungen wurden meist willfährigen Parteigenossen übertragen. 1941 richteten die Nationalsozialisten in Wien sogenannte Sammellager zur Vorbereitung der Deportationen in Konzentrationslager ein. Ehemalige Schulgebäude wurden zu diesem Zweck genutzt: die Schule der Stadt Wien in der Kleinen Sperlgasse 2a, das ehemalige jüdische Chajes-Realgymnasium in der Castellezgasse 35, ein Jahr später die ehemalige Talmud-Tora-Schule in der Malzgasse 16, wo sich bis 1938 auch das Jüdische Museum befunden hatte, und die ehemalige jüdische Mädchenschule in der Malzgasse 7 (heute der Gemeindebau Theodor-Herzl-Hof). An diesen Orten wurden Jüdinnen und Juden bis zu ihrem Abtransport festgehalten.

Schon seit Oktober 1939 bestand das Sammellager Gänsbachergasse 3 im 3. Bezirk: Es war von November 1939 bis Februar 1940 der Ausgangspunkt für die Deportationen nach Nisko am Fluss San in Polen. Adolf Eichmann, Leiter der Zentralstelle für jüdische Auswanderung, wollte dort ein »Judenreservat« errichten. Dieses »Experiment« scheiterte, von den dorthin deportierten Wiener Juden kam nur ein Bruchteil zurück, um später in Konzentrationslager deportiert zu werden.

Für die Umsiedlung aus den Sammelwohnungen in die Sammellager hatten die Menschen zwei Stunden Zeit. In die Sammellager durften zwei Koffer mitgebracht werden, die mit den Namen und Adressen beschriftet wurden. Solche Koffer sind heute in Auschwitz, im Holocaust Memorial Museum in Washington und im Jüdischen Museum Wien zu sehen. Mitarbeiter der Kultusgemeinde, die als Ordner, Ausheber oder Rechercheure bezeichnet wurden, überwachten die »Übersiedlung« und den Abtransport per Lastwagen zum Aspangbahnhof. Vor den Augen der Wiener Bevölkerung wurden auf diesem Weg fast 50 000 Jüdinnen und Juden quer durch Wien zum Bahnhof transportiert. Von ihnen kehrten nicht einmal 1000 wieder zurück. Der Aspangbahnhof wurde zum Ausgangspunkt für die Deportationen, 47 Transporte gingen von hier in die Konzentrationslager, ab 1943 fuhren die Deportationszüge vom Nordbahnhof ab. Seit 2017 befindet sich am Aspangbahnhof ein Mahnmal.

Eine Jüdin, die in Wien überlebte und als Krankenschwester jüdische Kinder rettete, war Mignon Langnas (1903–1949). Ihr Mann und ihre kleinen Kinder Manuela und Georg konnten in die USA flüchten. Mignon blieb bei ihren kranken Eltern in Wien. Sie arbeitete als Krankenschwester im jüdischen Spital, ihrem Einsatz verdankt zum Beispiel der Schriftsteller Robert Schindel das Leben. 1946 wurde sie endlich in den USA mit ihren Kindern vereint. Sie starb drei Jahre später an einer Krankheit, die sie sich in Wien zugezogen hatte. 2010 wurden ihre Tagebücher veröffentlicht. Es sind berührende und wichtige Zeugnisse über den Alltag der Jüdinnen und Juden in Wien unter der nationalsozialistischen Herrschaft.

078

Paulinka, Simon und Cyla Wiesenthal
bei einer Hochzeitsfeier,
Wien 1967
→

SIMON WIESENTHAL UND DAS WIENER WIESENTHAL INSTITUT FÜR HOLOCAUST-STUDIEN

»Ich behaupte, dass Simon Wiesenthal der wichtigste und bedeutendste Mann der II. Republik war. Seine größte Tragödie war, dass die Österreicher es bis heute nicht wissen. Simon Wiesenthal stand für Mut, Unbestechlichkeit, Hartnäckigkeit und Aufrichtigkeit – für Mut zuerst«. Dies schrieb der österreichische Schriftsteller Gerhard Roth 2012 in seinem Buch *Portraits*.

Simon Wiesenthal (1908–2005) wurde in Galizien geboren. Nachdem sein Vater im Ersten Weltkrieg gefallen war, übersiedelte die Familie nach Wien, später wieder zurück nach Galizien. Wiesenthal studierte zunächst in Prag Architektur und schloss sein Studium in Lemberg ab. Unter den sowjetischen Machthabern verlor er seine Berufszulassung, arbeitete bei einem Baumeister und wurde nach dem Einmarsch der NS-Truppen in Lemberg verhaftet. Im Sommer 1942 wurde seine Mutter Rosa Wiesenthal deportiert und starb. Simon und seine Frau Cyla Wiesenthal wurden in das Konzentrationslager Janowska deportiert, Cyla gelang die Flucht nach Warschau. 1944 wurde Wiesenthal ins Konzentrationslager Płaszów deportiert. 1945 fand der sogenannte Todesmarsch nach Mauthausen statt. Wiesenthal erlebte die Befreiung aus Mauthausen durch US-Soldaten und erfuhr, dass seine Frau lebt. Gemeinsam haben sie 89 Familienmitglieder in der Shoah verloren.

Bereits drei Wochen nach seiner Befreiung bot Wiesenthal seine Hilfe bei der Ausforschung von NS-Verbrechern an. Wenig später begann er für den amerikanischen Geheimdienst zu arbeiten, trennte sich dann wieder und eröffnete sein eigenes Büro. Ende der 1950er-Jahre arbeitete Wiesenthal intensiv an der Ausforschung Adolf Eichmanns mit, der 1961 in Israel zum Tode verurteilt wurde. 1960 übersiedelte Wiesenthal nach Wien. Zunächst arbeitete er mit der Israelitischen Kultusgemeinde zusammen. Eine Zusammenarbeit, die allerdings vier Jahre später wegen ständiger Konflikte beendet wurde. Er gründete das Dokumentationszentrum des Bundes Jüdischer Verfolgter des Naziregimes und widmete sich weiter der Ausforschung von NS-Verbrechern. Hier trug er zur Verhaftung einiger Täter, unter anderem des sogenannten »Schlächters von Vilnius«, Franz Murer, bei. Die Tatsache, dass es kaum zu Strafen kam, empörte Wiesenthal. Als der österreichische Bundeskanzler Bruno Kreisky ehemalige NSDAP- und SS-Angehörige als Minister bestellte und eine Koalition mit der FPÖ unter der Führung des ehemali-

gen SS-Obersturmführers Friedrich Peter erwog, erreichte ein schon länger bestehender Konflikt zwischen den beiden seinen Höhepunkt. Wiesenthal war international für seine konsequente Suche nach Gerechtigkeit hoch angesehen, doch seinem (Wahl-)Heimatland war er immer schon unbequem gewesen. Hier musste er besonders viele Anfeindungen ertragen. Sein Leben wurde verfilmt, ein Museum mit seinem Namen in Los Angeles eingerichtet. Im Inland erfolgreich war Wiesenthal mit seiner Forderung nach einem Shoah-Mahnmal, das im Jahr 2000 auf dem Judenplatz eröffnet wurde. Noch zu Wiesenthals Lebzeiten wurde das Konzept zu einem internationalen Zentrum zur Erforschung des Holocaust erarbeitet. 2008 wurde das Wiener Wiesenthal Institut für Holocaust-Studien gegründet, das seit 2017 am Rabensteig residiert und sich der Erforschung des Holocaust widmet. In diesem Jahr wurde auch das legendäre Büro von Simon Wiesenthal in der Salztorgasse bedauerlicherweise endgültig geschlossen.

Dass Simon Wiesenthal Architekt gewesen war, geriet über die Jahrzehnte zunehmend in Vergessenheit. Während seiner Inhaftierung im Konzentrationslager Mauthausen lernte Wiesenthal einen polnischen Gefangenen kennen, der ihm das Leben rettete. Aus Dankbarkeit entwarf Wiesenthal für ihn ein Café. Noch im Lager fertigte Wiesenthal erste Skizzen an. In den Wochen nach der Befreiung vervollkommnete er sie zu Zeichnungen, entwarf Außen- und Innenansichten, Kleidung für das Personal bis hin zu Werbeplakaten. Zur Errichtung des »Café As« kam es jedoch nie. Die 80 Zeichnungen Wiesenthals galten lange als verschollen, heute werden sie im Jüdischen Museum Wien aufbewahrt.

079

Shoah Mahnmal, 2019 →

DIE SHOAH UND ORTE DER ERINNERUNG IN ÖSTERREICH

Mit dem »Anschluss« Österreichs begann auch hier die gewalttätige Verfolgung, Vertreibung und schließlich Ermordung der österreichischen Jüdinnen und Juden. Unmittelbar nach dem Einmarsch der deutschen Truppen am 12. März 1938 kam es bereits zu Raubzügen in jüdischen Wohnungen und Geschäften durch Privatpersonen. Pogromartige antijüdische Ausschreitungen, Deportationen in das Konzentrationslager Dachau und die Einführung der sogenannten Nürnberger Gesetze waren die Folgen – die Entrechtung der Jüdinnen und Juden wurde gesetzlich verordnet.

Nach der Wiederaufnahme der Amtstätigkeit der Kultusgemeinde unter der Kontrolle von Adolf Eichmann wurde eine offizielle Auswanderung unter Hinterlassung des Eigentums und eventueller Vermögenswerte möglich. Zahlreiche diskriminierende Verordnungen wurden erlassen, wie zum Beispiel die Verpflichtung, die Vornamen »Sara« und »Israel« anzunehmen, oder das Verbot, öffentliche Parkanlagen zu betreten. Enteignungen (»Arisierung«) und Schließungen vieler Geschäfte wurden durchgeführt. In der Nacht vom 9. auf den 10. November 1938 wurden bis auf den Stadttempel alle Wiener Synagogen und Bethäuser zerstört und in Brand gesteckt. Im Novemberpogrom wurden Dutzende österreichische Jüdinnen und Juden getötet, mehr als 6500 verhaftet. Die Brutalität, mit der in Österreich gegen die Jüdinnen und Juden vorgegangen wurde, überraschte selbst in Deutschland. Bis 1941 hatten 100 000 Jüdinnen und Juden das Gebiet des ehemaligen Österreich verlassen. Dann begannen die Massendeportationen aus Wien. Fast 65 500 österreichische Jüdinnen und Juden wurden in Vernichtungs- und Konzentrationslagern ermordet.

In Wien und den Bundesländern gibt es heute zahlreiche Orte der Erinnerung, Gedenkstätten und Initiativen, damit »Niemals vergessen« nicht zu einer Floskel wird:

- Mahnmal für die österreichisch-jüdischen Opfer der Shoah am Judenplatz
- Projekt OT zur Erinnerung an die zerstörten Synagogen in 16 Wiener Bezirken
- Mahnmal Aspangbahnhof
- KZ-Gedenkstätte Ebensee und Zeitgeschichte-Museum
- KZ-Gedenkstätte Gusen
- KZ-Gedenkstätte Mauthausen
- Lern- und Gedenkort Schloss Hartheim

- Gedenkstätte KZ Melk
- Stollen der Erinnerung in Steyr
- Erinnerungsmal Strasshof
- Mahnmal für die Opfer des Nationalsozialismus in Baden
- Denkmal für die jüdische Gemeinde in Laa an der Thaya
- Mahnmal für die Zwangsarbeitslager St. Pölten-Viehofen
- Gedenkstätte »Garten der Erinnerung« in Frauenkirchen
- Gedenkstätte – Museum Peršmanhof
- Steine der Erinnerung, Steine des Gedenkens
- Dokumentationsarchiv des österreichischen Widerstandes
- Verein/Initiative »Österreichischer Auslandsdienst«
- Verein Gedenkdienst
- Verein/Initiative »IM-MER Initiative Malvine – Maly Trostinec erinnern«
- »Für das Kind« – Museum zur Erinnerung an die Kindertransporte
- RE.F.U.G.I.U.S – Rechnitzer Flüchtlings- und Gedenkinitiative/Mahnmal Kreuzstadl
- www.erinnern.at
- Arnold Schönberg Center
- Institut für Jüdische Geschichte Österreichs, ehem. Synagoge St. Pölten
- Jüdisches Museum Wien
- Sigmund Freud Museum
- Viktor Frankl Zentrum
- Wiener Wiesenthal Institut für Holocaust-Studien

080

DIE NACHKRIEGSZEIT UND DER SCHWIERIGE NEUSTART

Displaced-Persons-Lager in Wien, 1948
↓

»Sicherlich würden wir es nicht zulassen, dass eine neue jüdische Gemeinde aus Osteuropa hierherkäme und sich hier etablierte, während unsere eigenen Leute Arbeit brauchen.« Diese Worte, die der Bundespräsident der Republik Österreich Karl Renner im Februar 1946 an den britischen Delegationsleiter des Anglo-American Committee of Enquiry regarding the Problems of European Jewry and Palestine, Richard Crossman, richtete, stehen stellvertretend für das Empfinden der allermeisten Österreicherinnen und Österreicher unmittelbar nach dem Zweiten Weltkrieg. Die jüdische Gemeinde, die 1938 noch die größte im deutschsprachigen Raum und die drittgrößte in Europa war, lag zerstört am Boden. Knapp 5000 Jüdinnen und Juden hatten in Wien überlebt, als sogenannte U-Boote, durch nichtjüdische Partner oder Freunde geschützt. Eine kleine Gruppe von Überlebenden kehrte aus den Konzentrationslagern zurück. Einige Rückkehrer kamen aus Shanghai (einem wichtigen Zufluchtsort der Wiener Jüdinnen und Juden) oder aus Großbritannien, die meisten waren Kommunisten oder Sozialdemokraten, die sich am Aufbau des neuen Österreich beteiligen wollten. Die Rückkehrer waren alles andere als willkommen und sahen sich enormen bürokratischen Hürden, oft auch Schikanen gegenüber, wenn sie etwa ihre Wohnungen oder Firmen zurückbekommen wollten. Die österreichische Politik war an einer Wiedererrichtung der jüdischen Gemeinde nicht interessiert, daher erging auch keine Einladung an die Vertriebenen zu einer Rückkehr in ihre frühere Heimat. Österreich schwor sich nach dem Ende des Zweiten Weltkrieges auf die in der sogenannten Moskauer Deklaration von 1943 festgeschriebene These ein, dass das Land selbst das erste Opfer des Nationalsozialismus gewesen sei, daher keine Verantwortung übernehmen müsse und keine Wiedergutmachung zu leisten sei.

Zur gleichen Zeit befanden sich Zigtausende Jüdinnen und Juden, sogenannte DPs (Displaced Persons), in Wien, aber auch an anderen Orten in Österreich in Lagern, die die US-Armee betreute. Auf engstem Raum und unter prekären Verhältnissen warteten diese Überlebenden auf eine Weiterreise nach Palästina oder in die USA. Einige blieben hier und halfen beim schwierigen Wiederaufbau der Gemeinde mit. Ganz zum Missfallen der österreichischen Regierung. Innenminister Oskar Helmer warnte 1947, »dass ganz Österreich von den Juden überflutet würde«. Und Vizekanzler Adolf Schärf erklärte 1948 im Ministerrat: »Durch die Juden wurden ganze Gegenden Österreichs ruiniert. Ich erwähne nur das Gasteinertal.«

Auch wenn Rückkehrer und Überlebende aus der Wiener jüdischen Gemeinde vor 1938 das jüdische Leben nach 1945 entscheidend gestalteten, war das Engagement der Zuwanderer für den Weiterbestand enorm wichtig. Die Kultusgemeinde verfügte über keinerlei finanzielle Mittel, eine neue Infrastruktur aufzubauen, man kämpfte um die Rückgabe der enteigneten Immobilien oder Grundstücke. Nach der Rückgabe der ersten Ruinen der im Novemberpogrom 1938 zerstörten Synagogen entschloss sich die Israelitische Kultusgemeinde, diese Grundstücke an die Gemeinde Wien zu verkaufen, meist um einen viel zu günstigen Preis, doch man brauchte dringend Geld für den Wiederaufbau.

1948 wird der aus Ungarn angekommene Akiba Eisenberg zum Oberrabbiner ernannt. Langsam beginnt das Gemeindeleben wieder neu zu erstehen.

081

MAX BERGER UND MARGIT DOBRONYI. ZWEI PROTAGONISTEN DES JÜDISCHEN NACHKRIEGS-WIEN

Die Lebensgeschichten von Margit Dobronyi (1913–2009) und Max Berger (1924–1988) stehen stellvertretend für die Zusammensetzung der Wiener jüdischen Gemeinde nach der Shoah. Beide stammten aus dem Osten Europas, hatten die Zeit des Nationalsozialismus auf abenteuerlichem Weg überlebt, in Wien eine neue Heimat gefunden und wurden hier aktive Mitglieder der Israelitischen Kultusgemeinde. Und beide haben der Wiener jüdischen Gemeinde und der Stadt Wien ein wichtiges Erbe hinterlassen. Max Berger als Sammler von Judaica, Margit Dobronyi als fotografische Chronistin der Entwicklung des Gemeindelebens von 1960 bis zum Jahr 2000.

Max Berger in seiner Wohnung, 1960er-Jahre
↓

Max Bergers Familie stammte aus Galizien, er wurde 1924 in Gorlice geboren. Sein Vater Roman war Inhaber eines Sägewerks. Seine Eltern und seine Geschwister wurden im Konzentrationslager ermordet, Max Berger konnte durch seine Kenntnisse über Holzverarbeitung im Konzentrationslager Płaszów in der Lagertischlerei arbeiten und überlebte so die Zeit des Nationalsozialismus. Als einziger Überlebender seiner Familie schlug er sich als 21-Jähriger nach Österreich durch. Seine erste Station war das Displaced-Persons-Lager im früheren Rothschild-Spital am Währinger Gürtel in Wien. Durch seine familiäre Ausbildung geprägt, gründete Max Berger gemeinsam mit einem Partner eine Möbelfabrik, die später als Cirobe Stilmöbel bekannt wurde. Mit dem ersten Geld, das Max Berger verdiente, kaufte er Judaica. Bereits in den 1950er-Jahren machte er sich auf Flohmärkten, in Antiquitätengeschäften und Auktionshäusern auf die Suche nach jüdischen Kultgegenständen,

Margit Dobronyi auf der Gangway einer El-Al-Maschine, 1960er-Jahre →

die er vor Zweckentfremdung schützen wollte. Er sammelte aber auch, weil er damit an seine ermordeten Familienmitglieder erinnern wollte. Seine Wohnung im früheren (jüdischen) Palais Schwarzmann am Schottenring 35 wurde durch seine Sammelleidenschaft immer mehr zu einem Museum und zu einem Treffpunkt von Künstlern, Politikern und Vertretern der jüdischen Gemeinde. Max Bergers Wunsch war es, dass seine Sammlung einmal in einem Museum zugänglich gemacht wird. So übergab er nach der (Wieder-)Gründung des Jüdischen Museums Wien seine Sammlung dem Museum mit der Auflage, dass die Stadt Wien in Israel Bäume pflanzt und es im Museum eine Inschrift im Gedenken an seine ermordete Familie gibt. Beides wurde umgesetzt, allerdings erlebte Max Berger nur eine Ausstellung seiner Sammlung, denn er starb noch bevor das Jüdische Museum eine endgültige Heimstätte gefunden hatte.

Margit Dobronyi, 1913 in eine ungarische Rabbinerfamilie in Budapest geboren, hat die Shoah überlebt und kam 1956 im Zuge des Ungarn-Aufstands, eines versuchten Freiheitskampfs gegen die Sowjetmacht, nach Wien, als eine von 200 000 jüdischen und nichtjüdischen ungarischen Flüchtlingen. Als alleinerziehende Mutter von drei Kindern musste sie für den Lebensunterhalt sorgen, kaufte sich eine Kamera und begann kurzerhand und meist ungefragt die Feste und Feierlichkeiten der jüdischen Gemeinde zu fotografieren, so auch in der Wohnung von Max Berger. In einer Zeit, in der Kameras rar waren, entwickelte sie die Fotos rasch und sandte die Ausdrucke mit einem Erlagschein an die verschiedenen Familien, welche die Fotos dann gern kauften, wenngleich sie nicht gerade eine Mezzie (siehe Kapitel 073: Jiddisch im Wienerischen) waren. Margit Dobronyi fotografierte mehr als 40 Jahre lang und wurde damit zur fotografischen Chronistin der jüdischen Gemeinde in ihrem Wiederaufleben. Das Jüdische Museum Wien erwarb ihre 250 000 Fotos, die heute als wichtigste Bildquelle zur Geschichte der Juden nach 1945 gelten.

Im Gegensatz zu den aus Wien vertriebenen Jüdinnen und Juden konnten sich Zuwanderer wie Margit Dobronyi oder Max Berger in Wien etablieren, da sie die Shoah nicht in Wien erlebt hatten und sie so nicht mit den Wienerinnen und Wienern in Verbindung brachten. In ihre Heimatländer konnten und wollten sie genau aus diesem Grund nicht mehr zurück.

082

DIE ENTWICKLUNG DER VIERTEN GEMEINDE

Das Jahr 1945 bedeutete das Ende für die jüdische Gemeinde und gleichzeitig einen Neuanfang. Die ersten Jahre der vierten jüdischen Wiener Gemeinde waren gekennzeichnet vom Kampf um die Rückgabe der enteigneten Objekte und des Vermögens – und das inmitten einer antisemitischen und nicht gerade freundlich agierenden Gesellschaft. So saßen die zurückgekehrten Jüdinnen und Juden sprichwörtlich auf den gepackten Koffern. Dennoch wurden alle Anstrengungen unternommen, eine neue Struktur aufzubauen. 1945 konnte nur der Stadttempel provisorisch in Betrieb genommen werden. Von den früheren Synagogen waren nur noch die Ruinen übrig.

1949 wurden die zionistische Jugendbewegung Hashomer Hatzair (1913 in Galizien als Pfadfinderbewegung mit Schwerpunkt auf einer Auswanderung nach Palästina und Schaffung von Kibbuzim gegründet) und die orthodox-zionistische Jugendbewegung Bnei Akiva (1927 in Jerusalem als Organisation entstanden, die die jüdische Ethik und das zionistische Ideal in den Mittelpunkt stellt) wiederbegründet. Beide Jugendorganisationen bestehen bis heute in Wien und sind beliebt und erfolgreich.

In der Weihburggasse wurde 1952 ein orthodoxes Bethaus eingerichtet, das vor allem von Jüdinnen und Juden ungarischer Herkunft besucht wurde. Dort befand sich auch ein koscheres Restaurant, in dem viele Feiern, Bar Mizwas etc. stattfanden.

Wesentlich für die Entstehung der neuen Gemeinde nach 1945 waren die Displaced Persons aus Osteuropa, 1956 der Zuzug von 17 000 jüdischen Flüchtlingen aus Ungarn und vor allem in den 1970er- und 1980er-Jahren von Jüdinnen und Juden aus den Ländern der ehemaligen Sowjetunion. Hier waren es jüdische Zuwanderer aus Usbekistan, Georgien und anderen Gebieten der damaligen Sowjetunion, die sich entschieden, statt in Israel in Österreich ein neues Leben aufzubauen. Diese sogenannten bucharischen Juden (nach der usbekischen Stadt Buchara) stellen heute ein Drittel der Gemeindemitglieder und haben sich im Lauf der Jahre eine ansehnliche Infrastruktur aufgebaut. Auch aus dem Iran erfolgte ein Transit von Jüdinnen und Juden durch Österreich. Viele von ihnen leben heute in Los Angeles.

Trotz ihrer pluralistischen Struktur gelang es der jüdischen Gemeinde, die Einheit zu bewahren und zu stärken. Heute ist die Israelitische Kultusgemeinde eine der wenigen jüdischen Gemeinden Europas, die als Einheitsgemeinde die verschiedensten Strömungen umfasst. Im europäischen Vergleich ist auch

Lauder-Chabad-Campus, 2012 →

die Infrastruktur, die die jüdische Gemeinde im Lauf der Jahrzehnte schaffen konnte, herausragend. Ende 1980er-Jahre übersiedelte das Gemeindezentrum von der Bauernfeldgasse in die Seitenstettengasse, Schulen wurden gegründet, wie etwa die Zwi-Perez-Chajes-Schule oder das Jüdische Berufliche Bildungszentrum, das geschaffen wurde, um auch die Integration der neu zugewanderten Migrantinnen und Migranten aus der ehemaligen Sowjetunion voranzutreiben. Neben Deutschkursen werden Lehrausbildungen unter anderem in IT und Büromanagement bis zur Berufsreifeprüfung angeboten.

1994 wurde das Psychosoziale Zentrum ESRA gegründet, das für NS-Überlebende, jüdische Migrantinnen und Migranten und für Wiener Jüdinnen und Juden, aber auch für traumatisierte Asylanten aller Konfessionen eingerichtet wurde. 1999 und 2003 wurden die Lauder-Chabad-Campus und die Lauder Business School ins Leben gerufen.

Das 2009 eröffnete Maimonides-Zentrum, das auf den Gründen errichtet wurde, die die Gemeinde Wien der Kultusgemeinde als Ersatz für die 1938 enteigneten Hakoah-Gründe übergeben hatte, besteht heute aus einem Schulzentrum, dem jüdischen Elternheim und dem Sportplatz der Hakoah.

2011 fanden die European Maccabi Games erstmals nach 1945 in einem deutschsprachigen Land statt. Mehr als 2000 jüdische Sportler aus aller Welt zogen im Rahmen der Eröffnungszeremonie auf dem Wiener Rathausplatz ein.

Aus spärlichsten Anfängen heraus hat die jüdische Gemeinde seit 1945 einen beachtlichen Aufschwung erfahren und stellt heute eine kleine, diverse und gleichzeitig sehr selbstbewusste jüdische Gemeinde dar.

083

RESTITUTION

Nach dem Ende des Zweiten Weltkrieges zog sich Österreich auf seine in der Moskauer Deklaration von 1943 festgeschriebene Rolle als erstes Opfer des Nationalsozialismus zurück. Daher war von weitreichenden Rückstellungen von geraubten Vermögen, Immobilien, Firmen, Grundstücken oder Kunst keine Rede. Zwar wurden 1949 Rückstellungsgesetze beschlossen, die aber viele Hürden beinhalteten, sodass es den meisten vertriebenen Jüdinnen und Juden nicht möglich gemacht wurde, überhaupt Anträge zu stellen. Es gab einen stillen Konsens darüber, dass man, wie es Innenminister Oskar Helmer formulierte, die Sache in die Länge ziehen sollte. Auf Druck der USA wurden insgesamt sieben Rückstellungsgesetze beschlossen, die allerdings weiterhin kurze Einreichfristen vorsahen oder auch nicht international publik gemacht wurden, damit möglichst wenige Anträge gestellt würden.

Erst im Gefolge der Waldheim-Affäre hielt Bundeskanzler Franz Vranitzky 1991 im Parlament eine Rede, in der er die Mitschuld Österreichs an den Verbrechen des Nationalsozialismus einräumte und sich der Verantwortung Österreichs stellte. Eine Rede, die er zwei Jahre später in Jerusalem noch einmal hielt. 1998 wurde durch die Historikerkommission eine umfassende und wissenschaftlich fundierte Aufbereitung der Grundlagen für eine Rückgabe des enteigneten jüdischen Vermögens in allen Bereichen der Wirtschaft und Gesellschaft geschaffen. Sie erstellte 54 Einzelberichte, an denen 160 Wissenschaftlerinnen und Wissenschaftler drei Jahre gearbeitet hatten. Im Jänner 2001 verpflichtete sich die Republik Österreich im Washingtoner Abkommen zu einem Programm, das unter anderem eine sofortige Entschädigung an NS-Überlebende für entzogene Mietrechte, Hausrat und persönliche Wertgegenstände vorsah, beziehungsweise zusätzliche Sozialleistungen für Überlebende. 2001 wurde ein Allgemeiner Entschädigungsfonds zur umfassenden Lösung offener Fragen errichtet. Für die Abwicklung der Entschädigungsforderungen ist seitdem der Nationalfonds der Republik Österreich für Opfer des Nationalsozialismus zuständig, der im Parlament ressortiert und seit 1995 von Hannah Lessing geleitet wird.

1998 wurde das Kunstrückgabegesetz geschaffen. Mit der Einführung der Kommission für Provenienzforschung begann eine breit angelegte Erforschung der Bestände österreichischer Museen in Bezug auf Kunstwerke, die während der NS-Zeit ihren rechtmäßigen Besitzern entzogen und nicht rückgestellt worden waren. Auslöser war Egon Schieles *Bildnis Walburga Neuzil* (Wally), das als Leih-

»Ciao Adele«, Plakat der Gewista anlässlich der Restitution des Gemäldes *Adele Bloch-Bauer I* und weiterer Kunstwerke Gustav Klimts 2006
→

gabe der Sammlung Leopold in einer Ausstellung im Museum of Modern Art in New York zu sehen und dort als Raubkunst beschlagnahmt worden war. Es folgte ein jahrelanger Rechtsstreit, bis es 2010 zu einer außergerichtlichen Einigung kam und das Kunstwerk nach einer Zahlung von 19 Millionen Dollar nach Wien zurückkehrte. Internationale Aufmerksamkeit auf die Kunstrestitution in Österreich lenkte auch die Diskussion um das Porträt *Adele Bloch-Bauer I* von Gustav Klimt, das nach einem langen Rechtsstreit von der Republik Österreich an die Nichte von Adele Bloch-Bauer zurückgestellt werden musste. Später wurde das Bild von Ronald Lauder gekauft und ist nun in der Neuen Galerie in New York zu besichtigen. Der Rechtsstreit um die »Goldene Adele« wurde mit Helen Mirren in dem Film *Woman in Gold* verarbeitet. Aufsehen erregte 1996 die sogenannte Mauerbach-Auktion, bei der Tausende ehemals enteignete Kunstwerke versteigert wurden, ohne dass zuvor deren Provenienz überprüft worden wäre, und von denen davon auszugehen war, dass deren frühere Besitzer eruiert hätten werden können. Die Folge des jahrzehntelangen nachlässigen Umgangs mit dem Thema Restitution ist, dass Österreich heute spät, aber doch, über eines der vorbildlichsten Rückgabegesetze verfügt. Die systematische Provenienzforschung in den öffentlichen Institutionen wird weiterhin durchgeführt und gilt heute als exemplarisch.

084

DAS JÜDISCHE MUSEUM WIEN. EIN LEBENDIGER BEGEGNUNGSORT

1895 wurde in Wien das erste jüdische Museum der Welt gegründet. Gründerväter waren assimilierte Wiener Juden, die auch daran erinnern wollten, wie ihre Vorfahren in Osteuropa gelebt hatten: die Architekten Wilhelm Stiassny und Max Fleischer, der Mediziner Adam Politzer und der Schauspieler Adolf Sonnenthal. Das Museum wechselte sehr oft seinen Standort und verfügte zunächst über Räume in der Rathausstraße, dann in der Krugerstraße, in der Praterstraße und schließlich in der Malzgasse. Über die Jahre entstand eine eindrucksvolle Sammlung an Objekten. Der Genremaler Isidor Kaufmann gestaltete für das Museum eine Schabbatstube, die zu einer Hauptattraktion des Museums wurde. 1938 ordnete die Gestapo die Schließung des Jüdischen Museums an. Die Objekte wurden in einer antisemitischen Ausstellung im Naturhistorischen Museum gezeigt. Nach dem Zweiten Weltkrieg erhielt die jüdische Gemeinde einen Großteil der Objekte zurück, später stellte sich heraus, dass mehr als die Hälfte der 6500 Objekte verschwunden sind.

Am 18. November 1988 wurde das Jüdische Museum (wieder-)gegründet. Die Idee dazu entstand mitten in der Affäre um den damaligen österreichischen Bundespräsidenten Kurt Waldheim, der wesentliche Details seiner militärischen Laufbahn im Zweiten Weltkrieg verschwiegen hatte. Der Wiener Bürgermeister Helmut Zilk setzte mit ideeller Unterstützung durch Teddy Kollek (den aus Wien stammenden langjährigen Bürgermeister von Jerusalem) die Idee um, ein Jüdisches Museum neu entstehen zu lassen. Zunächst gab es kein Gebäude, die Ausstellungen wurden im Amtssitz der Israelitischen Kultusgemeinde gezeigt. Erst 1993, fünf Jahre später, wurde das Palais Eskeles, das ehemalige Kunstpalais des Auktionshauses Dorotheum in der Dorotheergasse 11, als Ort für das Jüdische Museum ausgewählt. Wie in anderen Städten auch sollte in Wien das Jüdische Museum als Stätte der Erinnerung dienen, anstelle des vielschichtigen, lebendigen Judentums, wie es vor 1938 präsent war. In Ermangelung einer kritischen Auseinandersetzung mit dem kollektiven Gedächtnis im Hinblick auf die Shoah wurde das Jüdische Museum Wien zu einem Gedächtnisort. Ihm kam daher für lange Zeit die Aufgabe zu, als einzige kulturelle Institution die Zeit des Nationalsozialismus zu vermitteln. Ein bedeutender Teil der Sammlungen des Jüdischen Museums Wien stammt vom Sammlerehepaar Max (1924–

Chanukka im Jüdischen Museum Wien, 2016 →

1988) und Trude Berger (1925–2010). Max Berger, der als Einziger seiner Familie die Shoah überlebte, begann bereits in den späten 1950er-Jahren, jüdisches Kulturgut aus Zentral- und Osteuropa zu sammeln. Sein Bestreben war es, die Objekte davor zu retten, zweckentfremdet verwendet zu werden, und auch, die zerstörte jüdische Welt seiner Kindheit und seiner Vorfahren zu rekonstruieren.

Heute versteht sich das Jüdische Museum Wien als ein Ort der Auseinandersetzung mit der jüdischen Geschichte, Religion und Kultur, mit Gedenken und Erinnern, mit Wien und der Welt, vom Mittelalter bis zur Gegenwart. Es überrascht mit neuen Sichtweisen auf das österreichische Judentum. Es lädt Menschen aller Kulturen und Generationen zum Dialog ein, ermutigt, Fragen zu stellen und am kreativen Prozess teilzunehmen. Verstärkt wird nun die Rolle des Museums als Ort der Begegnung, der Auseinandersetzung, der Verständigung und des gemeinsamen Erlebens wahrgenommen. Viele Veranstaltungen, aber auch die gemeinsam mit den Besucherinnen und Besuchern begangenen Feiertage, ermöglichen vertiefende Einblicke in die Themen der Ausstellungen und in das jüdische Leben.

Seit dem Jahr 2000 verfügt das Jüdische Museum Wien über einen zweiten Standort, das Museum Judenplatz. Dort sind nicht nur temporäre Ausstellungen zu besuchen, sondern wird auch die mittelalterliche Wiener jüdische Geschichte vermittelt. Zudem sind die Fundamente der 1421 zerstörten Wiener Synagoge zu besichtigen, ein Raum, an dem man jüdische Wiener Geschichte nachempfinden kann wie sonst an wenigen Orten.

085

DAS PALAIS ESKELES

Das Palais Eskeles in der Dorotheergasse 11, in dem das heutige Jüdische Museum seinen Sitz hat, blickt auf eine wechselvolle Geschichte zurück. Das heutige Palais war Teil des 1414 gegründeten Dorotheen-Stifts der Augustiner Chorherren, später wurde es unter die Verwaltung des Stifts Klosterneuburg gestellt, die Räumlichkeiten wurden vermietet, dann verkauft.

Anfang des 19. Jahrhunderts diente das Palais seinen meist adeligen Besitzern hauptsächlich als Kapitalanlage. 1804 gelangte es in den Besitz von August von Holzmeister, ein Jahr später in jenen von Anna Maria von Dietrichstein, Mieterin war zu dieser Zeit unter anderen Mozarts Witwe Constanze. 1812 gehörte das Haus Paul III. Anton Fürst Esterházy, der es 1813 an Aloys Fürst Kaunitz-Rietberg verkaufte. 1823 musste er es einem Gläubiger, dem Bankhaus Arnstein und Eskeles, übergeben. Ab 1827 lebte Graf Alexander Náko de Szent Miklós als neuer Besitzer fast 70 Jahre im Palais, das er klassizistisch umgestalten ließ und das zu dieser Zeit als Palais Náko firmierte.

1895 kauften es die Baumeister Ignaz Fleischer und Salomon Stein, die es ein Jahr später an Hugo Othmar Miethke übergaben. Er führte eine bauliche Adaptierung des Gebäudes durch. Die Wiener Baufirma Kupka & Orgelmeister gestaltete den Eingangsbereich neu und schuf einen überdachten Ausstellungssaal im Innenhof. Der in Potsdam geborene Miethke eröffnete eine Galerie für zeitgenössische Kunst, aber auch alte Meister, die im ersten Stock gezeigt wurden. Die übrigen

Schriftzug »Museum« von Brigitte Kowanz auf dem Palais Eskeles, 2019
↓

Palais Eskeles außen, 2020 →

Räume dienten als Wohnbereiche und wurden teilweise auch vermietet. 1904 verkaufte er die Galerie an Paul Bacher, der den Innenhof von Koloman Moser umgestalten ließ und Carl Moll als Leiter engagierte. Moll präsentierte die französische Moderne, Klimt (er wurde exklusiv von Miethke vertreten) und Schiele die Wiener Werkstätte. Das Palais beherbergte nun die Avantgarde-Galerie des Landes. Nach Bachers Tod übernahm der Kunsthändler Hugo Haberfeld die Leitung der Galerie. 1914 zeigte er eine Einzelausstellung von Pablo Picasso. 1934 war ein Bereich des Gebäudes als Wohnort für Engelbert Dollfuß vorgesehen. Haberfeld flüchtete 1938 mit seiner Familie nach Paris. 1940 wurde die Firma Miethke ohne weitere Anmerkungen aus dem Handelsregister gelöscht.

Das Dorotheum übernahm die Liegenschaft, richtete hier seine Kunst- und Briefmarkenabteilung ein und nahm 1981 große bauliche Veränderung vor. Unter anderem wurden verschiedene klassizistische Holzdecken eingebaut und ein aus dem abgerissenen Palais Kaunitz stammendes Deckenfresko von Antonio Marini angebracht, das allerdings nach der Anmietung des Gebäudes durch die Stadt Wien für das Jüdische Museum abgedeckt wurde. 1993 erfolgte ein weiterer Umbau durch die Bürogemeinschaft »Eichinger oder Knechtl«, die Stadt Wien benannte das Palais in Palais Eskeles um, nach seinem kurzzeitigen Besitzer, den Bankier und Mitbegründer der Nationalbank, Bernhard von Eskeles. 2003 kaufte die Wienholding das Gebäude und führte 2011 eine große Funktionssanierung durch. An der Fassade ist seitdem ein Werk der österreichischen Lichtkünstlerin Brigitte Kowanz angebracht. Es trägt den Schriftzug »Museum« in hebräischen Lettern.

086

HEBRÄISCHER BUCHDRUCK IN WIEN UND DIE JÜDISCHE BIBLIOTHEK

Die Geschichte des hebräischen Buchdrucks begann in Wien im Vergleich zu anderen europäischen Städten spät, nämlich erst am Ende des 18. Jahrhunderts. Nicht jüdische Gelehrte standen am Anfang, denn ihnen blieb der Buchdruck trotz des Toleranzpatents von Joseph II. verwehrt. Das Drucken von hebräischen Büchern war nur christlichen Buchdruckern erlaubt.

Obwohl erst spät angelaufen, wurde Wien bald das Zentrum der hebräischen Buchproduktion. Mit Anton Schmid setzte sich ein Buchdrucker in Szene, der durch hochwertige Papierqualität und prächtige Gestaltung die ausländische Konkurrenz vom Markt fegte. Rasch wurden die Drucke aus Wien in ganz Europa bekannt. Zufrieden mit seinem Erfolg, übergab Schmid dem Kaiser 200 Bände seiner hebräischen Drucke, der diese Schenkung der k. k. Hofbibliothek (der heutigen Nationalbibliothek) einverleibte. Doch das sollte nicht die einzige Stiftertätigkeit Schmids bleiben. Ab 1814 überreichte er je ein Exemplar seiner gedruckten hebräischen Bücher an die »Herrn Vertreter der Israeliten« und legte damit den Grundstock zur jüdischen Gemeindebibliothek. Die Bücher wurden anfangs im sogenannten Dempfingerhof aufbewahrt, in dem knapp zwei Jahre zuvor das neue Bethaus eingeweiht worden war.

Die Anfänge der jüdischen Bibliothek sind mit der Gründung der israelitischen Religionsschule in Wien verbunden. Obwohl Joseph II. bereits 1781 die Gründung einer jüdischen Schule angeregt hatte (was die Gemeinde allerdings aufgrund von Befürchtungen ablehnte, dies könnte dem Geist der jüdischen Aufklärung abträglich sein), entstand diese Schule erst 1812 im Gebäude des Bethauses Dempfingerhof. Die Schulbibliothek, die aus den Schenkungen des Buchdruckers Schmid bestand, umfasste bald mehr als 300 Bände. Weitsichtig setzte der spätere Religionslehrer Leopold Breuer ein fixes Ankaufsbudget für die Schulbibliothek bei der Gemeindeführung durch und ebnete den Weg für eine Trennung der Bibliothek von der Religionsschule. 1852 durfte sich die Israelische Kultusgemeinde endlich konstituieren. Der Umfang ihrer Bibliothek erweiterte sich, sodass 1905 bereits 15 500 Bücher gezählt werden konnten. Schon einige Jahre zuvor hatte sich die Bibliothek für die Allgemeinheit geöffnet. Eine Volksbibliothek entstand, in der auch nichtbegüterte Juden lernen konnten.

1938 schlossen die Nazis die Bibliothek und brachten den gesamten Bestand nach Berlin.

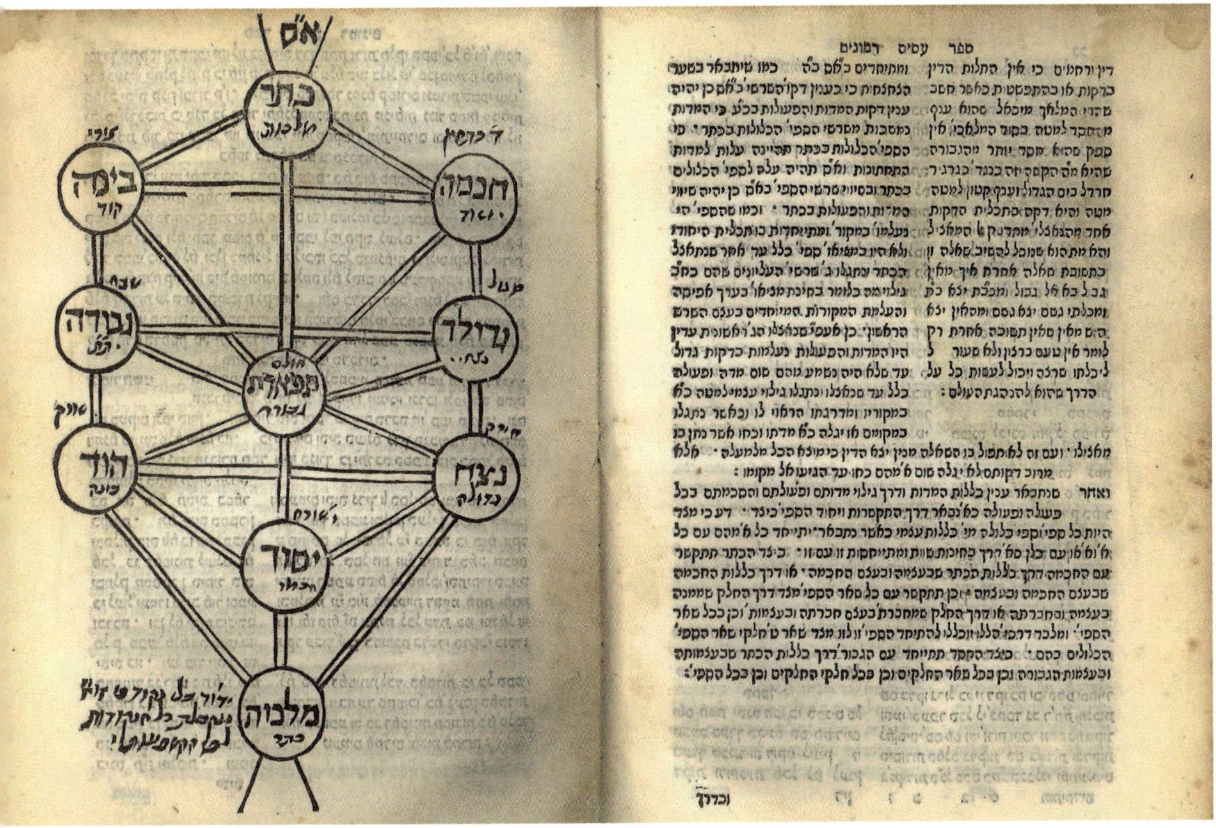

↑
Sefirotdarstellung aus Shemuel Galiko: Asis Rimonim, 1601

Die Aufnahme der Bücher wurde von Zwangsarbeitern durchgeführt. Bei einem Brand nach einem Bombenangriff wurde ein großer Teil der Bücher zerstört. Ein anderer Teil befand sich in Theresienstadt. Die Bände dieses Teils erhielten die Signatur »Ghettobibliothek«, die heute noch zu finden ist. Nach der Befreiung des Konzentrationslagers Theresienstadt wurden die Bücher nach Prag gebracht und dem dortigen Jüdischen Museum übergeben. Teile von Beständen, die schon zuvor aus Berlin nach Schlesien und Nordböhmen ausgelagert wurden, befinden sich im Jüdischen Historischen Institut in Warschau.

Nach der Shoah dauerte es viele Jahre, bis in Wien wieder eine jüdische Bibliothek gegründet wurde – bis 1992, als die Israelitische Kultusgemeinde ihre Bibliothek als permanente Leihgabe dem Jüdischen Museum der Stadt Wien überließ. Sie wurde 1994 als Abteilung des Wiener Jüdischen Museums im ehemaligen Festsaal der Israelitischen Kultusgemeinde in der Seitenstettengasse wiedereröffnet und besteht aus früheren Beständen der IKG, aus Eigenerwerbungen beziehungsweise Sammlungen des Museums und Schenkungen.

Am 25. November 2014 feierte das Jüdische Museum den 20. Jahrestag seiner Bibliothek. Diese Periode war geprägt von einer Aufarbeitung des vollkommen ungeordneten Bestandes. Die Bücher mussten erst nach Inhalt, Sprache, Umfang sortiert werden. Heute ist die Bibliothek elektronisch erfasst und dem österreichischen Bibliotheksverbund angeschlossen.

087

PHANTASTISCHER REALISMUS

In den 1950er-Jahren entstand die Wiener Schule des Phantastischen Realismus, die ganz im Kontrast zur aktuellen abstrakten und performativen Kunst eine manieristisch und mythisch anmutende Strömung abbildete. Sie orientierte sich an den alten Meistern und ihrer technischen Perfektion, stand aber auch dem Surrealismus nahe. Ernst Fuchs (1930–2015), Arik Brauer (geboren 1929) und Friedensreich Hundertwasser (1928–2000) waren drei der wichtigsten Protagonisten. Von der Kunstkritik im Gegensatz zum Abstrakten oft als »Kitsch« abgewertet, gelang der Wiener Schule des Phantastischen Realismus ab 1959 der internationale Durchbruch. Neben zahlreichen Gruppenausstellungen im In- und Ausland wurden auch die Einzelausstellungen der Künstler erfolgreich.

Der Universalkünstler Arik Brauer stammt aus Ottakring und ist der Sohn eines jüdischen Schuhmachermeisters, der von den Nazis ermordet wurde. Er arbeitete als Tischlerlehrling für den Ältestenrat der Juden in Wien. Das Ende der Nazi-Diktatur überlebte Brauer versteckt. Unmittelbar nach dem Ende des Zweiten Weltkrieges begann er sein Studium an der Akademie der bildenden Künste Wien, engagierte sich kurz in der KPÖ-Jugendbewegung Freie Österreichische Jugend (FÖJ) und begann zu reisen: mit dem Fahrrad nach Paris zu Ernst Fuchs und Friedensreich Hundertwasser, dann nach Afrika. In Israel trat er als Tänzer und Sänger auf, lernte seine Frau Naomi kennen und zog mit ihr nach Paris, wo er seinen Durchbruch als Maler feierte. Mittlerweile eine Familie, kehrten die Brauers nach Wien zurück, gleichzeitig wurde ein Haus in Israel zur zweiten Heimat. Brauer gestaltete Bühnenbilder, inszenierte Opern, baute Häuser und startete als Sänger von Liedern im Wiener Dialekt eine fulminante Karriere, gleichzeitig unterrichtete er als Professor an der Akademie der bildenden Künste Wien. Arik Brauers Erleben und Erfahren Israels und die Auseinandersetzung mit der Tora sind prägend für seine Malerei. Neben all dem lebt Brauer bewusst im Einklang mit der Umwelt, die er als hohes Gut betrachtet. Heute gibt es ein Arik-Brauer-Museum im Wohnhaus der Familie.

Der Maler Friedensreich Hundertwasser setzte sich engagiert für den Umweltschutz ein. Sein Credo waren Individualität, Fantasie und das Einbeziehen der Natur in die Architektur. Seine Beschäftigung mit der Natur brachte ihn zur Spirale, die in seiner Formsprache immer wieder vorkommt. 1962 gelang Hundertwasser auf der Biennale von Venedig der Durchbruch. Er erhielt den Österreichischen Staatspreis und unterrichtete

DAS GLÜCK WOHNT IN DER GROTTENBAHN

Drei prominente Vertreter der Wiener Schule der modernen Malerei – im Bild von links nach rechts: Ernst Fuchs, Erich Brauer und Fritz Hundertwasser – begegnen uns hier nicht als Maler sondern als Architekturkritiker. Sie wenden sich gegen alles, was nichts als zweckmäßig ist, sie hoffen auf die Menschen, die sich in die Romantik des Schrebergartens flüchten, um dort ihre Sentimentalitäten und Eigenarten zu pflegen. Die Maler, die Gründer des „Pintorariums", vertreten extreme Standpunkte, sie steigern sich gegenseitig zu überspitzten Formulierungen, und sie wollen gewiß auch provozieren. All dies in Rechnung gestellt, bietet ihr Gespräch immer noch Anregung genug. Als Provokation zum Nachdenken geben wir wieder, was Fuchs, Brauer und Hundertwasser vor kurzem bei einem ihrer seltenen Zusammentreffen in Wien in intimer Runde äußerten.

↑
Ernst Fuchs, Arik Brauer und Friedensreich Hundertwasser diskutieren in diesem Artikel über die aktuelle Architektur der 1960er-Jahre und eine wünschenswerte Zukunft.

an der Akademie der bildenden Künste Wien. Seine Bauten entstanden nach ökologischen Grundsätzen. Sein Neubau eines städtischen Wohnbaus im 3. Wiener Gemeindebezirk ist bis heute eine Touristenattraktion. Das Kunsthaus Wien, das ebenfalls von Hundertwasser gestaltet wurde, ist das erste Museum, das ein Umweltgütesiegel trägt. Hundertwasser reiste gern und hatte Wohnsitze in Venedig und Neuseeland.

Ernst Fuchs wurde, nachdem sein Vater nach dem »Anschluss« nach Shanghai flüchten konnte, katholisch getauft, überlebte in einem Heim und erhielt eine Malausbildung. Nach dem Ende des Zweiten Weltkrieges studierte er an der Akademie der bildenden Künste Wien, begann zu reisen und beschäftigte sich mit Ikonenmalerei. Biblische Themen, Astrologie und Mystik setzte er in seinen spirituellen Motiven um. 1972 kaufte er die Villa von Otto Wagner und baute sie nach seinen künstlerischen Vorstellungen um. Heute befindet sich dort sein Privatmuseum. Zur Wiener Schule des Phantastischen Realismus sagte Arik Brauer 2019 in seiner Ausstellung im Jüdischen Museum, es habe keinen Plan zur Gründung dieser Bewegung gegeben, es sei einfach passiert.

088

DAS JEWISH WELCOME SERVICE UND SEIN GRÜNDER LEON ZELMAN

Eine wichtige Organisation, die sich seit Jahrzehnten dafür einsetzt, aus Wien vertriebene Jüdinnen und Juden beziehungsweise deren Nachkommen in ihre frühere Heimat einzuladen und hier zu betreuen, ist das Jewish Welcome Service Vienna. Es übernimmt eine wichtige Kommunikations- und Vermittlungsfunktion, die nach dem Zweiten Weltkrieg gefehlt hat. Politik und Gesellschaft der Nachkriegsjahre haben es verabsäumt, an Jüdinnen und Juden eine Einladung zur Rückkehr auszusprechen. Im Gegenteil, Rückkehrwilligen wurde es besonders schwergemacht, in ihrer früheren Heimatstadt wieder Fuß zu fassen, ganz zu schweigen davon, ihr geraubtes Eigentum wieder zurückzuerhalten.

Treibende Kraft bei der Gründung des Jewish Welcome Service Vienna war Leon Zelman (1928–2007), selbst ein Überlebender der Shoah. Der in Polen geborene Zelman wurde zunächst in das Ghetto Łódź deportiert, dann nach Auschwitz. Seine Eltern und sein Bruder wurden getötet. Zelman wurde in das Konzentrationslager Ebensee, ein Außenlager von Mauthausen, überstellt und dort von amerikanischen Truppen befreit. In Wien studierte er Publizistik und war Mitbegründer der Zeitschrift *Das Jüdische Echo*. Als Mitarbeiter des Österreichischen Verkehrsbüros wurde er zum Fachmann für Reisen von und nach Israel, wo er ein gesteigertes Interesse von vertriebenen österreichischen Jüdinnen und Juden an ihrer früheren Heimat feststellte. Viele konnten sich diese Reisen aber nicht leisten.

So entstand die Idee, eine Geste der Versöhnung anzubieten und Einladungen zur Rückkehr an Vertriebene auszusprechen. Gemeinsam mit dem damaligen Bürgermeister Leopold Gratz und Stadtrat Heinz Nittel gründete er 1980 das Jewish Welcome Service Vienna. Präsident der Organisation ist der jeweilige Bürgermeister der Stadt Wien. Ausgangspunkt und Ziel des Jewish Welcome Service Vienna war es auch, die Präsenz einer lebendigen jüdischen Gemeinde nach der Shoah zu dokumentieren. Nachdem in den Nachkriegsjahren nur wenige der früheren österreichischen Jüdinnen und Juden aufgrund des feindseligen Verhaltens Österreichs ihre frühere Heimat auch nur besuchten, war es umso wichtiger, Einladungen auszusprechen. Das Jewish Welcome Service begann daher, zunächst kleinere Gruppen von vertriebenen Jüdinnen und Juden zu einem Besuch nach Wien einzuladen. Seit 1989 besuchten im Rahmen des Programms »Welcome to

↑
Empfang des Jewish Welcome Service Vienna im Rathaus, Anfang der 1990er-Jahre

Vienna« Tausende 1938 vertriebene österreichische Jüdinnen und Juden ihre Geburtsstätten in Österreich.

Die Idee Leon Zelmans war es, mit dem Jewish Welcome Service Vienna im Sinne der weltoffenen Tradition Wiens und des Judentums durch Information über die Geschichte und die Gegenwart Brücken für die Zukunft zu bauen und damit auch zu einem besseren Verständnis beizutragen.

Hauptaufgabe der Organisation ist die Betreuung jüdischer Besucherinnen und Besucher. Dies geschieht durch eine Vielfalt an Projekten und Aktivitäten, wie das Einladungsprogramm für vertriebene Jüdinnen und Juden und deren Nachkommen, aber auch für interessierte Jüdinnen und Juden weltweit. Die Unterstützung von Gedenk- und Erinnerungsinitiativen sowie Kooperationen mit Schulen und anderen Bildungseinrichtungen sind ein weiterer wichtiger Bestandteil der Arbeit des Jewish Welcome Service Vienna.

Leon Zelman setzte sich auch für ein Haus der Geschichte im Palais Epstein ein, das unter anderem der jüdischen Geschichte und Kultur gewidmet sein sollte. Diese Initiative fand im Gegensatz zum Jewish Welcome Service Vienna keine Umsetzung. Seit 2013 wird der Leon-Zelman-Preis an Personen, Projekte und Organisationen vergeben, die sich im Sinne Zelmans aktiv für die Erinnerung an die Shoah und den Dialog zwischen dem heutigen Österreich und den Opfern der NS-Verfolgung und ihren Nachkommen einsetzen.

089

MESUSA – EIN WICHTIGES JÜDISCHES SYMBOL

Mesusa im
Jüdischen Museum Wien, 2019
←

Wer durch die Eingangstür des Jüdischen Museums Wien tritt, geht an einem wichtigen jüdischen Symbol vorbei, einer Mesusa. Im Fall des Museums ist an der Außentür des Hauses ein kleines weißes Kästchen angebracht. Dies ist die Hülle für den Inhalt, der wesentlich wichtiger ist als die äußere Bedeckung, die nur zum Schutz vor der Witterung oder Beschädigung dient.

Jedes jüdische Haus, jede jüdische Wohnung sollte mit einer Mesusa gekennzeichnet sein. Mesusa bedeutet eigentlich »Türpfosten« und bezieht sich auf einen kleinen schmalen Behälter, in dem sich eine Pergamentrolle befindet, auf der das jüdische Glaubensbekenntnis beziehungsweise das wichtige Gebet Schma Israel geschrieben ist. Dieses Zeichen wird im oberen Drittel an der rechten Seite einer Tür am Türstock angebracht. Durchgeführt wird die Anbringung im besten Fall von einem Rabbiner, auf jeden Fall aber mit einem Segensspruch. Eine Mesusa am Eingang anzubringen, ist ein Gebot, das auf das 5. Buch Mose der Tora zurückgeht: »Du sollst diese Worte auf die Türpfosten deines Hauses und deiner Stadttore schreiben.«

Mesusot werden an Türen von Häusern, Wohnungen oder Büros befestigt. Nicht nur an der Außentür, sondern auch im Inneren, am Eingang zu jedem Raum, außer zum Bad oder zur Toilette. Dieses Symbol soll an die Verbindung zwischen Gott und Mensch erinnern sowie auf die Nächstenliebe hinweisen. Die Mesusa bedeutet, dass das Haus beziehungsweise dessen Bewohner, auch wenn sie sich woanders befinden, beschützt werden.

Die Art und Beschaffenheit der Mesusa kann vielfältig sein. Essenziell ist der Inhalt, nämlich die Pergamentrolle. Das Gebet Schma Israel muss von einem Schriftgelehrten handschriftlich verfasst sein, und das vor allem fehlerlos, also rein (koscher). Heute gibt es Mesusot in allen Arten und Formen, von zeitgenössischen Künstlern gefertigt: antike Mesusot, Mesusot mit Sportsymbolen oder Mesusot für Kinder.

Die Anbringung einer Mesusa ist mit einer Feier verbunden, oft auch mit einer Hauseinweihung. Angebracht kann das Symbol vom Haushaltsvorstand oder, wie erwähnt, von einem Rabbiner werden. Fromme Jüdinnen und Juden berühren die Mesusa beim Eintritt in die Wohnung oder in das Haus. Mindestens zwei Mal in sieben Jahren muss kontrolliert werden, ob sie auch wirklich nicht beschädigt ist. Es gilt, dadurch den Schutz über das Haus aufrechtzuerhalten.

Die erste Schenkung, die das Jüdische Museum Wien erhielt, war eine Mesusa. Sie zeigt ein Sujet von Marc Chagall und wurde dem Museum 1993 anlässlich ihrer Anbringung am Jüdischen Museum von niemand Geringerem als dem langjährigen Bürgermeister von Jerusalem und gebürtigen Wiener Teddy Kollek übergeben. Seitdem ist sie am ersten Raum der Dauerausstellung *Unsere Stadt* angebracht und erinnert jede Besucherin und jeden Besucher nicht nur daran, welches Haus sie oder er betritt, sondern auch an Teddy Kollek, der an der Idee der Gründung eines Jüdischen Museums in Wien in den 1980er-Jahren maßgeblich beteiligt war. Die Anbringung durch Oberrabbiner Paul Chaim Eisenberg erfolgte am 18. November 1993 im Beisein von Teddy Kollek. Nach der Sanierung des Palais Eskeles wurde die von Teddy Kollek gestiftete Mesusa ins Innere des Museums verlegt.

090

DIE ZEHN GEBOTE

Wie in jeder Kirche findet man in jeder Synagoge die Zehn Gebote. Sie weichen allerdings im Judentum von jenen des Christentums ab. Das Judentum kennt 613 Gebote, die Moses am Berg Sinai mitgeteilt wurden, davon sind 365 Verbote (die Tage des Jahres) und 248 Gebote (entsprechend den Gliedern des menschlichen Körpers). Die Zehn Gebote sind die ersten dieser 613 und werden in der Tora als zehn Worte (Aseret ha-Dibrot) bezeichnet, im Griechischen Dekalog genannt.

Die ersten fünf Gebote im Judentum beginnen mit »Du sollst« und sind Regeln zwischen Mensch und Gott, die zweiten fünf Gebote beginnen mit »Du sollst nicht« und gelten als Regeln zwischen den Menschen.

1. Ich bin der Herr, dein Gott, der dich aus Ägypten geführt hat.
2. Du sollst keine anderen Götter haben. Du sollst dir kein Bildnis machen.
3. Du sollst den Namen Gottes nicht missbrauchen.
4. Gedenke des Sabbattages, dass du ihn heiligst.
5. Du sollst deinen Vater und deine Mutter ehren.
6. Du sollst nicht töten.
7. Du sollst nicht ehebrechen.
8. Du sollst nicht stehlen.
9. Du sollst nicht falsch Zeugnis reden wider deinen Nächsten.
10. Du sollst nicht begehren was dein Nächster hat.

In der Tora kommen die Zehn Gebote zwei Mal vor (im 2. und im 5. Buch Mose), allerdings in etwas unterschiedlichen Fassungen und ohne Nummerierung. Die Gebote gelten sowohl für Juden als auch für Christen.

Das erste Gebot setzt voraus, dass man die Geschichte des Judentums und die Befreiung aus der ägyptischen Sklaverei kennt. Wir sollen stets daran erinnert werden, dass ein Leben in Freiheit nicht selbstverständlich ist. Das zweite Gebot existiert im Christentum in dieser Form nicht. Im Judentum gibt es im Gegensatz zum Christentum ein Bilderverbot, in Synagogen finden sich keine Bilder – von einigen Ausnahmen abgesehen. So haben zum Beispiel die Gründerväter von Hollywood eine Synagoge in Los Angeles, den Wilshire Boulevard Temple, von Filmausstattern mit großflächigen Bibelszenen bemalen lassen. Das dritte Gebot bedeutet im Judentum, dass man den Namen Gottes nicht unnötig gebrauchen soll. Schriftstücke, auf denen der Name Gottes vorkommt, dürfen im Judentum nicht weggeworfen werden. Das vierte Gebot im Judentum geht weit über die Einhaltung

Tora-Schild, 1857 →

eines Ruhetages hinaus. Der Schabbat soll als etwas ganz Besonderes, als ein heiliger Tag angesehen und vor allem eingehalten werden. Wer Vater und Mutter ehrt, dem wird ein langes Leben versprochen. Hier geht es auch um Respekt vor der Schöpfung, die den Menschen geschaffen hat. Vater und Mutter werden gleichermaßen genannt, und es wird auf die Wichtigkeit aufmerksam gemacht, dass man über Generationen füreinander sorgen soll, um eine fruchtbare, gut funktionierende Gesellschaft aufrechtzuerhalten.

Auch wenn die Zehn Gebote auf dem Berg Sinai dem jüdischen Volk übergeben wurden, gelten sie heute als normative Lehrsätze der Menschenrechte, denn sie können eigentlich als universales Gesetz angesehen werden, welches das Zusammenleben zwischen den Menschen regelt.

Die Tafeln, die am Sinai übergeben wurden, sind zunächst in der Bundeslade und später im Tempel aufbewahrt worden. Bis heute finden sich die Zehn Gebote nicht nur als Gesetzestafeln in den Wiener Synagogen, sondern scheinen auch auf Judaica, zum Beispiel auf Tora-Schilden auf. Vor allem sollen sie uns als ethische Maßstäbe für das Zusammenleben in einer friedlichen Welt dienen.

091

SCHABBAT – DER RUHETAG DER WOCHE

← Das Anzünden der Kerzen, 2001

Der Schabbat ist der Ruhetag der Woche, ein Tag, an dem keine Arbeit verrichtet werden darf. Wie alle Tage im jüdischen Kalender beginnt er am Vorabend, dauert also vom Sonnenuntergang am Freitag bis zum Eintritt der Dunkelheit am nächsten Tag, Samstagabend.

Der Schabbatabend ist ein feierlicher Abend, der einige Vorbereitung benötigt. So wird Essen vorgekocht, Brot gebacken und die Wohnung für den festlichen Anlass vorbereitet. Zu Sonnenuntergang (hier gilt eine genau festgesetzte Zeit) entzünden die Frauen die Schabbatkerzen, um Frieden und Einkehr in das Haus zu bringen. Nach dem Besuch des Abendgottesdienstes werden Segenssprüche über Wein und Brot gesprochen. Während des darauffolgenden Abendessens wird gesungen und über den Wochenabschnitt der Tora diskutiert. Der Samstag ist ein Ruhetag, an dem nicht gearbeitet wird. Man besucht die Synagoge, es wird der wöchentliche Abschnitt aus der Tora gelesen, man betet für Kranke, gedenkt der Verstorbenen, spricht Gebete für die Gemeinde, den Staat Israel, aber auch für das Land, in dem man lebt. Der Tag sollte zur Erholung und Besinnung genützt werden.

Auch der Ausgang des Schabbat wird mit einer besonderen Zeremonie begangen. Nach dem Abendgebet wird der Segen über ein Glas Wein gesprochen. Anschließend wird die Hawdalakerze (eine geflochtene Kerze mit zwei Dochten) mit dem Rest des Weins gelöscht. Man riecht an Besamimbüchsen, in denen sich wohlriechende Gewürze wie etwa Gewürznelken befinden, um die Heiligkeit des Schabbat in die neue Woche mitzunehmen und sich bereits wieder auf den nächsten Schabbat zu freuen.

1899 wurde der bedeutende Maler Isidor Kaufmann beauftragt, eine Gute Stube (einen Schabbatraum) für das damals neu gegründete Jüdische Museum zu gestalten. Die ursprüngliche Idee war, den meist assimilierten Wiener Jüdinnen und Juden zu zeigen, wie ihre Vorfahren im Schtetl den wöchentlichen Feiertag Schabbat noch vor einigen Generationen gefeiert hatten. Kaufmann entwarf eine Installation, die zu der Zeit einzigartig war. Seine Schabbatstube war buchstäblich ein Zimmer, das zu besuchen und zu erkunden war, um den Schabbat mit all seinen geistigen, traditionellen und religiösen Bedeutungen zu erleben.

Diese Installation erhielt sofort Aufmerksamkeit über die Grenzen der österreichisch-ungarischen Monarchie hinaus. Das ganze Zimmer reiste durch Europa und war in verschiedenen Städten ausgestellt, bis es nach Wien zurückkam und seine Heimat wieder im Jüdischen Museum an seinem letzten Standort in der Malzgasse fand.

Im Jahr 1938 wurde das Jüdische Museum von den Nationalsozialisten geschlossen und die Schabbatstube zerstört. Die Sammlung des Museums wurde beschlagnahmt, einschließlich der Judaica und Kunstwerke, die im Schabbatraum gezeigt wurden. Nach dem Zweiten Weltkrieg waren nur noch zehn Objekte aus dem Raum und eine fotografische Dokumentation der ursprünglichen Installation erhalten geblieben.

2013 rekonstruierte die israelische Künstlerin Maya Zack die Schabbatstube mit innovativen Mitteln. Mithilfe der Fotodokumentation der Schabbatstube und einem intensiven Studium der Arbeit von Isidor Kaufmann interpretierte Zack die Installation, die 1938 von den Nationalsozialisten zerstört worden war. Die Arbeit ist eine Reise in die Vergangenheit und kann heute im Jüdischen Museum besichtigt werden.

092

FEIERN IM FRÜHEN FRÜHJAHR – TU BISCHWAT UND PURIM

Tu Bischwat ist das Neujahrsfest der Bäume, das im Jänner stattfindet. Nach der Regenzeit sollen die Bäume gedeihen, an diesem Tag isst man Früchte und bedankt sich für alles, was uns von der Natur in dieser Hinsicht gegeben wird. Mensch und Baum werden hier auch verglichen. Es heißt, dass der Mensch einem Baum auf dem Felde gleicht. Unsere Wurzeln, die uns ernähren, gehen zurück auf Abraham und Sarah. Unsere Baumkrone reicht bis zum Himmel, man steht aber dennoch auf der Erde. Die Früchte sind ein Symbol für die guten Taten, die man geleistet hat.

Das fröhlichste und ausgelassenste Fest des jüdischen Jahres ist Purim. Es ist ein Freudenfest, denn es erinnert an die Errettung des jüdischen Volkes, das im 5. Jahrhundert vor der Zeitenwende im persischen Exil lebte. Der höchste Beamte des Königs Achaschwerosch (Xerxes I.), Haman, wollte alle Jüdinnen und Juden in Persien ermorden, und zwar an einem bestimmten Tag. Darüber sollte ein Los (Pur: Einzahl von Purim) entscheiden. Das Los fiel auf den 13. Adar (im gregorianischen Kalender im Februar oder März). Die mutige Königin Ester fastete, verrichtete Gebete und fasste den Mut, den König anzusprechen. Sie und ihr Onkel Mordechai, der einmal einen Mordanschlag auf den König verhindert hatte, wirkten auf den König ein und konnten ihn davon abbringen, das jüdische Volk in Persien auslöschen zu lassen.

Aus diesem Anlass versammelt man sich in der Synagoge und erinnert sich an die Ereignisse vor 2500 Jahren in Persien. Der Gottesdienst gestaltet sich fröhlich. Es wird aus dem Buch Ester (Megillat Ester) gelesen, das die Geschichte von Purim erzählt. Wann auch immer der Name Haman fällt, soll Lärm gemacht werden, um seinen Namen zu übertönen. Dazu werden Ratschen (Raschanim oder Gragger) benützt.

Es ist üblich, Geschenke an Verwandte und Freunde zu schicken sowie an Bedürftige zu verteilen, darunter sollen auch Lebensmittel sein. Gegessen werden Hamantaschen, süße, gefüllte Teigtaschen. Zu Purim muss viel gegessen und vor allem getrunken werden. Man soll so viel Alkohol konsumieren, bis man nicht mehr zwischen Haman und Mordechai unterscheiden kann. Purim wird auch als »jüdischer Fasching« bezeichnet, denn es ist üblich, sich zu verkleiden. Früher war es Brauch, sich als eine der Gestalten der Purim-Geschichte zu verkleiden, heute sind viele verschiedene Verkleidungen möglich.

Im Buch Ester heißt es: »Das sind die Tage, an denen die Juden wieder Ruhe hatten vor ihren Feinden; es ist der Monat, in dem sich ihr Kummer in Freude verwandelte und ihre

↑
Purim in der Misrachi, mit Paul Chaim Eisenberg, Prof. Josef Grünberger und anderen, 1969

Trauer in Glück.« In diesem Sinn wird auch in Wien Purim als ausgelassenes Fest gefeiert.

Ester-Rollen (Handschriften auf Pergament) finden sich in allen Synagogen in Wien. Vor 1938 gab es in Wien fast 100 Synagogen und Bethäuser für die große Wiener jüdische Gemeinde. Anfang des 18. Jahrhunderts konstituierte sich eine türkisch(-jüdisch)e Gemeinde, die später über einen prächtigen, in orientalisch-maurischem Stil gehaltenen Tempel in der Zirkusgasse im 2. Wiener Gemeindebezirk verfügte. 1937, ein Jahr vor dem »Anschluss«, hatte der Vorsitzende des Tempelvorstands, der Bankier David Mordechai Halfon, die Idee, sämtliche im türkischen Tempel befindlichen Judaica fotografieren zu lassen. Durch diese Fotos ist der Bestand des türkischen Tempels dokumentiert. Im Novemberpogrom 1938 wurde, wie fast alle anderen Wiener Synagogen, auch der türkische Tempel zerstört. Viele der Objekte sind seither verschwunden. Eine der Ester-Rollen blieb erhalten und kann bis heute noch Zeugnis über die Wiener türkisch(-jüdische) Gemeinde und deren Tradition ablegen.

093

DAS PESSACH-FEST – EINER DER WICHTIGSTEN FEIERTAGE

Das Pessach-Fest im Frühjahr stellt für jüdische Familien einen der wichtigsten Feiertage des Jahres dar. Es ist das Fest, zu dem alle zusammenkommen, um gemeinsam eines essenziellen Ereignisses in der jüdischen Geschichte zu gedenken: des Auszugs aus Ägypten und der Befreiung von der Sklaverei. Am Beginn stehen die beiden festlichen Seder-Abende (in Israel ein Abend) mit einem feierlichen Nachtmahl, an denen aus der Haggada gelesen wird, die die Geschichte vom Auszug aus Ägypten erzählt.

Die Vorbereitungen für Pessach sind intensiver als für alle anderen jüdischen Feiertage. Im Angedenken an die historischen Ereignisse gibt es das Gebot, dass sieben Tage lang nichts Gesäuertes gegessen werden darf. Daher muss die gesamte Wohnung, vor allem die Küche, ganz besonders gereinigt werden, damit kein Überbleibsel von Brot, Getreide oder anderem Gesäuerten in den Räumen bleibt. Das Geschirr, das man während des Jahres verwendet, darf nicht für diesen Feiertag verwendet werden oder muss ganz speziell geputzt werden. Diese Großreinigung, aus der vermutlich der Osterputz hervorgegangen ist, stellt eine immense Aufgabe dar, vor allem für die Frauen in der Familie.

Im Lauf des Abends erinnert man an das Ende der Knechtschaft, daher müssen symbolische Speisen auf einem speziellen Seder-Teller bereitgestellt sein: ein Knochen als Symbol für das Pessach-Lamm, Bitterkraut (Maror) in Erinnerung an die bitteren Zeiten, ein Gemisch aus Äpfeln, Nüssen und Zimt (Charosset), das die Ziegel verkörpert, die die Juden in Ägypten herstellen mussten, ein hart gekochtes Ei als Symbol der Vergänglichkeit und Trauer über die Zerstörung des Tempels, Petersilie als Frucht des Gartens und der Hoffnung, Salzwasser, das die Tränen des jüdischen Volkes symbolisiert, und ungesäuertes Brot (Mazza).

Pessach-Teller gibt es in unzähligen Varianten, bis hin zu wahren Kunstwerken, wie einem Seder-Teller aus dem späten 18. Jahrhundert, der plastische Figuren aufweist, mit Behältern, die zur Aufnahme der symbolischen Speisen bestimmt sind. Die Figuren stellen die Sklavenarbeit in Ägypten dar. Dieser Teller aus der Sammlung von Max Berger ist im Jüdischen Museum Wien ausgestellt. Eine andere Art von Seder-Teller, ebenfalls aus dieser Sammlung, wurde ursprünglich als Austernteller im Kurort Karlsbad produziert (Austern sind keine koscheren Tiere und dürfen

Seder-Teller aus einer Austernschale, »Made in Czechoslovakia, Karlsbad«, Anfang des 20. Jahrhunderts →

nicht verzehrt werden). Ein findiger Kurgast kaufte kurzerhand den gesamten Vorrat, ließ die Teller mit hebräischen Buchstaben für die symbolischen Pessach-Speisen beschriften und verkaufte sie. Durch die Flucht und Emigration finden sich Teller wie diese heute in vielen verschiedenen Ländern. Und wenn die Geschichte mit dem Kurgast nicht wahr ist, so ist sie jedenfalls gut erfunden.

Damit die kleineren Kinder im Lauf des langen Abends nicht müde werden, wird zu Beginn des Nachtmahls ein Mazzastück versteckt, der Afikoman, der am Ende des Abends mit einem Geschenk an den Finder ausgelöst wird. Der jüngste Teilnehmer fragt traditionell nach der Bedeutung verschiedener Aspekte des Festes, die dann erklärt werden. Im Anschluss an das Festessen suchen die Kinder das versteckte Mazzastück. Eine wunderbare Idee, um sie an diesem langen Abend wach zu halten. Traditionelle Lieder werden gesungen und Dankesgebete für die Befreiung aus der Sklaverei gesprochen. Der Abend wird mit dem Wunsch beendet: »Nächstes Jahr in Jerusalem.« Sieben Wochen nach Pessach wird Schawuot, das Wochenfest, gefeiert. Dieses Fest erinnert an die Übergabe der Tora am Berg Sinai, gleichzeitig ist es ein Erntedankfest. Man isst milchige Speisen, denn die Tora wird mit Milch verglichen, die ein Kind genüsslich trinkt.

094

ERINNERUNG AN DIE SCHÖPFUNG UND ZEIT DER REFLEXION

Taschlich-Gebet am Donaukanal
zu Rosch Haschana, 1993
←

Im Herbst finden wesentliche Feiertage des jüdischen Jahres statt. Am Beginn steht das jüdische Neujahrsfest Rosch Haschana (Rosch: Kopf; Schana: Jahr, also wörtlich übersetzt: Kopf des Jahres). Es dauert zwei Tage und erinnert an die Schöpfungsgeschichte. Genauer gesagt an den sechsten Tag, die Erschaffung der Menschen, Adam und Eva. Zu Neujahr isst man süße Speisen. Äpfel und Brot werden in Honig getaucht, damit das neue Jahr süß und angenehm wird. Gegessen werden auch Granatäpfel, weil sie angeblich 613 Kerne haben. 613 ist die Zahl der Verbote und Gebote, die Juden erfüllen sollen. Auf dem Neujahrstisch ist meistens auch ein Fischkopf zu finden, ein Symbol dafür, dass der Kopf näher sein soll als der Unterleib. Zum Neujahrsfest wird auch das Taschlich-Gebet gesprochen. Die Gemeinde versammelt sich an einem Fluss und wirft Brösel aus den Taschen in das Wasser. Die Brösel symbolisieren die Sünden, die man begangen hat. Man macht sozusagen reinen Tisch für das neue Jahr. In Wien finden die Taschlich-Gebete an verschiedenen Stellen am Donaukanal statt.

Rosch Haschana gilt als Beginn des neuen Jahres, als eine Zeit der Rückschau und eines Blickes in die Zukunft, eine Zeit der Reflexion und des Bilanzziehens. Im Anschluss an das Neujahrsfest finden zehn Bußtage statt, bis zum höchsten Feiertag: Jom Kippur. In dieser Zeit versucht man Streit, Konflikte und Probleme aus der Welt zu schaffen. Man wünscht einander, dass einem im Buch des Lebens ein gutes Jahr eingeschrieben sei. Denn Gott sitzt in diesen Tagen über die Menschen zu Gericht und entscheidet das Schicksal für das nächste Jahr. Es gibt drei Bücher: eines für die guten, eines für die schlechten und das dritte für jene Menschen, die es sich noch verbessern können.

Am Versöhnungstag Jom Kippur wird gefastet. Der Feiertag endet mit dem Blasen des Schofar-Horns, dessen tiefer, durchdringender Klang die Gläubigen seit dem Neujahrstag begleitet und aufrütteln soll. Das Schofar ist ein Widderhorn, das an die Prüfung von Abraham erinnert, der seinen Sohn Isaak hätte opfern sollen, stattdessen aber einen Widder geopfert hat.

Zu den Feiertagen im Herbst gehört auch Sukkot, das Laubhüttenfest. Es ist ein Freudenfest, an dem man sich für die Ernte bedankt, aber auch für die Früchte, die das Leben geschenkt hat. Es erinnert an die 40-jährige Wanderung der Israeliten durch die Wüste. Jüdische Familien bauen eine Sukka (Laubhütte) im Hof oder auf dem Balkon, essen während der sieben Tage des Festes darin und laden Freunde und Gäste ein. Zu Sukkot gehört ein Feststrauß mit vier Pflanzenarten, die das jüdische Volk symbolisieren, darunter eine Zitrusfrucht (Etrog), die früher in kostbaren Büchsen aufbewahrt wurde. Mit dem Fest der Gesetzesfreude (Simchat Tora) endet der herbstliche Festkreis. Man beginnt den Jahreszyklus wieder, indem die letzte und die erste Geschichte der Tora im Gottesdienst vorgelesen werden.

Das jüdische Jahr beginnt mit Rosch Haschana. Im jüdischen Kalender werden die Jahre ab dem Zeitpunkt der Schöpfung der Welt gezählt, die im Jahr 3761 vor der Zeitenwende angesetzt wurde. Dadurch befinden wir uns laut dem jüdischen Kalender bereits im sechsten Jahrtausend. Das Jahr 2020 ist daher im jüdischen Kalender das Jahr 5780, zu Rosch Haschana im Herbst 2020 beginnt das Jahr 5781. Man wünscht sich Schana tova u-metuka – ein gutes und süßes neues Jahr!

095

EIN CHANUKKA-LEUCHTER AUS SARAJEVO

Im Winter, der dunklen Jahreszeit, findet das Lichterfest Chanukka statt. Es beginnt jedes Jahr am 25. Tag des Monats Kislew, nach dem gregorianischen Kalender im November/Dezember, und dauert acht Tage. Bei diesem Fest wird der Wiedereinweihung des Zweiten Tempels in Jerusalem im Jahr 164 vor der Zeitenwende gedacht. Die kleine Gruppe der Makkabäer hatte die Seleukiden, die syrisch-hellenische Herrschaft, besiegt, die die Ausübung des jüdischen Glaubens verboten und den Tempel entweiht hatten. Am 25. Kislew sollte der Tempel wieder eingeweiht werden, in Erinnerung an das Leben der Juden in der Wüste und an den Mischkan, das Stiftzelt (eine Art mobiler Tempel), das dort an diesem Tag aufgestellt wurde. Judas Makkabäus ließ den Tempel reinigen und wollte die Menora, den Leuchter, entzünden. Der Überlieferung nach war aber nur ein kleiner Krug geweihten Öls übrig, und es hätte acht Tage gedauert, neues Öl herzustellen. Durch ein Wunder reichte es dennoch für acht Tage.

Chanukka-Leuchter aus Bosnien, Ende des 19. Jahrhunderts
↓

Im Zentrum steht daher bis heute der Chanukka-Leuchter mit acht Kerzen und einer »Dienerkerze«. Am ersten Tag wird eine Kerze angezündet, am nächsten Tag zwei und so weiter, bis am Ende acht Kerzen brennen. Die neunte Kerze ist die erwähnte »Dienerkerze« (Schamasch), mit der die anderen angezündet werden. Das Chanukka-Wunder soll an zwei Wunder erinnern: an eine kleine Menge Öl, die wider Erwarten acht Tage brannte, und an die kleine Gruppe der Makkabäer, die es schaffte, das immens große Heer der Seleukiden zu besiegen. Das Fest soll in Erinnerung rufen, dass auch eine noch so kleine Gruppe an Menschen etwas verändern kann, wenn sie nur will.

An der Erinnerung an das Chanukka-Wunder soll jeder teilhaben. Chanukka ist ein Familienfest, daher sollen die Familienmitglieder gemeinsam die Kerzen oder Öllämpchen für dieses Fest entzünden. Währenddessen soll

↑
Chanukka in einem
Wiener Haushalt, 2004

jede Arbeit ruhen. Beim Entzünden der Kerzen werden Segenssprüche gesprochen und Lieder gesungen, deren Inhalt das Chanukka-Wunder ist. Danach wird mit einem Kreisel (Dreidl oder Sevivon) gespielt, der mehrere Buchstaben aufweist, welche übersetzt die Worte »Ein großes Wunder geschah dort« bedeuten. Je nachdem, welcher Buchstabe nach dem Drehen des Kreisels erscheint, bekommt man entweder den ganzen, den halben Einsatz oder gar nichts. Gespielt wird um Symbolisches, zum Beispiel Schokomünzen oder Zuckerl. Der Leuchter, auch Chanukkia genannt, wird entweder am Fenster oder im Türrahmen aufgestellt, damit das Wunder auch nach außen verbreitet wird. Beim Freudenfest Chanukka werden in Öl gebackene Speisen, Latkes (Kartoffelpuffer) oder auch Sufganjot (Krapfen), gegessen.

Die Chanukka-Leuchter können verschieden gestaltet sein: aufwendig, einfach, prächtig, aus wertvollen Materialien oder verspielt – für Kinder. Chanukka-Leuchter lassen manchmal auch Rückschlüsse auf ihre Herkunft zu. Ein Leuchter aus Sarajevo im Jüdischen Museum Wien erinnert an einen Halbmond und weist mit bunten runden Aufsätzen auf seinen orientalisch anmutenden Ursprung hin. Der Leuchter, der vom Sammler Max Berger gekauft wurde, erinnert viele Besucherinnen und Besucher des Museums, die aus Bosnien stammen, an ihre frühere Heimat und das dortige Zusammenleben zwischen verschiedenen Traditionen und Religionen in der Vergangenheit.

Wie in zahlreichen anderen Städten hat sich mittlerweile auch in Wien durchgesetzt, dass auf öffentlichen Plätzen große Chanukka-Leuchter aufgestellt werden und diese im Rahmen einer Feier erleuchtet werden, zum Beispiel am Stock-im-Eisen-Platz.

096

BAR MIZWA UND BAT MIZWA

Bat Mizwa im Stadttempel, 2014
←

In allen Kulturen und Religionen wird das Leben eines Menschen von Riten und Festen begleitet. Das folgende Talmudtraktat bildet den Rahmen für den jüdischen Lebenszyklus:

Mit fünf Jahren soll man
die Heilige Schrift lesen,
mit zehn die Mischna,
mit dreizehn die Gebote erfüllen,
mit fünfzehn den Talmud studieren,
mit achtzehn heiraten.
Mit zwanzig Jahren ist man verantwortlich;
mit dreißig erhält man die Vollkraft,
mit vierzig den Verstand,
mit fünfzig die Gabe des Rates;
mit sechzig kommt die Weisheit;
mit siebzig zu grauem Haar;
mit achtzig erreicht man das hohe Alter;
mit neunzig geht man gebückt.
Der Hundertjährige ist gleichsam tot
und der Welt entzogen.

Es stammt aus den Sprüchen der Väter, die eine unendliche Quelle an Weisheiten für das Leben darstellen.

Mit 13 die Gebote zu erfüllen, bedeutet, dass ein Bub zum Bar Mizwa, zum Sohn der Pflicht, wird. Mädchen erreichen dieses Alter bereits mit zwölf Jahren. Es ist das wichtigste Ereignis im religiösen Leben eines Burschen oder Mädchens. Ab diesem Zeitpunkt gelten für sie alle Rechte und Pflichten eines erwachsenen Gemeindemitglieds. Dieser Übergang vom Kind zum Erwachsenen ist an die körperliche Reife gebunden und bedeutet, dass man ab diesem Zeitpunkt selbst für sich und seine Taten verantwortlich ist.

Abgeleitet wird der Zeitpunkt aus der Tora, wo Shimon und Levi für ihre Schwester kämpfen. Es heißt im Buch Genesis: »Es ergriff jeder Mann sein Schwert.« Levi war genau an diesem Tag 13 Jahre alt geworden. Zurückzuführen ist die Bar Mizwa im heutigen Sinn auf den Nürnberger Rabbiner Mordechai ben Hillel, der 1298 im Zuge eines fürchterlichen Pogroms getötet wurde.

Burschen lesen zu diesem Zeitpunkt zum ersten Mal aus der Tora, mit einer Zeremonie für Mädchen wurde erst im Zuge der Emanzipation Anfang des 20. Jahrhunderts von den USA ausgehend begonnen. Im Reformjudentum lesen auch Mädchen aus der Tora. In vielen Gemeinden halten Mädchen zur Bat Mizwa kleine Vorträge oder tragen religiöse Texte vor. Nach den religiösen Feierlichkeiten gibt es meist ein Fest für die Jugendlichen. Für die gründliche Vorbereitung auf das »religiöse Erwachsenwerden« soll man sich Zeit nehmen. In religiösen Familien beginnt das Lernen bereits mit drei Jahren.

Vor der Shoah, als die Wiener jüdische Gemeinde noch 200 000 Mitglieder zählte, wurden Schüler zum Lernen für die Bar Mizwa in Gruppen unterrichtet. Aus dieser Zeit stammt ein Objekt im Jüdischen Museum Wien, das damals an der Eingangstür zu jenem Raum angebracht war, in dem der Unterricht stattfand. Über dieses Objekt ist wenig bekannt. Vermutlich stammt es aus der größten Wiener Synagoge, dem Leopoldstädter Tempel. Es ist im Schaudepot des Jüdischen Museums zu sehen und kam, als das Museum 1993 im Palais Eskeles eröffnet wurde, als Dauerleihgabe der Israelitischen Kultusgemeinde in den Bestand. Von vielen dieser Feste gibt es umfangreiche Fotodokumente aus der Nachkriegszeit bis heute, die illustrieren, wie freudig dieser Umstieg in die Verantwortung des Erwachsenenlebens gefeiert wird.

097

BRIT MILA

Die Beschneidung oder Brit Mila (hebräisch: Bund der Beschneidung) ist einer der ältesten Bräuche der jüdischen Religion und wird als Verbindung des jüdischen Volkes mit Gott angesehen. Nach der Tora befahl Gott Abraham, sich zu beschneiden, um einen Bund einzugehen. »Das ist mein Bund zwischen mir und euch samt deinen Nachkommen, den ihr halten sollt. Alle männlichen Kinder bei euch müssen, sobald sie acht Tage alt sind, beschnitten werden.« (1. Buch Mose). Erst nach der Beschneidung, die Abraham im Erwachsenenalter an sich durchführen musste, konnten er und seine Frau Sarah ein Kind bekommen. Die Brit Mila muss also am achten Tag nach der Geburt eines Sohnes durchgeführt werden, kann aber kurz verschoben werden, falls gesundheitliche Bedenken vorliegen.

Die Beschneidung wird von einem ausgebildeten Fachmann (Mohel), der nach religiösen Vorschriften leben muss, durchgeführt. Bei der Zeremonie wird dem Buben sein Name gegeben. Die Brit Mila findet nach dem Gottesdienst im Beisein der Familie und von Verwandten statt. Das Kind wird von seinem Paten dem Mohel übergeben. Segenssprüche werden gesprochen, bevor die Beschneidung durchgeführt wird. Sie ist nicht nur eines der 613 Gebote im Judentum, sondern von zentraler Bedeutung und wird gemeinsam mit den essenziellen Vorschriften der Kaschrut (des koscheren Lebens) und der Einhaltung des Ruhetags Schabbat genannt. Nach der Brit Mila feiert die Familie mit Freunden dieses wichtige Fest im persönlichen Lebenszyklus.

Mit Beginn des Christentums gab es eine große Debatte über die Beschneidung. Die Beschneidungsgegner setzten sich durch und verzichteten auf diese wichtige religiöse jüdische Vorschrift. Der Tag der Beschneidung von Christus, der achte Tag nach seiner Geburt, wird heute noch in manchen Kirchen begangen. Am Vorabend wird in der ganzen Welt Silvester gefeiert.

Heute wird die Beschneidung oft im Spital durchgeführt. Sie sollte aber von einem jüdischen Arzt vorgenommen werden. Sehr oft fungieren heute Chirurgen als Beschneider. Vielerorts, vor allem in den USA, wird die Beschneidung auch aus nichtreligiösen, medizinischen und hygienischen Gründen vorgenommen. Denn bei beschnittenen Männern kommt es laut wissenschaftlichen Untersuchungen seltener zu Entzündungen oder Erkrankungen. Eine Beschneidung gilt auch als Vorbeugung von Krebserkrankungen oder AIDS.

Gleichzeitig gibt es Diskussionen über das Thema. Kritiker sprechen von einer Verletzung und vom Recht des Kindes auf körperliche Un-

Bild einer Beschneidung,
Postkarte von 1899

versehrtheit, beziehungsweise sei eine autonome Selbstentscheidung nicht gewährleistet. Sie fordern ein Verbot der Beschneidung. Ein solches Verbot würde allerdings die Religionsfreiheit einschränken, ein wichtiger Teil der jüdischen Identität ginge verloren, heißt es aus dem Judentum. Auch in Israel gibt es mittlerweile Familien, die ihre Söhne nicht beschneiden lassen möchten, etwa zwei Prozent der Familien.

Das israelische Oberrabbinat hat etwa 400 Beschneider zugelassen. Alle sind religiöse Juden, ein Teil davon sind Ärzte. In Wien werden Beschneidungen acht Tage nach der Geburt eines Buben in den Synagogen von einem Mohel, zu Hause oder auch im Spital von jüdischen Ärzten durchgeführt.

Beschneidungswerkzeuge aus früheren Jahrhunderten, die einem chirurgischen Besteck gleichen, werden im Jüdischen Museum aufbewahrt, ebenso Beschneidungsdecken oder Wimpel, die aus Windeln gefertigt und mit Szenen aus der Bibel bestickt wurden.

Bei der Geburt eines Mädchens wird der Vater zur Tora-Lesung aufgerufen, was eine besondere Ehre bedeutet, und der Name des Kindes wird in der Synagoge verkündet.

098

Hochzeit von Danielle Spera
mit Martin Engelberg in Eilat, Israel, 1994
→

MEHR ALS EINE ZEREMONIE: DIE JÜDISCHE HOCHZEIT

Im Judentum gilt die Hochzeit als eine Verbindung von zwei verwandten Seelen. Im Talmud ist zu lesen, dass bereits vor der Zeugung eines Menschen vorherbestimmt ist, wer zueinanderfinden soll. Bei der Hochzeit findet nach dieser Auslegung die Vereinigung zweier Seelen statt, die getrennt wurden und nun wieder zusammenkommen. Im orthodoxen Judentum hilft ein Schadchan oder eine Schadchanit (Heiratsvermittler) dabei, dass sich zwei Menschen finden, die zueinanderpassen. Im besten Fall findet man seinen oder seine »Beschert«. Der von Gott bestimmte Partner wird einem beschert, also vom Himmel geschickt.

Ein Schadchan oder eine Schadchanit sorgt für einen Schidduch (hebräisch: vorstellen, verhandeln). Das ist ein Arrangement, bei dem zwei Menschen einander vorgestellt werden, in der Hoffnung, dass sie harmonieren und miteinander glücklich werden. In der Tora wird als erster Schadchan der Knecht von Abraham, Elieser, genannt. Er suchte für eine passende Ehefrau seinen Sohn Jakob und fand Rifka (Rebecca).

Eine jüdische Hochzeit kann nicht jeden Tag stattfinden. Ausgenommen sind der Schabbat und Feiertage, da es an diesen Tagen nicht erlaubt ist, sich mit profanen Dingen zu beschäftigen. Es gilt ein strenges Arbeitsverbot, und so ist es auch nicht gestattet, zu schreiben. Auch an Trauertagen (Omer-Zeit zwischen Pessach und Schawuot mit Ausnahme von Lag BaOmer) oder an den zehn Bußtagen zwischen dem jüdischen Neujahr Rosch Haschana und Jom Kippur, die als Tage der Einkehr gelten, wird nicht geheiratet. Als bester Tag für eine Eheschließung gilt der Dienstag, der dritte Tag der Schöpfung. Hier steht in der Tora zwei Mal: »Und Gott sah, dass es gut war.«

Am Tag der Hochzeit fastet das Brautpaar, denn es ist neben aller Freude auch ein ernster Tag. Die Braut besucht die Mikwe. Vor der Trauung gibt es zwei Empfänge, einen für die Braut und einen weiteren für den Bräutigam, da sich das Paar nicht sehen soll. Die Braut sitzt auf einem thronähnlichen Sessel und begrüßt die Gäste. Der Bräutigam wird später zur Braut geführt und bedeckt sie mit ihrem Schleier. Das Bedecken der Braut hat mehrere Ursprünge: Rifka (Rebecca) nahm einen Schleier und bedeckte ihr Gesicht, als sie Isaak traf. Jakob, der eigentlich Rachel heiraten wollte, aber die verschleierte Lea heiratete. Der Bräutigam heiratet sie aufgrund ihrer inneren Schönheit. Das Brautpaar tritt unter die Chuppa, den Trauungsbaldachin, der das Haus symbolisiert, in dem man später wohnt. Die Braut umrundet den Bräutigam mehrmals

(bis zu sieben Mal), um alles Trennende abzuwenden und einen gemeinsamen Raum zu schaffen. Nach Segenssprüchen folgt die Vermählung mit einem Ring. Danach verliest der Rabbiner die Ketubba, den Ehevertrag. Darin werden die Pflichten des Mannes zur Versorgung der Ehefrau im Fall des Todes oder einer Scheidung festgeschrieben. Bei der Ausführung der Ketubba gibt es keine Grenzen. So gibt es ganz nüchtern abgefasste Eheverträge, sie können aber auch künstlerisch ausgestaltet sein, je nach dem Kulturkreis, aus dem das Paar stammt. Eine vielfältige Auswahl davon findet sich in den Sammlungen des Jüdischen Museums Wien. Nach sieben Segenssprüchen, die auch von Verwandten gesprochen werden können, zertritt der Bräutigam ein Glas. Das bedeutet, dass man sich selbst in Zeiten überbordender Freude darüber im Klaren sein soll, wie zerbrechlich dieses Glück sein kann und wie sehr man darauf achten soll. Das Brautpaar verbringt anschließend einige Minuten allein, bevor das Hochzeitsfest beginnt.

Selbst wenn man sein Beschert, seinen Seelenverwandten, gefunden hat, benötigt die Beziehung Einfühlungsvermögen, Kompromissbereitschaft und Einsatz. Wenn dies scheitert, gibt es im Judentum die Möglichkeit einer Scheidung. Hier ist zunächst eine Bedenkzeit vorgeschrieben. Der Mann kann mittels eines Scheidungsbriefs (Get) die Ehe auflösen. Eine Frau muss das Beit Din (Rabbinatsgericht) anrufen. Wichtig ist das Einvernehmen der Ehepartner. Die Scheidung sollte der letzte Schritt sein, wenn es tatsächlich keine andere Lösung gibt.

099

DER WIENER ERUV – EINE WICHTIGE VIRTUELLE GRENZE

Montagearbeiten der MA 33
für den Eruv in Wien, 2012
↓

Nach dem Ende des Zweiten Weltkrieges und mit dem Wiederaufleben der Wiener jüdischen Gemeinde forderten vor allem orthodoxe Frauen über Jahre hinweg einen Eruv. 2012 war es so weit: Wien erhielt einen Eruv, eine Art Schabbatgrenze, die durch natürliche Grenzen und Umzäunungen zum privaten Gebiet erklärt und damit vom Trageverbot am Schabbat ausgenommen wird. Der Hintergrund ist, dass orthodoxe Jüdinnen und Juden am Schabbat, dem Ruhetag der Woche, nichts tragen oder schieben dürfen. Weshalb ein Besuch der Synagoge für Mütter mit kleinen Kindern, gehbehinderte oder alte Menschen ohne das Vorhandensein eines Eruvs ausgeschlossen ist.

In der Praxis stellt der Eruv einen Zaun dar – real oder symbolisch –, der ein bestimmtes Wohngebiet umgibt. Innerhalb dieser virtuellen Grenze findet die Schabbatregel, nichts tragen zu dürfen, keine Anwendung. Die Grenze kann aus einem Seil oder einem Draht bestehen, der um einen Häuserblock oder ein Wohnviertel gezogen wird. Den eingezäunten Bereich können orthodoxe Juden dann als ihr gemeinsames »Heim« betrachten. Das Band muss eine ununterbrochene Abgrenzung bilden und kann deshalb auch an Telefonmasten oder Gebäuden entlangführen. Natürliche Begrenzungen wie Flüsse können auch Teil des Eruvs sein. Die Begrenzungen bestehen oft aus dünnen Drähten, die über vorhandene Masten verbunden und für Laien nicht zu erkennen sind. Die Verbindung muss allerdings lückenlos sein und wird jede Woche auf Vollständigkeit kontrolliert. Über eine eigene Website der Stadt Wien ist abrufbar, ob der Eruv auch koscher ist, das heißt ob das Tragen erlaubt ist.

Im Talmud ist dem Eruv ein ganzer Traktat gewidmet. Nach der Auffassung des klassischen Judentums dient das Befolgen der Gesetze, wie zum Beispiel am Schabbat nichts zu tragen, dazu, Gott Respekt zu erweisen. Das Trageverbot erzeugt viele Umstände und vermindert die Freude am Schabbat. So fühlten sich viele Frauen am Schabbat wie eingesperrt. Durch den Eruv gelten alle Bewohner in dem Gebiet als zu einem einzigen Haus gehörend und sind von der Verbotsregel des Tragens ausgenommen.

Weltweit (ohne Israel) existieren mehr als 150 Eruvim, etwa in den USA oder Kanada, aber auch in Johannesburg, Melbourne, Gibraltar, Antwerpen und Straßburg. Sowohl das Europäische Parlament in Straßburg als auch das Weiße Haus in Washington liegen innerhalb eines Eruvs.

In Wien wurde der Eruv über Jahre hinweg geplant, man suchte nach bereits vorhandenen Mauern, Zäunen, Drähten oder natürlichen Grenzen, wie sie auch die Donau darstellt. Nun sind diese Grenzen 25 Kilometer lang und wurden nach genauen technischen Anforderungen zu einem gültigen Eruv errichtet, der von allen Rabbinern anerkannt wurde. Umfasst sind die inneren Bezirke und der 20. Bezirk. Der Gürtel und die Donau sind als natürlicher Eruv vorhanden. Bei der Südbahn und bei Unterführungen wurden Schnüre gespannt. An den Wiener Stadtbahnbögen wurden zum Beispiel symbolische Kennzeichnungen durch Metallplatten angebracht. Die Anbringung und Umsetzung eines Eruvs unterliegt den strengen Regeln der Halacha, des jüdischen Religionsgesetzes. In Wien gab es bis zum »Anschluss« 1938 bereits einen Eruv. Umso größer war die Freude unter den orthodoxen Wiener Jüdinnen und Juden, als er 67 Jahre nach dem Ende des Zweiten Weltkrieges neu aktiviert wurde.

100

KOSCHER. ESSEN UND TRADITION IM JUDENTUM

Kohn geht in ein Delikatessengeschäft und fragt: »Wie viel kostet der Schinken?« Draußen zieht ein Gewitter auf, im gleichen Augenblick gibt es einen mächtigen Donnerschlag. Kohn erhebt daraufhin beschwichtigend seine Augen zum Himmel und meint: »Nu! Fragen wird man wohl dürfen?«

Wie jeder jüdische Witz enthält auch dieser ein Stück Wahrheit und Weisheit. Er verdeutlicht, dass es beim Thema Kaschrut, also der strengen Einhaltung der jüdischen Speisegesetze, keine Ausnahmen geben darf.

Festgelegt wurden die jüdischen Speisegesetze in der Tora, den fünf Büchern Mose. Speisen werden in koscher (für den Verzehr erlaubt) und nichtkoscher (verboten) eingeteilt. Dabei geht es in erster Linie um Tiere, die erlaubt beziehungsweise nicht erlaubt sind, um das Verbot, Blut zu konsumieren, und um die Aufteilung in fleischige, milchige und neutrale Speisen.

Heute wird die Einhaltung der Speisegesetze je nach religiöser Ausrichtung gelebt: So halten sich orthodoxe Jüdinnen und Juden streng daran, während reformierte oder säkulare Menschen die Kaschrut kaum beziehungsweise gar nicht beachten oder gar einhalten. Andere wiederum praktizieren ihr Judentum in einer postmodernen Art. Sie nehmen beziehungsweise zitieren daraus, was ihnen heilig ist, anderes wieder nicht. Dies ist eine Art zu leben, die heute im Westen in allen Religionen festzustellen ist.

Betrachtet man die Wiener Restaurantszene, kann man feststellen, dass koscher und koscherstyle in Wien heute besonders angesagt ist, für jüdische wie nichtjüdische Gäste. Die Zahl koscherer oder israelisch inspirierter Küche ist in den vergangenen Jahren rasant gestiegen. Gab es früher nur vereinzelt ein koscheres Angebot, findet man heute eine ganze Reihe bestens ausgestatteter koscherer Supermärkte, Fleischhauer, koschere sowie israelisch-orientalische Caterer. Die Vinothek von Eddie Ferszt etwa bietet mehr als 120 koschere Weinsorten und Spirituosen an.

In Wien findet man Israel kulinarisch in erster Linie in den zwei Lokalen von Eyal Shani, dem Miznon, berühmt für seinen gegrillten Karfiol, und dem Seven North – beide für Gemüseliebhaber ein Paradies –, sowie bei Eyal Guy im Hungry Guy. Hier ist gefülltes Pitabrot die Spezialität. Die drei Maschu-Maschu-Lokale, die als Pioniere der israelischen Küche in Wien gelten, bieten seit Jahren unter ande-

Koscher-Fleischhändler, Wien 2012
→

rem eine breite Palette an klassischen israelischen Vorspeisen. Haya Molcho, die Frau des Pantomimen Samy Molcho, hat mit ihren Rezepten den Boom der israelischen Küche ausgelöst. Mit ihrem Neni und vor allem dem Tel Aviv Beach ist sie aus der coolen Wiener Restaurantszene nicht mehr wegzudenken. Im Tewa am Karmelitermarkt kann man den ganzen Tag über israelisch-orientalisch frühstücken und auch sonst einfach genießen. Das Café Eskeles im Jüdischen Museum besticht durch seine täglich wechselnde Karte und seine Kreativität, was vegetarisches Essen anlangt. Vor allem findet man hier die bemerkenswertesten und besonders köstliche Salatkreationen sowie hervorragende vegetarische Burger und als Dessert Mohn-Nuss-Flódni sowie andere Strudel und Kuchen.

Unter den koscheren Restaurants ist das Alef-Alef der Pionier. Hier wird die osteuropäische jüdische Küche hochgehalten. Der beste Gefilte Fisch in der Stadt ist dort zu finden, und auch die Mazzekneidlsuppe kennt keine Konkurrenz. Freitagabend kann man die traditionelle Schabbatfeier erleben, mit Segenssprüchen über Wein und Barches (Zopfbrot) sowie den Gesängen, die zu einer spirituellen Stimmung beitragen. Für Liebhaber von Fleischgerichten sowie üppiger Küche ist das Bahur Tov genau der richtige Platz. Hier kann es schon vorkommen, dass man das Tischtuch nicht mehr sieht, weil so viele Speisen darauf platziert sind. Gleich um die Ecke im Mea Shearim wird koscher asiatisch gekocht.

Nachdem die genannten koscheren Lokale fleischige Gerichte anbieten, wird man dort Milchgerichte oder Käse vergeblich suchen. In jedem Fall reiht sich das reichhaltige Angebot an israelisch-orientalischer-koscherer Küche in Wien in das bunte und vielfältige Programm an jüdischer Kultur und Tradition ein, das heute in mannigfacher Weise zur Auswahl steht.

GRUNDLEGENDE BEGRIFFE AUS DEM JUDENTUM

A

Alija, Alijot (Pl.)
Aufstieg, Rückkehr von Juden ins Gelobte Land. Seit dem 19. Jahrhundert allgemein jüdische Einwanderung nach Palästina beziehungsweise Israel.

Aron Hakodesch
Tora-Schrein.

Aschkenas, Aschkenasi/ Aschkenasim (Pl.)
Bezeichnung für Jüdinnen und Juden aus Mittel- und Osteuropa.

B

B'nai B'rith
Söhne des Bundes. 1843 in New York gegründete Loge deutsch-jüdischer Einwanderer.

Bar Mizwa, Bat Mizwa
Sohn, Tochter der Pflicht. Fest zur religiösen Mündigkeit mit 13 beziehungsweise zwölf Jahren.

Barches
Zopfbrot für den Schabbat.

Bet Hachaim
Haus des Lebens. Bezeichnung für Friedhof.

Bet Haknesset
Versammlungsort, Synagoge.

Bima
Lesepult für den Vorbeter beim Gottesdienst.

Bnei Akiva
Söhne Akivas, religiös-zionistische Jugendorganisation der Misrachi.

Bracha, Brachot
Segensspruch, Segenssprüche.

Beit Din
Rabbinatsgericht, bestehend aus mindestens drei Rabbinern, das sich unter anderem mit Scheidungen, Adoptionen oder Übertritten befasst.

Brit Mila
Beschneidung.

C

Chabad
Chassidische Bewegung, die im 18. Jahrhundert in Ljubawitschi in Weißrussland gegründet wurde.

Chalake-Feier
Feier des ersten Haarschnitts für Burschen im Alter von drei Jahren.

Challa, Challot (Pl.)
Teighebe, bezeichnet im 4. Buch Moses, 15, 17–21, den Teil des Brotteiges, der als Opfergabe abgesondert und den Priestern des Tempels gegeben wurde (siehe auch Barches).

Chamez
Gesäuertes Brot und Gebäck, das während Pessach verboten ist.

Chanukka
Lichterfest, beginnt am 25. Kislew (November/ Dezember).

Chanukkia
Chanukka-Leuchter.

Charosset
Brei aus Äpfeln und Nüssen, der beim Seder-Mahl gegessen wird, erinnert an den Lehm für die Ziegelsteine, die die Juden in Ägypten produzieren mussten.

Chassidismus, chassidisch
Fromm, streng nach den Gesetzen lebend, oft mit mystischen Elementen.

Cheder
Zimmer. Jüdische Religionsschule.

Cherem
Bann.

Chewra Kadischa
Heilige Gesellschaft. Bezeichnung für die Beerdigungsgesellschaft in jüdischen Gemeinden.

Chol Hamoed
Tage während der Feste Pessach und Sukkot, die nicht als Feiertage gelten.

Chuppa
Trauhimmel, Hochzeitsbaldachin.

D

Diaspora
Zerstreuung der Juden, jüdische Gemeinschaften außerhalb Israels.

Dreidl
Kreisel, Spielzeug zu Chanukka.

E

Eretz Israel
Land Israel.

Erev
Abend, liturgische Bezeichnung für den Vorabend und Beginn jüdischer Feiertage.

Eruv
Schabbat-Grenze.

Etrog
Zitrusfrucht für Sukkot.

Etrog-Behälter
Behälter für die Etrog-Frucht, die zu Sukkot verwendet wird.

G

Gemara
Ein die Mischna erklärender und ergänzender Text.

Get
Ehescheidungsbrief.

Gesera
Vertreibung.

H

Haggada
Erzählung.
Leitfaden der Seder-Feier zu Pessach, erzählt den Auszug der Juden aus Ägypten.

Hakafot
Umzüge in der Synagoge.

Hakoah
Kraft.
Sportklub Hakoah Wien.

Halacha
Religionsgesetz.

Haschomer Hazair
Der junge Wächter.
Jüdische Jugendorganisation.

Haskala
Jüdische Aufklärung.

Hawdala
Zeremonie, die den Ausgang des Schabbat mit allen Sinnen begleitet.

Hawdala-Kerze
Gedrehte Kerze mit drei Dochten, die während der Hawdala-Zeremonie verwendet wird.

Holocaust
Brandopfer. Wird als Begriff für die Ermordung von etwa sechs Millionen europäischen Jüdinnen und Juden im Nationalsozialismus verwendet.

Höre Israel
Schma Israel, das bekannteste Gebet im Judentum, das wichtige Grundsätze des Judentums zusammenfasst.

J

Jad
Hand. Tora-Zeiger.

Jeschiwa
Talmud-Hochschule.

JHWH
Eigenname Gottes (ohne Vokale) im Tanach.
Auch Abkürzung für »Ich werde sein, der ich sein werde«.

Jom Haazmaut
Israelischer Unabhängigkeitstag.

Jom Haschoa
Holocaust-Gedenktag in Israel.

Jom Kippur
Versöhnungstag.

Jom Tow
Guter Tag. Feiertag.

K

Kabbala
Überlieferung. Bezeichnung für die jüdische Mystik.

Kabbalat Schabbat
Gebet zur Begrüßung des Schabbat.

Kaddisch
Wichtiges Gebet aus dem Gottesdienst. Wird auch als Trauergebet für das Seelenheil der Verstorbenen gesprochen.

Karpas
Rettich oder ähnliche Erdfrucht auf dem Seder-Teller.

Kaschrut
Rituelle Unbedenklichkeit, jüdische Speisegesetze.

Kedduscha
Heiligung, jüdisches Gebet.

Kehilla
Gemeinde.

Keter Tora
Tora-Krone.

Ketubba, Ketubbot (Pl.)
Ehevertrag.

Kiddusch
Heiligung, Segen über den Wein.

Kiddusch Haschem
Heiligung des Namens.

Kiddusch-Becher
Becher für den Segen über Wein.

Kippa
Traditionelle Kopfbedeckung für Männer.

Knesset
Israelisches Parlament.

Kohen, Kohanim (Pl.)
Priester.

Kol Nidre
Eröffnungsgebet zu Jom Kippur.

Koscher
Sauber, rein, rituell tauglich.

L

Lag ba Orner
Jüdisches Fest am 33. Tag der Omer-Zählung.

Levit, Leviten (Pl.)
Angehörige(r) des Stammes Levi.

Lulaw
Feststrauß, der zu Sukkot verwendet wird.

M

Maariw
Abendgebet.

Machsor
Gebetbuch für die täglichen Gebete und die Feiertage.

Magen David
Davidstern, Symbol für das Judentum.

Makkabäer
Jüdische Freiheitskämpfer gegen die Seleukiden.

Makkabiade
Größte internationale jüdische Sportveranstaltung ähnlich den Olympischen Spielen.

Maror
Bitterkraut, das zu den symbolischen Speisen des Seder-Mahls gehört.

Mazal Tow
Gebräuchlichste Wunschform bei Feiern und Festen.

Mazza, Mazzot (Pl.)
Ungesäuertes Brot.

Megilla, Megillot (Pl.)
Rolle.

Megillat Esther
Ester-Rolle.

Meil, Meilim (Pl.)
Tora-Mantel.

Menora
Siebenarmiger Leuchter, der zu den heiligen Geräten im Tempel zählte.

Mesusa
Schriftkapsel am Türpfosten eines jüdischen Hauses, enthält das wichtige Gebet Schma Israel

Midrasch
Rabbinischer Bibelkommentar.

Mikwe, Mikwaot (Pl.)
Tauchbad.

Mincha-Gebet
Gebet, das vor dem Maariw-Gebet gesprochen wird.

Minhag, Minhagim (Pl.)
Brauch.

Minjan
Anzahl. Zehn jüdische Männer für das Abhalten eines Gottesdienstes.

Mischna
Niederschrift der mündlichen Überlieferung, Basis des Talmuds.

Misrachi
Religiös-zionistische Bewegung.

Mohel
Beschneider.

Musaf-Gebet
Zweiter Teil des Morgengebets am Schabbat und an Feiertagen.

N

Neila-Gebet
Schlussgebet an Jom Kippur.

Ner Tamid
Ewiges Licht.

Neschama
Seele.

O

Omer-Zeit
Zeit zwischen Pessach und Schawuot (49 Tage).

Orthodoxie
Strenggläubige jüdische Richtung.

P

Pentateuch
Die 5 Bücher Moses: Bereschit (Genesis), Schemot (Exodus), Wajikra (Leviticus), Bemidbar (Numeri) und Devarim (Deuteronomium).

Pessach
Überschreiten. Fest zur Erinnerung an den Auszug aus Ägypten.

Pur, Purim (Pl.)
Los, Lose – Fest der Lose, das an die Rettung der Juden im Achämenidenreich erinnert.

R

Rabbanim
Rabbinische Gelehrte.

Rabbiner
Jüdischer Geistlicher. Lehrer, Seelsorger und Gottesdienstleiter.

Reformjudentum
Strömung innerhalb des Judentums, entstanden im 19. Jahrhundert in Deutschland zur Modernisierung des traditionellen Judentums.

Rimon, Rimonim (Pl.)
Granatapfel, Granatäpfel. Tora-Aufsätze.

Rosch Haschana
Jüdisches Neujahr.

S

Sanhedrin
Jüdischer Gerichtshof zur Zeit des Jerusalemer Tempels und danach.

Schabbat
Wöchentlicher Ruhetag von Freitagabend bis Samstagabend.

Schacharit
Morgengebet.

Schächten
Rituelle Schlachtung.

Schalom
Frieden. Grußwort.

Schalosch Regalim
Bezeichnung für die drei Wallfahrtsfeste Pessach, Schawuot und Sukkot.

Schawuot
Wochen. Wochenfest.

Schiwa
Nach dem Tod eines Familienmitglieds trauern die nächsten Verwandten sieben Tage zu Hause und werden von Freunden besucht.

Schmone Esre
Achtzehnbittengebet, Hauptteil des jüdischen Gottesdienstes. Im sephardischen Ritus oft als Amida (stehend) bezeichnet.

Schofar, Schofar-Horn
Ausgehöhltes Widderhorn als Blasinstrument für die hohen Feiertage.

Schulchan Aruch
Der gedeckte Tisch. Zusammenfassung des rabbinischen Gesetzes durch Josef Karo (1488–1575).

Seder
Ordnung. Erster und zweiter Abend des Pessach-Festes.

Seder-Teller
Geschirr für die sechs traditionellen Speisen am Seder-Abend.

Sepharde, sephardisch
Juden und Jüdinnen, die aus Spanien oder dem Orient stammen.

Shoah
Katastrophe, Vernichtung. Hebräische Bezeichnung für den Holocaust.

Simchat-Tora
Fest der Gesetzesfreude, das Tora-Jahr endet und beginnt neu.

Slicha, Slichot
Bußgebet zwischen Rosch Haschana und Jom Kippur.

Sofer
Tora-Schreiber.

Sukka, Sukkot (Pl.)
Laubhütte, Laubhütten.

Synagoge
Versammlung. Raum, in dem sich die jüdische Gemeinde zum Gebet versammelt.

T

Tallit
Gebetsmantel, Gebetsschal.

Talmud
Bezeichnung für den um die Mitte des 6. Jahrhunderts unserer Zeitrechnung entstandenen Text, der aus der Mischna und der Gemara besteht.

Tanach
Hebräische Abkürzung für die Heilige Schrift.

Tas
Tora-Schild.

Tefilla, Tefillot (Pl.)
Gebet.

Tefillin
Gebetsriemen. An zwei Lederriemen befestigte Kapseln, die jüdische Männer an der Stirn und am linken Arm tragen.

Teschuwa
Buße, Umkehr.

Tikkun olam
Verbesserung der Welt. Eine zentrale Forderung im Judentum, die später in der Kabbala aufgegriffen wurde.

Tischa be-Aw
Fasttag am 9. Tag des Monats Aw. Ein jüdischer Fast- und Trauertag, an dem der Zerstörung des Jerusalemer Tempels gedacht wird.

Tora
Hauptteil des Tanach. Die 5 Bücher Mose.

Tora-Wimpel
Aus der Beschneidungswindel gefertigter Stoffgürtel zum Umwickeln der Tora-Rolle. Dieser Brauch war vor allem in Süddeutschland üblich.

Tu bi-Schwat
Neujahrsfest der Bäume.

W

WIZO
Women's International Zionist Organisation, 1920 in London gegründet.

Y

Yad Vashem
Gedenkstätte der Märtyrer und Helden des Staates Israel im Holocaust.

Z

Zaddik, Zaddikim
Gerechter, Gerechte. Bezeichnung für einen chassidischen Rabbiner.

Zedaka
Wohltätigkeit. Ein zentrales Gebot im Judentum.

Zeroa
Teil eines Lammknochens mit Fleischresten, der auf dem Seder-Teller liegt, aber nicht gegessen wird.

Zionismus
Politische Ideologie europäischer Juden, die auf die Gründung eines jüdischen Staates in Palästina abzielte.

Bildnachweis

Jüdisches Museum Wien (11, 22, 23, 32, 34, 36, 38, 41, 44, 46, 52, 54, 57, 60, 61, 64, 65, 67, 70, 72, 73 unten, 74, 76, 80, 81, 84, 86, 89, 91, 95, 97 rechts, 99, 101, 103, 106, 109, 114, 123, 125, 127, 129, 130, 134, 135, 137, 139, 149, 151, 156, 157, 158, 162, 164, 166, 170, 174, 183, 185, 186, 195, 213, 219, 222, 227), Jüdisches Museum/Andrew Mezvinsky (24), Jüdisches Museum Wien/Danielle Spera (27, 37, 83, 116), Wien Museum (29), Jüdisches Museum Wien/Dauerleihgabe IKG (30, 31), Stefan Fuhrer (43), Jüdisches Museum Wien/Sammlung Margit Dobronyi (48, 82, 189, 209, 217), Josef Polleross (50, 155, 197, 233), Jüdisches Museum Wien/David Peters (55, 104), Ouriel Morgensztern (59, 73 oben), Jüdisches Museum Wien/Katharina Lischka (62), www.wulz.cc (69), Jüdisches Museum Wien/Ouriel Morgensztern (77, 210), Danielle Spera (79, 94, 141, 160, 191, 202, 203, 214, 223, 224), Archiv Danielle Spera (88, 97 links, 107, 110, 122, 133, 140, 146, 152, 179, 181), Sammlung Martin Perl (113), Jüdisches Museum Wien/Ricarda Schwerin, Jerusalem (118), Jüdisches Museum Wien/Sonja Bachmayer (119), Wikimedia Commons/Photopraph by Mike Peel (www.mikepeel.net)/CC BY-SA 4.0 (120), Anne Feder Lee (142), Robert Streibel (145), Franz Leichter (147), Privatsammlung Kinsky (168), Archiv der Salzburger Festspiele (172), Arik Brauer (177), Hugo Bettauer: Die Stadt ohne Juden/www.gutenberg.org/ebooks/35569 (180), Jüdisches Museum Wien/Lukas Pichelmann (184), Arthur Rothstein (192), Gerald Zugmann (194), Gewista (199), Lukas Pichelmann (201), Jüdisches Museum Wien/Bibliothek RBA38 (205), Jüdisches Museum Wien/Daniela Pscheiden (207), Jüdisches Museum Wien/Harry Weber (220, 229), Öhlinger & Partner (230)

https://creativecommons.org/licenses/by-sa/4.0

Literatur

Evelyn Adunka:
Die vierte Gemeinde.
Die Geschichte der Wiener Juden von 1945 bis heute. Berlin 2000.

Evelyn Adunka, Centrum Judaicum (Hg.):
Der Stadttempel Wien. Geschichte – Rabbiner – Kantoren. Berlin 2008.

Domagoj Akrap (Hg.):
200 und 20 – die Bibliothek des Jüdischen Museums.
Jüdisches Museum Wien. Wien 2014.

Thomas Albrich (Hg.):
»Wir lebten wie sie ...« –
Jüdische Lebensgeschichten aus Tirol und Vorarlberg. Innsbruck 1999.

Thomas Albrich, Klaus Brandstätter, Heinz Noflatscher,
Martin Achrainer, Sabine Albrich-Flach:
Jüdisches Leben im historischen Tirol.
Von den Anfängen bis zu den Kultusgemeinden in Hohenems,
Innsbruck und Meran. 3 Bände. Innsbruck 2012.

Jakob Allerhand:
Die sephardische Diaspora im Osmanischen Reich und die sephardisch-türkische Gemeinde in Wien. In: Auf den Spuren der Osmanen in der österreichischen Geschichte. Wiener Osteuropa Studien.
Band 14. Frankfurt am Main 2002.

Hans Peter Althaus:
Chuzpe, Schmus & Tacheles. Jiddische Wortgeschichten.
München 2004.

Andrea Amort:
Free Dance in Interwar Vienna. In: Interwar Vienna. Culture between Tradition and Modernity. Eds. Deborah Holmes and Lisa Silverman.
New York 2009.

Andrea Amort:
Tilly Losch und Hedy Pfundmayr. Ausdruck und Verführung.
Zwei Ballettstars aus Wien im Sog der Moderne. In: Monika Faber (Hg.):
Tanz der Hände. Beiträge zur Geschichte der Fotografie in Österreich.
Band 7. Wien 2013.

Berndt Anwander:
Unterirdisches Wien. Ein Führer in den Untergrund Wiens. Wien 2000.

Anna Auer (Hg.):
Übersee. Flucht und Emigration österreichischer Fotografen 1920–1940.
Wien 1997.

Karl Ausch:
Hugo Breitner. In: Norbert Leser (Hg.): Werk und Widerhall.
Große Gestalten des österreichischen Sozialismus. Wien 1964.

Shlomo Avineri:
Theodor Herzl und die Gründung des jüdischen Staates. Berlin 2016.

Arthur Baar:
Hakoah. Wien 1995.

Vida Bakondy:
Montagen der Vergangenheit. Flucht, Exil und Holocaust in den Fotoalben der Wiener Hakoah-Schwimmerin Fritzi Löwy (1910–1994).
Göttingen 2018.

Matthias Beilein:
86 und die Folgen. Robert Schindel, Robert Menasse
und Doron Rabinovici im literarischen Feld Österreichs.
In: Philologische Studien und Quellen. Heft 213. Berlin 2008.

Sabine Bergler, Gabriele Kohlbauer-Fritz (Hg.):
Genosse. Jude. Wir wollten nur das Paradies auf Erden. Wien 2017.

Sabine Bergler, Irene Messinger (Hg.):
Verfolgt. Verlobt. Verheiratet – Scheinehen ins Exil.
Jüdisches Museum Wien. Wien 2018.

Tim Bonyhady:
Wohllebengasse – Die Geschichte meiner Wiener Familie. Wien 2013.

Gabriele Brandstetter, Gunhild Oberzaucher-Schüller (Hg.):
Mundart der Wiener Moderne. Der Tanz der Grete Wiesenthal.
München 2009.

Sabine Breitwieser:
Anti:modern. Salzburg inmitten von Europa zwischen Tradition
und Erneuerung. Salzburg 2016.

Helmut Brenner, Reinhold Kubik:
Mahlers Welt. Die Orte seines Lebens. St. Pölten 2011.

Helmut Brenner, Reinhold Kubik:
Mahlers Menschen. Freunde und Weggefährten. St. Pölten 2014.

Michael Brenner, Stefi Jersch-Wenzel, Michael A. Meyer (Hg.):
Deutsch-jüdische Geschichte in der Neuzeit. Band 2.
Emanzipation und Akkulturation, 1780–1871. München 1996.

Eveline Brugger, Martha Keil, Albert Lichtblau,
Christoph Lind, Barbara Staudinger:
Geschichte der Juden in Österreich. Wien 2013.

John Bunzl:
Hoppauf Hakoah Jüdischer Sport in Österreich.
Von den Anfängen bis in die Gegenwart. Wien 1987.

Detlev Claussen:
Béla Guttmann. Weltgeschichte des Fußballs in einer Person.
Berlin 2006.

Hubertus Czernin:
Die Fälschung. Der Fall Bloch-Bauer. Band 1.
Der Fall Bloch-Bauer und das Werk Gustav Klimts. Band 2. Wien 1999.

Brigitte Dalinger, Werner Hanak-Lettner, Lisa Noggler (Hg.):
Wege ins Vergnügen. Unterhaltung zwischen Prater und Stadt.
Jüdisches Museum Wien. Wien 2016.

Michael Darthé:
Ottakringer – Eine Unternehmensgeschichte unter besonderer Berücksichtigung der Eigentümerverhältnisse. Wien 2007.

Edmund de Waal:
Der Hase mit den Bernsteinaugen. Wien 2011.

Wolfgang Duchkowitsch:
Medien. Aufklärung – Orientierung – Missbrauch.
Band 3. Münster 2013.

Theresa Eckstein, Janine Zettl (Hg.):
Wir bitten zum Tanz! Der Wiener Cafetier Otto Pollak.
Jüdisches Museum Wien. Wien 2020.

Beverly Driver Eddy:
Felix Salten. Man of many Faces. Riverside 2010.

Barbara Eichinger, Frank Stern:
Wien und die jüdische Erfahrung 1900–1938.
Akkulturation – Antisemitismus – Zionismus. Köln 2009.

Paul Chaim Eisenberg:
Erlebnisse eines Rabbiners. Geschichte und Geschichten. Wien 2006.

Amos Elon:
Morgen in Jerusalem. Theodor Herzl, sein Leben und Werk. Wien 1975.

Helga Embacher:
Neubeginn ohne Illusionen. Juden in Österreich nach 1945. Wien 1995.

Herbert Exenberger:
Gleich dem kleinen Häuflein der Makkabäer –
Die jüdische Gemeinde in Simmering. Wien 2009.

Sabine Fellner, Andrea Winkelbauer (Hg.):
Die bessere Hälfte – Jüdische Künstlerinnen bis 1938. Wien 2016.

Katja Fischer:
Jüdische Kunstsammlungen in Wien vor 1938 am Beispiel der Familie Kuffner. Diplomarbeit. Wien 2008.

Elisabeth Fraller, George Langnas (Hg.):
Mignon. Tagebücher und Briefe einer jüdischen Krankenschwester in Wien 1938–1949. Innsbruck 2010.

Michael Freund, Sabine Bergler (Hg.):
Die drei mit dem Stift. Lily Renée, Bil Spira und Paul Peter Porges.
Jüdisches Museum Wien. Wien 2019.

Margret Friedrich:
»Ein Paradies ist uns verschlossen ...« Zur Geschichte der schulischen Mädchenerziehung in Österreich im »langen« 19. Jahrhundert.
Wien 1999.

Wolfgang Fritz:
»Der Kopf des Asiaten Breitner«. Politik und Ökonomie im Roten Wien.
Hugo Breitner – Leben und Werk. Wien 2000.

Tina Frühauf:
Salomon Sulzer. Reformer, Kantor, Kultfigur.
In: Jüdische Miniaturen. Band 133. Berlin 2012.

Wolfgang Gasser:
Erlebte Revolution 1848/49.
Das Wiener Tagebuch des jüdischen Journalisten Benjamin Kewall.
Wien 2010.

Georg Gaugusch: Wer einmal war.
Das jüdische Großbürgertum Wiens 1800–1938. A–K. Wien 2011.

Georg Gaugusch:
Wer einmal war. Das jüdische Großbürgertum Wiens 1800–1938. L–R.
Wien 2016.

Manfred Geier:
Der Wiener Kreis. Reinbek 1998.

Mark H. Gelber:
Stefan Zweig. Judentum und Zionismus. Innsbruck 2014.

Sandra Glatz:
Synagogen des Mittelalters und der frühen Neuzeit im Raum Niederösterreich. Virtuelle Rekonstruktion der Synagogen in Oberwaltersdorf und Ebenfurth. Diplomarbeit. Wien 2013.

Hugo Gold:
Geschichte der Juden in Wien. Ein Gedenkbuch. Tel Aviv 1966.

Peter Gradenwitz:
Arnold Schönberg und seine Meisterschüler. Wien 1998.

Margarete Grandner, Edith Saurer:
Geschlecht, Religion und Engagement. Wien 2005.

Leonard Jay Greenspoon:
Jews in the Gym: Judaism, Sports, and Athletics. West Lafayette 2012.

Max Grunwald:
Bericht über die Gruppe »Hygiene der Juden« in der Internationalen Hygiene-Ausstellung 1911.

Peter Habison:
Der Brauherr als Bauherr. Moriz v. Kuffner und seine Sternwarte.
In: Gudrun Wolfschmidt (Hg.): Astronomisches Mäzenatentum.
Hamburg 2008.

Christof Habres:
Wenn ich nur Österreicher wär ...: Jenö Eisenberger –
Ein außergewöhnliches Leben. Wien 2012.

Murray G. Hall:
Der Fall Bettauer. Wien 1978.

Georg Hamann:
50 x Wien, wo es Geschichte schrieb. 2. Auflage. Wien 2016.

Werner Hanak-Lettner (Hg.):
Bigger than life. 100 Jahre Hollywood. Eine jüdische Erfahrung.
Wien 2011.

Werner Hanak-Lettner (Hg.):
Heute in Wien. Fotografien zur jüdischen Gegenwart
von Josef Polleross. Wien 2012.

Werner Hanak-Lettner, Danielle Spera (Hg.):
Unsere Stadt! Jüdisches Wien bis heute.
Jüdisches Museum Wien. Wien 2013.

Werner Hanak-Lettner, Danielle Spera (Hg.):
Jüdische Museen zwischen gestern und morgen.
Reflexionen aus involvierter Außenperspektive. Wien 2013.

Werner Hanak-Lettner, Danielle Spera (Hg.):
Maya Zack – the Shabbat Room. Wien 2014.

Werner Hanak-Lettner:
Die Universität. Eine Kampfzone. Wien 2015.

Werner Hanak-Lettner, Adina Seeger, Danielle Spera (Hg.):
Das Wohnzimmer der Familie Glück. Wien 2016.

Werner Hanak-Lettner, Bob Martens, Herbert Peter, Danielle Spera (Hg.):
Wiener Synagogen. Ein Memory. Wien 2016.

Werner Hanak-Lettner, Danielle Spera (Hg.):
Displaced in Österreich. Jüdische Flüchtlinge seit 1945. Wien 2017.

Werner Hanak-Lettner, Astrid Peterle, Danielle Spera (Hg.):
The place to be: Salons als Orte der Emanzipation. Wien 2018.

Werner Hanak-Lettner, Adina Seeger (Hg.):
Leonard Bernstein. Ein New Yorker in Wien. Wien 2018.

Wolfgang Häusler:
Der Weg des Wiener Judentums von der Toleranz zur Emanzipation.
In: Jahrbuch des Vereins für Geschichte der Stadt Wien 30/31.
Wien 1974/1975.

Wolfgang Häusler:
Judaica. Die Sammlung Berger.
Kult und Kultur des europäischen Judentums. Wien 1979.

Michael Heindl, Ruth Koblizek (Hg.):
125 Jahre Rothschild-Spital. Wien 1998.

Theodor Herzl:
Der Judenstaat. Versuch einer modernen Lösung der Judenfrage.
Wien 1896.

Theodor Herzl:
Feuilletons. Wien 1920.

Theodor Herzl:
Der Judenstaat. Mit einem Nachwort von Henryk M. Broder.
Augsburg 2000.

Klaus Hödl:
Wiener Juden – jüdische Wiener. Identität, Gedächtnis und
Performanz im 19. Jahrhundert. Innsbruck, Wien, Bozen 2006.

Johann Hofer:
Carl Goldmark: Komponist der Ringstraßenzeit. Wien 2015.

Gerda Hofreiter:
Allein in der Fremde: Kindertransporte von Österreich nach Frankreich,
Großbritannien und in die USA 1938–1941. Innsbruck 2010.

Hans Otto Horch, Horst Denkler (Hg.):
Conditio Judaica: Judentum, Antisemitismus und deutschsprachige
Literatur vom 18. Jahrhundert bis zum Ersten Weltkrieg.
Tübingen 1989.

Michael Horvath, Fritz Panzer (Hg.):
Erweiterte Wohnzimmer. Leben im Wiener Kaffeehaus. Wien 1990.

Israelitische Kultusgemeinde für Tirol und Vorarlberg (Hg.):
Niko Hofinger, Esther Pirchner, Sonja Prieth: Das Jüdische Innsbruck.
Sichtbares und Unsichtbares in Alltag und Erinnerung.
Innsbruck 2019.

Clemens Jabloner, Brigitte Bailer-Galanda, Eva Blimlinger, Georg Graf,
Robert Knight, Lorenz Mikoletzky, Bertrand Perz, Roman Sandgruber,
Karl Stuhlpfarrer und Alice Teichova (Hg.):
Schlussbericht der Historikerkommission der Republik Österreich.
Vermögensentzug während der NS-Zeit sowie Rückstellungen und
Entschädigungen seit 1945 in Österreich. Wien 2003.

Hanns Jäger-Sunstenau:
Der genealogische Hintergrund des Bankhauses Arnstein & Eskeles
in Wien. In: Hanns Jäger-Sunstenau: Wappen, Stammbaum und kein
Ende. Ausgewählte Aufsätze aus vier Jahrzehnten. Wien 1986.

Katharina John:
Alexander von Zemlinsky und die Moderne. Berlin 2009.

Michael John, Albert Lichtblau:
Schmelztiegel Wien – einst und jetzt. Zur Geschichte und Gegenwart
von Zuwanderung und Minderheiten. Wien 1993.

Tom Juncker, Gabriele Kohlbauer-Fritz (Hg.):
Die Ephrussis. Eine Zeitreise. Wien 2019.

Gabriele Kohlbauer-Fritz (Hg.):
Ringstraße. Ein jüdischer Boulevard. Wien 2015.

Elke-Vera Kotowski, Marcus G. Patka (Hg.):
Teddy Kollek. Der Wiener Bürgermeister von Jerusalem. Wien 2018.

Victor Kraft:
Der Wiener Kreis. Der Ursprung des Neopositivismus. Wien 1997.

Peter Landesmann:
Rabbiner aus Wien.
Ihre Ausbildung, ihre religiösen und nationalen Konflikte. Wien 1997.

Israel M. Lau:
Wie Juden leben. Glaube – Alltag – Feste. Aufgezeichnet und redigiert von Schaud Meislich. Aus dem Hebräischen übertragen von Miriam Magall. 3. Auflage. Gütersloh 1997.

Sophie Lillie:
Was einmal war. Handbuch der enteigneten Kunstsammlungen Wien. Wien 2003.

Michaela Lindinger:
Hedy Lamarr: Filmgöttin – Antifaschistin – Erfinderin. Wien 2019.

Hanno Loewy, Gerhard Milchram (Hg.):
»Hast du meine Alpen gesehen?« Eine jüdische Beziehungsgeschichte. Hohenems 2009.

Klaus Lohrmann (Hg.): 100 Jahre österreichisches Judentum. Ausstellungskatalog. Eisenstadt 1982.

Klaus Lohrmann: Zur mittelalterlichen Geschichte der Juden in Österreich. Forschungslage und Literaturüberblick seit 1945. In: Mitteilungen des Instituts für Österreichische Geschichtsforschung 93. Wien 1985.

Klaus Lohrmann:
Judenrecht und Judenpolitik im mittelalterlichen Österreich. Wien 1990.

Klaus Lohrmann:
Zwischen Finanz und Toleranz. Das Haus Habsburg und die Juden. Graz, Wien, Köln 2000.

Alma Mahler-Werfel:
Erinnerungen an Gustav Mahler. Frankfurt am Main 1980.

Siegmund Maier:
Die Wiener Juden: Kommerz, Kultur, Politik 1700–1900. Wien 1918.

Elisabeth Malleier:
Jüdische Frauen in Wien: 1816–1938. Wien 2003.

Georg Markus:
Die Enkel der Tante Jolesch. Wien 2001.

Barbara Mattes:
Jüdisches Alltagsleben in einer mittelalterlichen Stadt. Berlin 2003.

Iris Meder, Andrea Winkelbauer (Hg.):
Vienna's Shooting Girls. Jüdische Fotografinnen aus Wien. Wien 2012.

Peter Menasse, Agnes Meisinger, Alexander Juraske, Hans Menasse:
The Austrian Boy: Ein Leben zwischen Wien, London und Hollywood. Weimar 2019.

Walter Messing:
Beiträge zur Geschichte der Juden in Wien und Niederösterreich im 16. Jahrhundert. In: Jahrbuch des Vereins für Geschichte der Stadt Wien I. Wien 1939.

Walter Messing:
Die Kontributionen der Wiener Judenschaft im 17. Jahrhundert. In: Jahrbuch des Vereins für Geschichte der Stadt Wien 3/4. Wien 1942.

Jonny Moser, James R. Moser (Hg.):
Nisko. Die ersten Judendeportationen. Wien 2012.

Karl-Josef Müller:
Mahler: Leben – Werke – Dokumente. Mainz 2010.

G. Tobias Natter (Hg.):
Rabbiner, Bocher, Talmudschüler. Bilder des Wiener Malers Isidor Kaufmann (1853–1921). Wien 1995.

Walter Öhlinger:
Das rote Wien. 1918–1934. Ausstellungskatalog. Historisches Museum der Stadt Wien. Wien 1993.

Yvonne Oswald:
Das Südbahnhotel am Zauberberg des Wiener Fin de Siècle. Wien 2014.

Alfred Paleczny:
Wiener Brauherren – Das goldene Bierjahrhundert. Wien 2014.

Marcus G. Patka:
Achtung! Fertig!! Los!!! Jüdischer Sport. Maccabi-Games. Wien 2011.

Marcus G. Patka, Alfred Stalzer (Hg.):
Alle meschugge? Jüdischer Witz und Humor. Wien 2013.

Marcus G. Patka (Hg.):
Weltuntergang. Jüdisches Leben und Sterben im Ersten Weltkrieg, Ausstellungskatalog. Jüdisches Museum Wien. Wien 2014.

Marcus G. Patka, Alfred Stalzer (Hg.):
Stars of David. Der Sound des 20. Jahrhunderts. Wien 2016.

Astrid Peterle (Hg.):
Kauft bei Juden! Geschichte einer Wiener Geschäftskultur. Wien 2017.

Hella Pick:
Simon Wiesenthal. Hamburg 1997.

Martin Pollner:
Historische Strukturen der Stadtgemeinde Bad Aussee
und des Ausseerlandes. Wien 2005.

Alfred Francis Pribram (Hg.):
Urkunden und Akten zur Geschichte der Juden in Wien. Wien 1918.

Daniela Pscheiden, Danielle Spera (Hg.):
Arik Brauer. Alle meine Künste/Arik Brauer. All of my Arts. Wien 2019.

Bernhard Purin (Hg.):
Salomon Sulzer. Kantor, Komponist, Reformer. Bregenz 1991.

Doron Rabinovici:
Instanzen der Ohnmacht. Wien 1938–1945.
Der Weg zum Judenrat. Frankfurt 2000.

Doron Rabinovici, Natan Sznaider:
Herzl relo@ded – Kein Märchen. Berlin 2016.

Alison Rose:
Jewish Women in Fin de Siècle Vienna. Texas 2009.

Moses Rosenmann:
Isak Noa Mannheimer. Aus seinem Leben und Wirken, 2. Auflage.
Wien 1915.

Moses Rosenmann:
Dr. Adolf Jellinek. Sein Leben und Schaffen, zugleich ein Beitrag zur
Geschichte der Israelitischen Kultusgemeinde Wien in der zweiten
Hälfte des 19. Jahrhunderts. Wien 1931.

Karlheinz Rossbacher:
Literatur und Bürgertum. Fünf Wiener jüdische Familien von der
liberalen Ära bis zum Fin de Siècle. Wien 2003.

Michael Rössner (Hg.):
Literarische Kaffeehäuser. Kaffeehausliteraten. Wien 1999.

Gerhard Roth:
Portraits. Frankfurt am Main 2012.

Walter Rothschild:
99 Fragen zum Judentum. Gütersloh 2001.

Marsha L. Rozenblit:
Die Juden Wiens 1867–1914. Assimilation und Identität. Wien 1989.

Roman Sandgruber:
Rothschild. Glanz und Untergang des Wiener Welthauses. Wien 2018.

Dora Schimanko:
Warum so und nicht anders.
Die Schiffs: Eine Familie wird vorgestellt. Wien 2006.

Arthur Schnitzler:
Der Weg ins Freie. Berlin 1932.

Julius Hans Schoeps:
Wenn ihr wollt, ist es kein Märchen. Altneuland / Der Judenstaat.
Bodenheim 1985.

Julius Hans Schoeps (Hg.):
Neues Lexikon des Judentums. München 1992.

Wolfgang Schreiber:
Mahler. Bildmonographien. Reinbek 2003.

Kurt Schubert (Hg):
Die österreichischen Hofjuden und ihre Zeit. Eisenstadt 1991.

Kurt Schubert:
Die Geschichte des österreichischen Judentums.
Wien, Köln, Weimar 2008.

Werner Michael Schwarz, Georg Spitaler, Elke Wikidal:
Das Rote Wien 1919–1934: Ideen, Debatten, Praxis. Basel 2019.

Robert Sedlaczek, Melita Sedlaczek, Wolfgang Mayr:
Die Tante Jolesch und ihre Zeit. Eine Recherche. Innsbruck 2013.

Renate Seebauer:
Frauen, die Schule machten. Münster 2007.

Tom Segev:
Simon Wiesenthal. Die Biographie. München 2012.

Peter Seibert:
Zur Genese des Kulturtyps der jüdischen Salondame.
In: Der literarische Salon. Literatur und Geselligkeit zwischen
Aufklärung und Vormärz. Stuttgart 1993.

Danielle Spera, Alfred Stalzer:
Jüdisches Wien. Erbe und Auftrag. Wien 2018.

Danielle Spera, Michaela Vocelka (Hg.):
Café As. Das Überleben des Simon Wiesenthal. Wien 2019.

Hilde Spiel:
Fanny von Arnstein oder Die Emanzipation. Wien 1978.

Hilde Spiel:
Die hellen und die finsteren Zeiten. Erinnerungen 1911–1946.
München 1989.

Barbara Staudinger:
Salon Austria. Die großen Köpfe österreichisch-jüdischer Kultur.
Wien 2014.

Günter Stemberger:
Die Juden. München 1990.

Erich Stern:
Die letzten zwölf Jahre Rothschild-Spital Wien 1931–1943. Wien 1974.

Frank Stern, Barbara Eichinger (Hg.):
Wien und die jüdische Erfahrung 1900–1938:
Akkulturation – Antisemitismus – Zionismus. Wien 2009.

Robert Streibel:
Und plötzlich waren sie alle weg.
Die Juden der Gauhauptstadt Krems und »ihre« Mitbürger. Wien 1989.

Robert Streibel:
Krems im Dritten Reich. Alltagschronik 1938–1945. Wien 1993.

Robert Streibel:
Eugenie Schwarzwald und ihr Kreis. Wien 1996.

Werner Sulzgruber:
Jüdische Gemeinde Wiener Neustadt:
von ihren Anfängen bis zu ihrer Zerstörung. Wien 2005.

Aron Tänzer:
Der israelitische Friedhof in Hohenems. Hohenems 1901.

Hans Tietze:
Die Juden Wiens: Geschichte – Wirtschaft – Kultur. Wien 1987.

Friedrich Torberg:
Die Tante Jolesch oder Der Untergang des Abendlandes in Anekdoten.
München 2004.

Karl Heinz Tragl:
Chronik der Wiener Krankenanstalten. Wien 2007.

Michal Typolt-Meczes, Hannes Etzlstorfer, Dan Fischman (Hg.):
Kosher for ...: Essen und Tradition im Judentum. Wien 2014.

Rudolf Ulrich:
Österreicher in Hollywood. Wien 2004.

Traude Veran:
Das steinerne Archiv –
Der Wiener jüdische Friedhof in der Rossau. Wien 2006.

Bernhard Wachstein:
Die Inschriften des alten Judenfriedhofes in Wien.
2 Bände. Wien 1912/1917.

Helmut Weihsmann:
Das Rote Wien.
Sozialdemokratische Architektur und Kommunalpolitik Wien 2002.

Karl Albrecht-Weinberger, Felicitas Heimann-Jelinek:
Judentum in Wien. »Heilige Gemeinde Wien«.
Sammlung Max Berger. Wien 1987.

Samuel Weissenberg:
Jüdische Museen und Jüdisches in Museen.
In: Mitteilungen zur jüdischen Volkskunde. 10. Jahrgang. Wien 1907.

Anna Wexberg-Kubesch:
»Vergiss nie, dass du ein jüdisches Kind bist!«
Der Kindertransport nach England 1938/1939. Wien 2012.

Andrea Winkelbauer (Hg.):
Euphorie und Unbehagen.
Das jüdische Wien und Richard Wagner. Wien 2013.

Andrea Winkelbauer (Hg.):
Lady Bluetooth. Hedy Lamarr. Wien 2019.

Robert Wistrich:
Die Juden im Zeitalter Kaiser Franz Josephs. Wien 1999.

Gerson Wolf:
Geschichte der Juden in Wien (1156–1876). Wien 1876.

Gerson Wolf:
Die Jüdischen Friedhöfe und die Chewra Kadischa
(fromme Bruderschaft) in Wien. Wien 1879.

Leon Zelman, Armin Thurnher:
Ein Leben nach dem Überleben. Wien 1995.

Efraim Zuroff:
Beruf: Nazijäger. Freiburg 1996.

Stefan Zweig:
Die Welt von Gestern. Erinnerungen eines Europäers. Leipzig 2013.

Stefan Zweig:
Schachnovelle. München 2013.

Namenregister

100 x ÖSTERREICH

Anhand von 100 ausgewählten »Facts« verrät unsere neue Reihe flott und unterhaltsam erzählt Interessantes, Außergewöhnliches und Wissenswertes über unser Land.

Christian Reichhold
100 x ÖSTERREICH
FILM

256 Seiten
mit zahlreichen Abbildungen
ISBN 978-3-99050-138-2
eISBN 978-3-903217-23-2

Eva Demmerle
100 x ÖSTERREICH
HABSBURG

240 Seiten
mit zahlreichen Abbildungen
ISBN 978-3-99050-140-5
eISBN 978-3-903217-30-0

Elisabeth Auer
100 x ÖSTERREICH
SPORT

240 Seiten
mit zahlreichen Abbildungen
ISBN 978-3-99050-165-8
eISBN 978-3-903217-45-4

100 x ÖSTERREICH: DAS FILM-QUIZ

ab 10 Jahren, 2–5 Spieler
EAN 4002051698997

100 x ÖSTERREICH: DAS HABSBURG-QUIZ

ab 10 Jahren, 2–4 Spieler
EAN 4002051698980

amalthea.at

Amalthea